関西学院大学研究叢書　第212編

アドルノの教育思想

「アウシュヴィッツ以後」の啓蒙

白銀夏樹
Natsuki Shirokane

関西学院大学出版会

i

アドルノの教育思想　目次

凡例　iv

序章　問題関心と研究の課題 ────────── 1

第1節　問題関心 ── 啓蒙と教育の現在　1
第2節　研究の対象と目的　2
第3節　先行研究の動向　4
第4節　研究の手法と展開　6

第1章　教育論者としてのアドルノ ────── 11

第1節　生い立ちと亡命期の社会批判　12
第2節　戦後ドイツの民主化と教育への関心　20
第3節　教育論者としてのアドルノ　28

第2章　アドルノ教育論の問題意識 ──────── 45
── 自我形成をめぐる社会批判と教育

第1節　アドルノ教育論における社会心理学的批判　47
第2節　「脆弱な自我」という問題　51
（1）　「過去の克服」をめぐる防衛機制の批判　51
（2）　「権威に縛られた性格」の批判　54
第3節　「強靭な自我」への期待　62
第4節　自我形成のアポリア　64
第5節　「自我の脆弱化」を回避するための教育　68

第3章　自律への教育 ───────────── 81

第1節　自律概念のアポリア　81
第2節　啓蒙に対するアドルノの批判と期待　83
第3節　啓蒙としての教育　87
第4節　カント道徳哲学に対するアドルノの批判　91
第5節　アドルノの道徳哲学　96
第6節　他律を回避する知的営為としての自律と教育　102

第4章　経験への教育 ——————————————————111

第1節　主体と客体の「不透明な間」の経験　111
第2節　社会批判と自己省察における経験　114
　(1)　社会批判の方法　115
　(2)　社会批判を支えるアドルノの社会観と言語観　117
　(3)　批判的思考の経験　122
第3節　文化産業の中での経験 ——テレビ・メディア批判を手がかりとして　127
　(1)　経験の喪失の現状　127
　(2)　アドルノのテレビ批判　129
　(3)　テレビをめぐる啓蒙　130
　(4)　メディアとしてのテレビの可能性　132
第4節　西洋近代芸術としての音楽の経験とその教育　136
　(1)　西洋近代の芸術理論　136
　(2)　芸術経験における理解と謎　138
　(3)　音楽の特性とその経験　140
　(4)アドルノの音楽教育論　141
第5節　子どもの経験の可能性　144

第5章　自己形成の時間意識 ——————————————157
　　　——人間形成における自律と経験の意味

第1節　Bildung 概念とその時間意識の問題圏　157
第2節　人間形成をめぐる時間意識の変容　162
　(1)　近代の人間形成論と教養小説的時間意識　162
　(2)　現代の趨勢となった客観的時間意識　164
第3節　絶対的モデルネの時間意識　168
第4節　叙事詩的時間意識とその人間形成論的射程　171
　(1)　意図せざる過去の想起　171
　(2)　叙事詩的時間意識　173
　(3)　叙事詩的連続性への志向　177
第5節　自律と経験による自己形成の可能性　179

結章　アドルノの教育思想 ————————————— 187

第1節　総括 —— 自律と経験による自己形成のための教育　187
第2節　アドルノの教育思想　193

あとがき　203
主要参考文献　207
索引　229

凡 例

- 文中で引用・参照した文献は巻末の主要参考文献に掲げ、文中では著者名・発行年・ページ数を［　］内に示した。
- 引用・参照の頻度が高い著作は以下の略号を用い、公刊された著作に関しては巻号・ページ数を［　］内に示した。

ABB = Theodor Wiesengrund Adorno und Walter Benjamin Briefwechsel. Loniz, H. (Hrsg.), Frankfurt am Main 1994.

AHB = Theodor Wiesengrund Adorno und Max Horkheimer Briefwechsel. 4 Bde. Gödde, Ch., / Loniz, H. (Hrsg.), Frankfurt am Main 2003 ff.

AP = Adorno, T. W., Frenkel-Brunswik, E., Levinson, D. J., Sanford, R. N.: The Authoritarian Personality, New York 1969.

EzM = Adorno, Th. W.: Erziehung zur Mündigkeit. Vorträge und Gespräche mit Hellmut Becker 1959-1969. Kadelbach, G. (Hrsg.), Frankfurt am Main 1971.

GS = Theodor Wiesengrund Adorno Gesammelte Schriften. 20 Bde. Tiedemann, R., Adorno, G., Buck-Morss, S., Schultz, K. (Hrsg.), Frankfurt am Main 1971 ff.

HGS = Max Horkheimer Gesammelte Schriften. 19 Bde. Schmidt, A. / Schmid Noerr, G. (Hrsg.), Frankfurt am Main 1985 ff.

HGW = Hegel Gesammelte Werke, Rheinisch-Westfälische Akademie der Wissenschaften und der Künste (Hrsg.), Hamburg 1968 ff.

KGS = Kant's gesammelte Schriften (Akademie-Ausgabe). Königlich- Preußische Akademie der Wissenschaften (Hrsg.), Berlin/ Leibzig 1902 ff.

MHA = Max Horkheimer Archiv.（未公刊資料のためページ数ではなく整理番号を付記）

NS = Adorno Nachgelassene Schriften. Schröder, Th. u. a. (Hrsg.), Frankfurt am Main 1993 ff.

PdS = Adorno, Th. W., Albert, H., Dahrendorf, R., Habermas, J., Pilot, H., Popper, K.: Der Positivismusstreit in der deutschen Soziologie. 5. Aufl., Darmstadt und Neuwied 1976.

PT1 = Adorno, Th. W.: Philosophische Terminologie I, Frankfurt am Main 1973.

PM1 = Adorno, Th. W.: Probleme der Moralphilosophie. Vorlesung, gehalten im Wintersemester 1956/57 an der Universität Frankfurt, Typoskript im Theodor Wiesengrund Adorno Archv, Frankfurt am Main.（未公刊資料のため講義の日・月・年と引用元のSchweppenhäuser 1993のページ数を付記）

SE = Institut für Sozialforschung: Soziologische Exkurse. Nach Vorträgen und Diskussionen, Hamburg 2013.

ZfS = Zeitschrift für Sozialforschung 1932-1941, 9 Jgg., München 1980.

- 引用に際して、原書のイタリックでの強調箇所は下線に改めた。また引用内の〔　〕は筆者による補足である。
- 外国語文献からの引用に際して、邦訳があるものは＝以下に訳書のページ数を示した。ただし文体や訳語の統一などの理由で、訳文を変更した箇所があることをお断りしておきたい。
- アドルノの講演・対談・書簡・講義録は、基本的に敬体（です・ます調）で訳出した。

序章

問題関心と研究の課題

第 1 節　問題関心 —— 啓蒙と教育の現在

　本書はドイツの思想家テオドール・ヴィーゼングルント・アドルノ (Theodor Wiesengrund Adorno, 1903-1969) の教育思想を再構成し、その特徴を啓蒙の批判的継承という観点から明らかにするものである。

　理性の導きによって理性的な世界を実現しようとした 18 世紀の知的運動である啓蒙 (独: Aufklärung, 仏: lumières, 英: enlightenment) は、幾多の社会思想家の関心を教育に導いた。そして近代の教育思想と教育実践もこの理性概念を中心に据え、自然、進歩、文化、自由、自律、経験といった概念をその周辺に配置しながら歴史を重ねてきた。ドイツ啓蒙思想の端緒におけるメンデルスゾーン (Moses Mendelssohn) の啓蒙と教養 (Bildung) と文化 (Kultur) をめぐる考察 [Vgl. Hinske 1973]、権威や伝統に頼らず自らの経験と理性を手がかりに自ら思考する人間への教育を描き出したルソー (Jean-Jacques Rousseau) の『エミール (Emile)』[ルソー 2007]、そして人間的自然の完成という教育観をルソーから受け継ぎ、カント (Immanuel Kant) は教育の正当性の根拠を啓蒙の進む人類の進歩に認めた [KGS IX: 437 ff.]。理性の実現を求めた啓蒙はその手段として教育を見出し、教育の側も理性に導かれることを己に課した —— 端的ではあるが、近代の啓蒙的な教育はこのように表現できるだろう。

　だが啓蒙が (完全ではないとはいえ) 現実となった現代において、啓蒙は批判の対象となった。近代科学技術の諸問題、西洋中心主義、進歩史観の限界 —— いわゆる現代思想の隆盛によってこうした批判は知られるようになっ

たが、それに呼応するように教育学においても自律から社交へ、経験から体験へ、文化的教養から多文化理解へといった関心の移動も認められる。[1]しかし、当の現代思想による啓蒙思想の再評価も看過できない。「未完の近代」における啓蒙のさらなる推進を自負するハーバーマス（Jürgen Habermas）だけでなく［Habermas 1981］、たとえば晩期のフーコー（Michel Foucault）もカントの啓蒙論に同時代批判の端緒を認め高く評価しており［フーコー 2002a, 2002b］、いずれも啓蒙思想の再評価ととらえることが可能である。啓蒙への批判と再評価が交錯する現在にあって、啓蒙のめざした理性の実現という主題に立ち返り、啓蒙と教育の関係を再検討する必要があるのではないだろうか。

　この問いに応える方法としては、たとえば啓蒙思想の概念が教育実践に有効かどうか検討する方法や、教育学の中での概念の歴史的変遷を追う方法もあるだろう。だがそれ以前に、啓蒙と教育の関係を問題とする際には、教育を自明視することは避けねばならない。なぜなら、ルソーが社会契約の担い手を描くために『エミール』を執筆するにいたったように、かつての啓蒙こそが、自己を実現する独自の社会的領域として教育を発見したからである。この「理性の自己実現のための教育」という教育観に、今の私たちも少なからず囚われているかもしれない。啓蒙と教育の関係を自明視することなく、それをめぐる諸概念の配置を相対化することができないだろうか。

第2節　研究の対象と目的

　ここで本書はアドルノの思想に注目してみたい。その理由は、彼が啓蒙を徹底的に批判した代表的な思想家でありながら、自らの知的活動を啓蒙と呼び、啓蒙思想の諸概念を継承した教育論も残していることにある。

　かつて人類に自然の救済と幸福を約束した啓蒙が、その進歩の帰結として、第二次世界大戦と反ユダヤ主義に象徴される合理的な人間支配と暴力を招いた――ホルクハイマー（Max Horkheimer）との共著『啓蒙の弁証法（Dialektik der Aufklärung)』(1947 年) で展開されたこの啓蒙批判は、『否定弁証法 (Negative Dialektik)』(1966 年) や『美の理論 (Ästhetische Theorie)』(死後出版：1970 年) など哲学・美学・社会学に及ぶアドルノの思想全体に通底しており、「理性の自己実現」に「自然支配」を読み取ったものとして知られている。またアドルノの徹底的な理性批判とポストモダン思想との共通性もしばしば論じられるが、アドルノの場合、啓蒙の諸概念を用いた啓蒙自身の批判、いわば啓蒙の自己反省という性格が顕著である [Vgl. Habermas 1985：141 = 1990: 204]。しかしその自己撞着的な論理は出口のないペシミズムとして、後継者といわれるハーバーマスやホネット (Axel Honneth) にも批判を受けた [Habermas 1985；Honneth 1988]。

　他方でアドルノは教育論集『成人性への教育 (Erziehung zur Mündigkeit)』(死後出版：1970 年) に収録された晩年の講演や対談で、「アウシュヴィッツ以後」における「自律 (Autonomie) への教育」「経験 (Erfahrung) への教育」の必要性を訴えていた。自律概念と経験概念はいうまでもなく啓蒙思想に由来するが、それを踏襲する彼の教育論は『啓蒙の弁証法』とは異なる実践志向のポジティヴィズムを感じさせる。しかしアドルノの啓蒙批判を教育に対する批判としてとらえることも可能である。理性的になることを子どもに求め、理性的に子どもに関わろうとする教育観に「自然支配」を読み取ることはたやすい。アドルノの教育論は彼自身の啓蒙批判を逃れておらず、彼の思想の自己撞着に拍車をかけているようにも思える。

　しかし本書では、彼の思想全体と教育論の双方を結び合わせることで、この自己撞着に見えるものを解きほぐし、アドルノの啓蒙批判の帰結として彼の教育論を位置づけたい。この試みが成功すれば、「自然支配」に支えられた「理性の自己実現」として啓蒙と教育をとらえる論理とは異なるものが拓かれるのではないだろうか。本書は、哲学・美学・社会学にわたるアドルノの思想全体と彼の教育論の双方を架橋しアドルノの教育思想を再構成することで、理性の実現をめざした啓蒙とそれを実現する手段としての教育という関係とは異なる教育思想、すなわち徹底した啓蒙批判をふまえながらも教育に可能性を見出す教育思想のモデルを示そうとするものである。

第3節　先行研究の動向

　アドルノを扱う教育学の先行研究は他の領域と同様に数多いが、アドルノの教育論に焦点を当てたものと、教育論以外のアドルノの思想に考察の比重を置いたものの二つの傾向を見て取ることができる[4]。

　アドルノ教育論に焦点を当てた初期の先行研究の場合、彼の発言の政治的含意に関心を寄せながら、アドルノの思想の中心とはいいがたい「解放」「平和」といった概念を挿入しつつ教育実践の指針となるようにアドルノの教育思想を再構成する傾向があった [Groothoff 1971; Brose 1976]。またその後の先行研究では、社会批判や社会変革というアドルノの動機を引き受けながら、アドルノ以後の教育と社会への批判を各々の論者が改めて展開するものが多く、アドルノ教育論の現代化という傾向を見て取ることができる [Vgl. Pöggeler 1987; Gruschka 1995; Hilbig 1995; Fechler u. a. 2001; Gruschka 2004; Gruschka 2006; Ahlheim/ Heyl 2010][5]。他方で、アドルノの伝記的資料の公刊と研究の進捗を受け、民主化から 1960 年代の「過去の克服」を経て学生紛争にいたる戦後ドイツの知的状況の中にアドルノの教育論を位置づけようとする思想史的研究も少なくない [Paffrath 1992; Kraushaar 1998; Albrecht 1999a; Albrecht 1999b; Koinzer 2011; 今井 2015]。だがいずれにしても、自律概念と経験概念を中心に展開されたアドルノの教育への期待を彼の思想全体に位置づけるものとはいいがたい。

　他方で、アドルノの思想全体に注目する初期の研究としては、アドルノとポパーの（Karl Popper）の実証主義論争などを手がかりに、アドルノの科学批判から教育学批判を導き出そうとするものがあった [Althaus 1976; Herrmann 1978]。ただしアドルノの思想そのものが注目されたというよりも、当時のドイツ教育学において一潮流をなした解放的教育学（emanzipatorische Pädagogik）の影響、とりわけハーバーマスの「解放的認識関心」の議論の影響を受けたものだった [Vgl. Sahmel 1985][6]。しかし 1980 年代以降、主体の学びや変容や成長を主題とする人間形成論（Bildungstheorie）としてアドルノの思

想を再構成する研究がいくつも登場した [Kappner 1984; Gebauer/ Wulf 1992; Schäfer 2004; 今井 1998; 池田 2015]。こうした研究の端緒となったのは、他の学問領域のアドルノ研究にも影響を与えたカップナーの大著 [Kappner 1984]、批判理論と教育学の関係の再検討を試みたパフラートの編著 [Paffrath 1987]、そしてポストモダン思想をめぐる教育学の議論の中でフランクフルト学派が改めて注目されたことにある [Vgl. Benner/ Göstemeyer 1987; Marotzki/ Sünker 1992]。アドルノの哲学や美学思想に注目が集まり、とりわけアドルノの経験概念に焦点が当てられているため、その成果には本書にとっても看過できないものがある。しかし、それらの研究におけるアドルノの教育論への関心は限定的で、もっぱらアドルノの人間形成思想を明らかにするための導入にとどまっている[7]。

　この点について、本書と最も問題関心が近いシェーファーの研究を手がかりに検討してみたい [Schäfer 2004]。シェーファーはアドルノの思想を手がかりとして、理性的主体の教育を自負しつつ教師の責任と作為を正当化する近代教育学の構図を「啓蒙の形而上学的理念」と呼び、それが今やイデオロギーとして「社会的不正を隠蔽」していると批判する [Schäfer 2004: 130]。そして、この理念に対する反省から、教える営みそのものの限界とともに、学ぶ側の自己形成の契機となる経験（特に美的経験）に光を当てるものとしてアドルノの思想を評価している。このシェーファーの研究は、啓蒙的な教育観に対する批判的な関心を本書と共有している。しかし、なぜアドルノは、教える側の限界を認めて沈黙するのではなく、教育実践について積極的に発言したのか、シェーファーの議論はその考察に乏しい。結論を先取りすることになるが、本書では「多様なものの共生」という彼自身のユートピアの理念が、アドルノに啓蒙批判と教育論の両方を語らせたと考えている。「理性の自己実現」としての啓蒙にただ与するのではなく、また一切の教育の営為を「自然支配」とみなし忌避するのでもない、そうした教育思想を「多様なものの共生」という理念のもとで描き出してみたい。

第4節　研究の手法と展開

　アドルノの思想全体とその教育論の関係を問う際に重要なのは、啓蒙思想を構成する諸概念の関係に着目する「布置連関(Konstellation: 星座)」のアプローチだと考えられる。18世紀の啓蒙思想においては、理性、自然、自由、自律、経験といった諸概念との布置連関の中で教育の概念が一定の役割を果たし、教育思想と教育実践を導いてきた。しかし、この布置連関は歴史的社会的状況によって変容する。実はこの布置連関に注目し、啓蒙の諸概念を用いながら啓蒙を批判したのがアドルノであった。しかし、その彼が現状の布置連関をどのようにとらえ、この布置連関をどのように組み替えることで教育に期待を寄せるにいたったのか、その教育論では明らかにしていない。啓蒙を徹底的に批判したアドルノにとって、理性的な世界を直接的に実現できる理性的な手段として教育を位置づけることはできないはずである。それにもかかわらず彼が啓蒙思想から自律と経験の概念を継承し教育を語りえたのは、彼の思想の中でそれらの概念の布置連関が変わっていたことを示唆している。啓蒙をめぐる諸概念の批判の果てに、どのように啓蒙の諸概念を継承したか、本書では布置連関に着目することで明らかにしたい。

　自律概念と経験概念をめぐるアドルノ研究の状況についても確認しておこう。これまでの先行研究において、人間形成や教養を意味するBildungや経験などの概念に比べてアドルノの自律概念への注目度は高いとはいいがたかったが、カント道徳哲学を扱った講義録『道徳哲学の諸問題 (Probleme der Moralphilosophie)』が1997年に公刊されたことで、アドルノの思想全体に自律概念を位置づけることが容易となった。経験概念についても、アメリカ亡命中の映画音楽研究などが明らかになるにつれ [Adorno/ Eisler 2006]、現在では文化的保守主義者という旧来のアドルノ像にとどまらない文化的経験への洞察をアドルノから読み取ることが可能になっている。こうした近年のアドルノ研究の成果をふまえることで、先行研究では重視されなかったアドルノの教育論と彼の思想全体との一貫性を検討する状況が整ったといえる。

本書の展開は次の通りである。

⑴　アドルノ教育論の背景と問題意識の解明

　まず、啓蒙を批判しながら教育に可能性を認めるにいたったアドルノの教育論の背景と問題意識を解明する。すでに言及したように、「自然支配」としての啓蒙批判の帰結として、教育に一切の可能性を認めないことも論理的には可能であるが、アドルノはそうしなかった。アドルノが教育に認めた可能性について、まず彼自身の教育論者という側面を描き出したうえで、どのような啓蒙批判が彼の教育論につながっていったか、アドルノ自身の知的遍歴と彼の教育論の問題意識を出発点としながら明らかにする（第1章、第2章）。

⑵　啓蒙批判を経た自律概念と経験概念の解明

　アドルノ教育論の鍵概念である自律と経験を、哲学、社会学、美学などのアドルノの思想を参照しながら教育論に位置づけなおす。まずカントの道徳哲学に対するアドルノの批判を分析し、アドルノの「自律への教育」の根幹が「他律の回避」という知的営為の支援にあったことを明らかにする（第3章）。続いて、アドルノの言語哲学・メディア批判・美学思想を参照することで、透明な合理性に回収されない経験とそのモデルとなる子どもの経験にアドルノが可能性を認めていたことを確認し、狭義の教育にとどまらない子どもと大人との多様な関係への示唆を明らかにする（第4章）。

⑶　アドルノの時間意識論に基づく Bildung 概念の解明

　アドルノの自律概念と経験概念は、不可逆的な能力の増大や情報の蓄積とは異なり、そのつどの個別的な営為を指しているため、進歩史観と同様の構造を備えた成長・発達の論理には回収されがたい。しかし教育学としては、個人の人間形成の持続的な時間の中で営為としての自律と経験がどのような意味を担いうるのか考察する必要がある。そこでアドルノが音楽論の中で展開した「絶対的モデルネの時間意識」と「叙事詩的時間意識」に着目し、その人間形成論的な含意を確かめたうえで、この時間意識が個人の自己形成と社

会的現状の変化との双方を指す Bildung の現代的な可能性を担いうるものとして期待されていたことを明らかにする。それによってアドルノのいう自律と経験が現代的な Bildung の契機として位置づけられるものであることを示す（第5章）。

⑷ 啓蒙的教育観をのりこえるアドルノ教育思想の再構成

　ここまでの考察をふまえてアドルノの教育思想を再構成しようとするならば、自律・経験・Bildung の諸概念を、教育目的・教育目標・教育手段といった図式に落とし込むことになるかもしれない。しかしこの図式こそ、かつての啓蒙とそこに組み込まれた教育観の産物であり、アドルノが「自然支配」としての啓蒙の根幹に見出し批判したものであった。ここではまず、知的運動としての啓蒙に対するアドルノの批判が、啓蒙に組み込まれていた教育観（本書では「啓蒙的教育観」と呼ぶ）にも及ぶものであったことを確認する。続いてアドルノが啓蒙批判を経て掲げるにいたった「多様なものの共生」という理念に依拠して、教育に寄せられたアドルノの期待の内実を検討する。以上の分析をふまえることで、アドルノにおける啓蒙の批判的継承とともに、啓蒙的教育観とは異なるアドルノの教育思想の特徴が明らかになるだろう（結章）。

注

1　教育学におけるポストモダン思想の影響に関しては、たとえばドイツではドイツ教育学会の機関誌『教育学雑誌（Zeitschrift für Pädagogik）』の 1987 年の特集「教育学とポストモダン（Pädagogik und Postmoderne）」を挙げることができる［Vgl. Benner/Göstemeyer 1987］。また日本の教育学におけるポストモダン思想の影響については様々な議論があったが、その全体を俯瞰できるものとして下司晶の著書を挙げることができる［下司 2016］。

2　アドルノとポストモダン思想との共通性や影響関係（特にリオタール（Jean-François Lyotard）へのアドルノの影響など）は非常に多いが、ドイツ語圏よりも英語圏でその検討が先に進んできたように思われる。たとえばデリダ（Jacques Derrida）とアドルノの相違に注目したライアンの研究や［Ryan 1982］、ポストモダン思想をふまえて改めてアドルノのアクチュアリティを体系的に明らかにしようとしたペンスキーらの研究が挙げられよう［Pensky 1997］。

序章　問題関心と研究の課題　　9

3　ただし「柔軟な自然主義」を掲げる近年のハーバーマスは［Habermas 2005, 2007, 2009］、アドルノの自然観にも改めて着目している［Habermas 2005］。またホネットも後にアドルノの批判の手法を再評価している［Honneth 1998］。

4　教育学のアドルノ研究の動向については拙論も参照されたい［白銀 2011］。この論文ではその動向を開放的教育学やポストモダン思想との関連から確認したうえで、特にカップナー、パフラート、グルーシュカ、シェーファーの研究の意義を確認し、あわせて今後のアドルノ研究の課題について論じた。

5　このような研究の典型として、「アウシュヴィッツ以後の教育」というアドルノのテーマを現代的に継承する研究が挙げられる［Vgl. Meseth 2001; Ahlheim 2010］。

6　解放的教育学については今井康雄の論稿を参照のこと［今井 1985］。

7　なお、アドルノの思想全体に注意しながら、独自の展開を見せる特異な研究としてグルーシュカのものが挙げられる［Gruschka 1988］。グルーシュカは『啓蒙の弁証法』の方法を参照しながら、才能（Begabung）、学習（Lernen）、発達（Entwicklung）、社会化（Sozialisation）、人間形成（Bildung）、教育（Erziehung）、教授（Didaktik）といった概念を対象に、その概念の内部や現実との間に矛盾を抱えていることを露呈させている。その後のグルーシュカの業績と同様に、これは厳密なアドルノ研究とはいいがたいが、アドルノの思想のひとつの継承の仕方として評価できるだろう。

第1章

教育論者としてのアドルノ

　アドルノの著作の多くは哲学・社会学・文芸批評・美学そして音楽論によって占められ、彼の教育論は分量も公となった時代も限られている。アドルノの教育論が広く知られるようになったのは、カーデルバッハ (Gerd Kadelbach) がアドルノの死後に編纂した講演・対談集『成人性への教育』によるところが大きいが、全て1959年以降の晩年のものである。またアドルノの音楽論にはいくつかの音楽教育論が含まれているが、多くは1950年代に集中している。しかし、この音楽教育論の元型は、彼が音楽家を生業の選択肢として考えていた1930年代にすでに出来上がっていた。また『成人性への教育』のいくつかの論点は、彼がフランクフルト社会研究所 (Institut für Sozialforschung) の一員として1930年代から取り組んだ社会心理学的研究の成果によるものだった。アドルノの教育論は、彼の知的遍歴の帰結としてとらえることができるかもしれない。

　この章ではアドルノの主要な業績と教育論との双方を、彼の伝記的な文脈に位置づけていく。アドルノの主要な業績の周辺については、2003年のアドルノ生誕100年と前後して公刊された複数のアドルノの伝記が基本的な資料となる[1]。またアドルノ教育論の先駆的な歴史的研究としてパフラートの研究があるが [Paffrath 1992]、その後も社会研究所の歴史を明らかにする研究がいくつも登場し、1950年代から60年代にかけての研究所における教育学的研究の実態がより明らかとなってきた[2]。こうした先行研究に加えて、

さらにマックス・ホルクハイマー資料館（Max Horkheimer Archiv）の未公刊資料も活用することで、ここではアドルノの知的生涯において教育への関心が決して周辺的なものでなかったことを明らかにする。教育論に直結しないアドルノの伝記的エピソードや著作にも適宜言及し、彼自身が受けた教育、亡命をはじめとする諸経験、研究や思想をめぐる人間関係、社会研究所における立場や彼自身のユダヤ的アイデンティティの変化についても彼の教育論の背景として確認していきたい。

第1節　生い立ちと亡命期の社会批判

生い立ちと青年時代

　1903年9月11日、フランクフルトにアドルノは生まれた。ユダヤ系の姓を持つ父オスカー・アレクサンダー・ヴィーゼングルント（Oscar Alexander Wiesengrund）は裕福なワイン商であり、長いイギリス滞在の経験もあってリベラルで寛容な人物だったといわれる。母マリア（Maria）は旧姓カルヴェリ＝アドルノ・デラ・ピアナ（Calvelli-Adorno della Pianna）、コルシカ出身でフランス国籍を持つフェンシングの名手の父と歌手の母の間に生まれ、自身もオペラ歌手であった。敬虔なカトリック教徒で夫よりも5歳年長であったマリアは、一人息子にフランクフルト大聖堂でカトリックの洗礼を受けさせ、テオドール・ルードヴィヒ（Theodor Ludwig）の名を与えられたこの子どものために、同居していたピアニストの妹アガーテ（Agathe）とともに音楽と教養にあふれた教育を施した。[3]この母と叔母の影響はアドルノにとって非常に大きく、彼はその活動の初期から姓をヴィーゼングルント＝アドルノ（Wiesengrund-Adorno）を名乗り、後に愛慕を交えながらこの音楽的環境を振り返っている。また彼は家族でたびたびバイエルン州のアモールバッハで休暇を過ごしていたが、その思い出もアドルノの著作にしばしば登場する［Vgl. GS 10-1: 302 ff. = 22-32］。

　アドルノは6歳でドイツ騎士団中等学校に入学し、続いてカイザー・ヴィ

ルヘルム・ギムナジウムに進んだ。ギムナジウム時代の愛読書はルカーチ (Georg Lukács) の『小説の理論 (Die Theorie des Romans)』(1920 年) やブロッホ (Ernst Bloch) の『ユートピアの精神 (Geist der Utopie)』(1918 年) であり、14 歳も年長の友人クラカウアー (Siegfried Kracauer) と定期的にカントの『純粋理性批判 (Kritik der reinen Vernunft)』を読んでいた。またギムナジウムの国語教師ツィッケル (Reinhold Zickel) はアドルノにとって忘れがたい人物であり、対等な議論の相手として認められたこと、あるいは空虚な決まり文句の濫用を時に冷静に諫められた思い出を振り返っている[GS 20-2: 756 ff.]。アドルノはギムナジウムで飛び級と首席卒業を果たし、アビトゥーア合格前からホーホ音楽院で作曲とピアノを学び始めたが、他方でこの華奢で内気な優等生は、他の生徒の羨望と嘲笑の的となっていたようである。プロテスタントの堅信礼を受けながらもユダヤ的な姓を持った少年が他の生徒から受けた苦痛は、後にナチズムの原像として振り返られる [GS 4: 219 f. = 298-300]。ところで、ギムナジウム時代の 1919 年、『フランクフルト生徒新聞 (Frankfurter Schüler - Zeitung)』第 1 号に「教師と生徒の関係の心理学 (Zur Psychologie des Verhältnisses von Lehrer und Schüler)」と題されたアドルノの文書が掲載された。ギムナジウムでの生徒と教師の対立関係を分析したものだが、大人への反抗の空気がギムナジウムにも及んでいた青年運動の只中にもかかわらず、教師に対して生徒が向ける偏見もアドルノが厳しく批判していることは興味深い [GS 20-2: 715 ff.]。この生徒時代の体験と見解は、子どもの社会化における権威、あるいは教師と生徒の関係をめぐる後のアドルノの発言にもつながっていく。

　1921 年、商業都市の市民層に支えられた新興のフランクフルト大学にアドルノは入学し、哲学、社会学、心理学、そして音楽理論を学んだ。哲学正教授であるコルネリウス (Hans Cornelius) のもとで論文「フッサールの現象学における物的なものとノエマ的なものの超越 (Die Transzendenz des Dinglichen und Noematischen in Husserls Phänomenologie)」を著し 1924 年夏に博士号を取得したが、この学生時代に終生彼に影響を与え続ける重要な人々と出会っている。1922 年にはゲシュタルト心理学の演習で当時コルネリウスの助手を務めていたホルクハイマーと出会った。すでに批評家として活動していたベン

ヤミン（Walter Benjamin）、そして後に妻となり口述筆記も務めたマルガレーテ・カルプルス（Margarete Karpuls）、通称グレーテル（Gretel）と出会ったのもこの時期である。

博士号取得前から音楽専門誌に楽曲批評やコンサート批評を寄稿するなど音楽家を志していたアドルノは、1925 年にはウィーンに長期滞在し、作曲家ベルク（Alban Berg）を師と仰ぎながら新ウィーン楽派の巨匠シェーンベルク（Arnold Schönberg）、作曲家クシェネク（Ernst Krenek）、ピアニストのシュトイアーマン（Eduard Steuermann）、バイオリニストのコーリッシュ（Rudolf Kolisch）といった人々との知己を得た。とりわけ三歳年上のクシェネクとは音楽専門誌の『アンブルフ（Anbruch）』や『23』の共同編集者として、当時の新音楽をめぐって議論を戦わせた。その一方でアドルノは大学教員資格の取得もめざし、フロイト（Sigmund Freud）の精神分析理論に依拠した「超越論的霊魂論における無意識の概念（Der Begriff des Unbewusstsein in der transzendentalen Seelenlehre）」を 1927 年に完成させるが、指導教授のコルネリウスと相談の結果、提出を断念した。『アンブルフ』の編集協力者として販売部数の低迷した雑誌の再建に尽力するが結局は失敗し、音楽家としての活動にも行き詰まりを感じるなか、1929 年にはコルネリウスの後任シェーラー（Max Scheler）の突然の死去の後、フランクフルト大学に哲学教授として着任した神学者ティリッヒ（Paul Tillich）のもとで改めて教員資格論文に挑戦する。このきっかけのひとつが、ベンヤミンの『パサージュ論（Passagen-Werk）』の草案に受けた刺激だったといわれる [Müller-Doohm 2003: 185 f.= 141]。ベンヤミンの方法を用いながらキルケゴール（Søren Kierkegaard）の美学の再構築を試みたアドルノの教員資格論文はティリッヒと社会哲学の教授になったばかりのホルクハイマーによって審査され、1931 年 2 月にアドルノは教員資格を得た。同年 5 月に行われたフランクフルト大学の私講師就任講演「哲学のアクチュアリティ（Die Aktualität der Philosophie）」、そして翌年のカント学会での講演「自然史の理念（Die Idee der Naturgeschichte）」では、ベンヤミンの影響とハイデガー（Martin Heidegger）への批判がはっきりと表明され、アドルノの思想の原点として注目される。

哲学の私講師としてアドルノは授業でベーコン（Francis Bacon）、デカルト（René Descartes）、ヘーゲル（Georg Wilhelm Friedrich Hegel）、キルケゴール、ジンメル（Georg Simmel）などの哲学のほか、フォルケルト（Johannes Volkelt）の美学、ハンスリック（Eduard Hanslick）の音楽美学、ベンヤミンの『ドイツ哀悼劇の根源（Ursprung des deutschen Trauerspiels）』（1928年）、そしてレッシング（Gotthold Ephraim Lessing）の『人類の教育（Die Erziehung des Menschengeschlechts）』を扱った。レッシングの演習はティリッヒとともに実施したものだが、教育学への造詣も深かったティリッヒにアドルノは望ましい教師の姿を見ながら教育学への理解を得たといわれる [Paffrath 1992: 49 f.]。ホルクハイマーとの親交は変わらず、彼が1931年から所長を務めることとなった社会研究所の新たな機関誌『社会研究誌（Zeitschrift für Sozialforschung）』（1932年創刊）に、「音楽の社会的状況によせて（Zur gesellschaftlichen Lage der Musik）」（1932年）を寄稿した。フランクフルト放送のラジオ番組に定期的に出演し現代音楽の紹介も行っていたこともあり、この研究所でアドルノは哲学ではなく音楽文化の担当者として位置づけられていたが、しかし未だ正式な所員ではなかった。

亡命

アドルノ自身の回顧によれば、1933年3月、大学教員資格論文を大幅に修正した著書『キルケゴール──美的なものの構築（Kierkegaard. Konstruktion des Ästhetischen）』を出版したその日に、ヒトラー（Adolf Hitler）が独裁権を握った [GS 2: 261 = 359]。同月の社会研究所の閉鎖、そして翌月の職業官吏再建法のいわゆる「アーリア条項」に基づいた「非アーリア人」公務追放政策によってホルクハイマーらの大学教員資格が剥奪され、アドルノも同年9月に同じく資格を失った。社会研究所は1931年にはジュネーヴに支部を開設し基金もオランダに移していたため、フランクフルトの研究所が閉鎖される前にホルクハイマーをはじめポロック（Friedlich Pollock）、レーヴェンタール（Leo Löwenthal）、フロム（Erich Fromm）、マルクーゼ（Herbert Marcuse）といったほとんどのユダヤ系の所員はフランクフルトを離れていた。しかしアドルノは、当初は亡命の意図を持ってはいなかった。血縁的には「半ユダヤ人

(Halbjude)」であるが、ユダヤ的文化と距離を取っていたアドルノは[5]、しばらくフランクフルトで音楽教師など音楽に携わりながら国内にとどまるすべを探った。しかし同年7月には家宅捜索を受け、音楽教師の道は「非アーリア人」ゆえに閉ざされ、さらに当時は当局に公認されていたユダヤ人文化同盟 (Kulturbund Deutscher Juden) へと接近を試みるも「半ユダヤ人」でキリスト教徒のアドルノには加入が認められなかった。ウィーン大学への教員資格の移転も失敗した。結局は父の薦めに従い、父方の叔父の住むイギリスに1934年4月に移ったが、大学教員の資格は認められなかったため、オックスフォード大学のマートン・カレッジで言語哲学者ライル (Gilbert Ryle) のもと、大学院生としてフッサール (Edmund Husserl) の現象学をテーマにした博士論文に着手した。その後、ニューヨークに移りコロンビア大学の支援を受けていた社会研究所のホルクハイマーから連絡があり、博士号取得による常任研究員としての雇用を示唆されたことから、アドルノは博士論文作成の傍らパリに亡命中のベンヤミンやクラカウアーと社会研究所の仲介役を務めた。また、ユダヤ系の出自を連想させないヘクトール・ロットヴァイラー (Hektor Rottweiler) の偽名を用いながら、フロイト的な精神分析に依拠した論文「ジャズについて (Über Jazz)」(1936年) などを『社会研究誌』に寄稿し、また1935年に没したベルクに捧げられた論文集の作成にも関わった[6]。

　ところでこの時期のアドルノにおいて注目できるのは、同時代の音楽教育を批判したいくつかの批評である。1932年に『フランクフルト新聞 (Frankfurter Zeitung)』に「楽師音楽への批判 (Kritik des Musikanten)」を寄稿した。またクシェネクの講演「音楽教育に作曲家は何が期待できるか (Was erwartet der Komponist von der Musikerziehung?)」(1936年、『23』26/27号に掲載) に対して、アドルノは「音楽教育的音楽 —— エルンスト・クシェネクへの書簡 (Musikpädagogische Musik. Brief an Ernst Krenek)」(1936年、『23』28/30号にロットヴァイラーの名で掲載) を寄せた。青年運動の影響を受け、歌唱と演奏を偏重していた当時の音楽教育の流行をクシェネクは批判しながら、正統なクラシック音楽の正確な聴取を重視していた。アドルノはこの公開書簡でクシェネクの批判を基本的に肯定し、同時代の音楽教育の共同体志向を批判する一方、ク

シェンクの立脚する作曲者の高踏的な視座も批判し、音楽と社会との媒介という視点を加えようとした [GS 18: 805 ff.]。

1937年、ホルクハイマーを立会人として招いたグレーテルとの結婚式の後、ニューヨークに戻ったホルクハイマーから、プリンストン大学の社会学者ラザースフェルト（Paul Felix Lazarsfeld）——彼はウィーンからの亡命ユダヤ人だった——のもとでラジオの社会学的調査を行う研究員としての渡米を提案された。グレーテルとの結婚によって1935年制定のニュルンベルク法が定める「ユダヤ人」となったこともあり、アドルノはアメリカのビザを獲得し、1938年2月にニューヨークに移った。ただし当時のアメリカにおけるユダヤ人の厳しい受け入れ状況にも配慮し、これまで名乗っていた「ヴィーゼングルント＝アドルノ」を改め、「ヴィーゼングルント」を「W.」に略し、自らの姓を「アドルノ」とすることになる。

ラジオ調査研究においてアドルノには音楽社会学的な分析が期待されていたが、その方法をめぐってラザースフェルトとの対立が大きく、1940年にアドルノはプロジェクトから退いた。ただし「構造的聴取」と呼ばれる音楽の正しい聴取のあり方を考察し、またそうした聴取者を育てるラジオ番組のプログラムを構想するなど、後の音楽教育論に通じるものがこのプロジェクトで育まれた [Müller-Doohm 2003: 386 ff.= 298-301]。アメリカ入国当初のアドルノは社会研究所の財政的窮乏もあって共同研究員でしかなかったが、ラジオ調査研究を退いた後には常任研究員の地位を認められ、時にホルクハイマーの代理を務めることもあった。『社会研究誌』とその後継の『哲学・社会科学研究（Studies in Philosophy and Social Science）』誌には、1941年の第9巻3号を以て休刊するまで複数の論文を寄稿し[7]、またこの雑誌の編集担当者としてベンヤミンと彼のボードレール論をめぐって議論を戦わせた。またホルクハイマーと『啓蒙の弁証法』に結実する議論をスタートさせる一方、1939年にホルクハイマーが準備した「反ユダヤ主義調査プロジェクト（Research Project on Antisemitism）」（公表は1941年）に呼応して、アメリカの財団からの資金獲得のために反ユダヤ主義とナチズムの研究プロジェクトの構想をホルクハイマーにいくつも提示していた。そうしたなかで1940年、両親のアメリカ亡

命が成功し再会を果たすが、もうひとり待ちわびていたベンヤミンの自死の知らせを10月に受け取り、妻とともに絶望する。

1941年11月、健康上の理由から同年春にロサンゼルスに移動したホルクハイマーを追って、アドルノ夫妻はロサンゼルス近郊のサンタモニカに新居を構えた。この地ではホルクハイマーやシェーンベルク、マン（Thomas Mann）、ブレヒト（Bertolt Brecht）らの亡命者サークルの一員となった。ニューヨーク時代から書き継いでいた著作『新音楽の哲学（Philosophie der neuen Musik）』の草稿は、マンの小説『ファウスト博士（Doktor Faustus）』（1947年）に着想を与え、さらに音楽における自然支配というその主題がホルクハイマーの共感を呼び、1942年から2年にわたって「哲学的断想（Philosophische Fragmente）」（1944年）の共同執筆が進められることとなった。少部数印刷されたこの著作に若干の加筆がなされ、第二次世界大戦後アムステルダムで出版されたのが、後にフランクフルト学派の代名詞となった『啓蒙の弁証法——哲学的断想（Dialektik der Aufklärung. Philosophische Fragmente）』（1947年）である。また休刊した『社会研究誌』『哲学・社会科学研究』誌の特別号『ベンヤミン追悼号（Walter Benjamin zum Gedächtnis）』[8]（1942年）の編集や、映画のBGMに前衛音楽を利用する意義を調査する共同研究にも携わった。[9]このロサンゼルス時代、アメリカ市民権取得、ニューヨークに残っていた父の死、そして帰国後のドイツで最初にアドルノを有名にした『ミニマ・モラリア（Minima Moralia）』の執筆と並行して、後の「過去の克服」をめぐるアドルノ教育論の源泉となる研究が遂行された。それが大規模な社会調査を伴った反ユダヤ主義の共同研究である。

1942年から43年にかけてユダヤ労働者委員会（Jewish Labor Committee）とアメリカ・ユダヤ委員会（American Jewish Committee）から複数年にわたる資金援助が続けて約束され、社会研究所は財政的な安定を得た。前者の援助対象となった研究プロジェクト「アメリカの労働者における反ユダヤ主義（Antisemitism among American Labor）」では、アメリカのブルーワーカーの多くに反ユダヤ主義が確認され、反ユダヤ主義をドイツ特有の現象ではなく世界史的現象としてとらえようとするアドルノらの見解が裏付けられた〔Vgl.

Ziege 2009]。そして後者の援助対象となった研究プロジェクトは 1941 年公表のものと同じく「反ユダヤ主義調査プロジェクト」と題されていたが、社会研究所だけでなくコロンビア大学やシカゴ大学——オーストリアからの亡命ユダヤ人で後に自閉症研究などで有名になった心理学者ベッテルハイム (Bruno Bettelheim) なども参加した——といった複数の大学の研究者と共同で行われる大規模な調査プロジェクトとなった。ホルクハイマーとともにこの調査の心理学的なアプローチのリーダーを務めるアドルノは、カリフォルニア大学バークレー校のサンフォード (R. Nevitt Sanford)、フレンケル゠ブルンスヴィク (Else Frenkel-Brunswik)、レヴィンソン (Daniel J. Levinson) ら社会心理学者たちのグループと研究を進めた。フロイト的な精神力動論に依拠した世論調査で実績をあげていたこのグループとの関わりは、アドルノにとって社会調査の意義を認めさせるものとなった。最終的にこの共同研究の成果は、ホルクハイマーとフラワーマン (Samuel H. Flowerman) の監修する「偏見の研究 (Studies in Prejudice)」シリーズの第 1 巻『権威主義的パーソナリティ (The Authoritarian Personality)』(1950 年) に結実した。この著作はファシズムに親和的なパーソナリティ類型をさぐるファシズム尺度 (F-Scale) によって広く知られるようになり、アメリカの社会心理学の古典となった。そしてアドルノがドイツ帰国後に取り組んだ社会学的研究から 60 年代の教育論にいたるまで、この研究成果は繰り返し言及される。

　なお、このプロジェクトとの関連で、後の教育論に反映される三つの研究プロジェクトにも触れておきたい。第一は「子ども研究 (Child Study)」の構想である。反ユダヤ主義調査プロジェクトは九つのパートに分かれていたが、そのひとつにこの研究が位置づけられていた [Wiggershaus 2001: 420 f.]。1944 年の冬にアドルノは、小学校段階の子どもにおいて反ユダヤ主義が芽生えると仮説を立て、オーストリアからの亡命者で発達心理学者であったフレンケル゠ブルンスヴィクとの共同研究を企図した。その研究は実現しなかったが、彼女との出会いとこの着想をアドルノはドイツ帰国後も振り返っており [Vgl. GS 10-2: 723 ff. = 178-189]、この着想にかかわる彼女の研究に後の教育論でも言及している [EzM: 139 f. = 197-198]。第二に、反ユダヤ主義の研究の一

環で反ユダヤ主義的メッセージを発信するプロパガンダの分析にもアドルノが携わった点である。プロパガンダのテクニックの類型をレーヴェンタールやマッシング（Paul Wilhelm Massing）とともに分析したアドルノは、そのテクニックの社会的啓蒙が大衆扇動を回避するためには必要だと考えるにいたった[12]。そして最後に、戦後ドイツの「再教育（Umerziehung/ re-education）」にかかわる研究プロジェクトである［丸山 2006][13]。1942 年の夏、アメリカ・ユダヤ委員会から資金を得るための折衝を重ねていた頃、すでに社会研究所では「ドイツの狂信的愛国主義者の除去に関するメモ（Memorandum on the Elimination of German Chauvinism）」が著され［MHA IX 172. 27]、教育政策とレジャー政策による戦後ドイツの「狂信的愛国主義者」対策が提案されていた[14]。そしてドイツの敗戦後、アメリカ占領地区の「再教育」に実際に関与したアメリカ・ユダヤ委員会に対して、社会研究所は研究計画やアイデアなどを提供した。アドルノも 1947 年にアメリカ占領軍の再教育当事者へのインタビューをポロックとともに行い［MHA IX 172. 18]、また 1949 年に社会学による啓蒙についてメモを残してもいる［MHA IX 172. 1h]。この「再教育」についてはホルクハイマーが主導したものではあるが［Demirović 1999: 101 ff. = 2010（vol. 3): 62–68]、1949 年にアドルノが著した「民主的リーダーシップと大衆操作（Democratic Leadership and Mass Manipulation）」などは、教育による戦後ドイツの民主化という関心をホルクハイマーと共有していたことをうかがわせる。

第 2 節　戦後ドイツの民主化と教育への関心

ドイツへの帰国

　フランクフルト大学内外からの帰還の呼びかけに応え、ホルクハイマーは 1949 年にフランクフルト大学に復帰し、同年秋には哲学部の学部長、そして翌年の 1951 年にはフランクフルト大学学長に選出された。アドルノは 1949 年、ホルクハイマーの代講者として 15 年ぶりにフランクフルトに戻

り、1950年にはユダヤ人教員の大学追放への補償措置の一環で組織計画外の員外教授という地位を得たが、それは安定したものとはいえなかった。ニューヨークにいた母の死には駆けつけることができず、しかしアメリカの市民権を維持するために1952年の秋から10か月アメリカに滞在し、ハッカー財団の調査主任としてテレビ研究とホロスコープ研究を進めた[15]。しかし1953年7月に組織計画内の員外教授の地位が約束され、翌月ドイツに戻り、その後は二度とアメリカの地を踏むことはなかった。

この時期のアドルノの個人的業績としては、まずアメリカで書き溜めていた『新音楽の哲学』(1949年)、『ミニマ・モラリア』(1951年)、『ヴァーグナー試論(Versuch über Wagner)』(1952年)のドイツでの刊行が挙げられる。特に『ミニマ・モラリア』の好評によって知識人界での知名度は高まった[Demirović 1999: 153 ff. = 2011(vol. 4): 48-52]。ベンヤミンとかつて何度も語り合ったカフカ(Franz Kafka)について論じた「カフカ覚書(Aufzeichnungen zu Kafka)」(1953年)などの文芸批評が『ノイエ・ルントシャウ(Die Neue Rundschau)』誌に掲載され、彼は文芸批評家としても注目されるようになった。『啓蒙の弁証法』の書評もこの時期に複数の雑誌に現れた。そして音楽家としては、前衛音楽の中心として知られるダルムシュタット国際現代音楽夏期講習会に1950年から参加し、理論的講義にとどまらず自らの曲の演奏も行っていた。

しかしドイツでのアドルノの日常は社会研究所の実務に忙殺されていた。ホルクハイマーの大きな関心は戦後ドイツの民主化にあり、その担い手となる人文的・社会学的な教養を基盤とした批判的で民主的な人間の形成をホルクハイマーは求めていた[16]。その象徴となったのが、フランクフルトでの社会研究所の再建(1951年)である。研究所における社会学の教育研究活動と成果の発信が積極的に行われていた背後には、ホルクハイマーの裏方としてのアドルノの実務があった。ただしこの実務は ── 後の実証主義論争のアドルノのイメージとは大きく異なるが ── 経験的調査研究に対するアドルノの肯定的な態度に支えられていた。当時のアドルノは経験的調査研究の代表者を自負し[Demirović 1999: 750 = 2011(vol. 4): 112]、ドイツの民主化に経験的調査研究が役立つと考えていた[Vgl. GS 8: 478 ff.]。そして調査研究の対象だけ

でなく研究成果を反映させる場としても大学教育に力を注いだのだった。

　当時の大学教員としてのアドルノは、哲学の講義と演習を担当するだけでなく、社会学教育の一環として社会研究所の調査に学生たちを参加させ、さらに専門的に社会学を学び修了するドイツ初の教育課程を社会研究所に開くために尽力し、1955年のスタートに導いた [Demirović 1999: 406 = 2011(vol. 1): 190]。また、この時期にはホルクハイマーの大学入学式の講演の原案も作成しており、その遺稿は彼の教育観をうかがわせるものとなっている[17]。

　研究面では、社会研究所の正式な再建の前から複数のプロジェクトが進められていたが、アドルノはその多くに関与した [Vgl. MHA IX 69]。1950年から実施された「グループ実験」は当時の社会研究所を代表する研究であった。この研究は一般市民や大学生に敗戦や国家観や人種観をめぐるグループディスカッションをさせ、そこで浮かび上がる「非公式の世論 (nicht-öffentliche Meinung)」を通して戦後のドイツ人のステレオタイプ的で体制順応的な意識を解明しようとするものであり、その目的の政治性や方法の独自性が注目を集めた。この成果は、ポロックを編者とした『グループ実験 (Gruppenexperiment)』のタイトルで1955年に公刊されるが、特にドイツ人に過去の罪責意識を厳しく問い立てるアドルノ担当の「罪責と防衛 (Schuld und Abwehr)」の章に対して心理学者ホフシュテッター (Peter Robert Hofstätter) が批判を行い、アドルノも議論に応じるという、いわゆるアドルノ＝ホフシュテッター論争が起こった。

　また、この時期の社会研究所のプロジェクトのひとつ「大学と社会 (Universität und Gesellschaft)」にも、研究所の政治性を見てとることができる。1951年からはじまったこの調査研究は、ジョージ・ワシントン比較社会科学研究所 (George-Washington-Institut für vergleichende Sozialwissenschaft) と共同で着手され、対独高等弁務府 (High Commissioner of Germany)、ドイツ学術振興会、フランクフルト国際教育大学、大学協会、文部大臣会議、学長会議などの支援を受けた [Vgl. Demirović 1999: 198 ff. = 2009(vol. 2): 9-45]。このプロジェクトは、大学生、経済と行政の専門家、大学教授へのアンケート調査をもとにして、戦後のドイツの大学のあり方について政策的提言を行おうとするも

のであり、その焦点となったのが戦後ドイツの民主化と大学教育の関係で
あった。このプロジェクトのためにアドルノは尽力し、その成果報告書の序
文をホルクハイマーとの連名で著しているほか [GS 20-2: 685 ff. Vgl. AHB IV:
890 ff.]、後にはエーラー（Christoph Oehler）との連名で「大学教育への学生の
期待に左右される職業教育の目標（Die Abhängigkeit des Ausbildungszieles von
den Studienerwartungen der Studenten）」（1957 年）を発表した [GS 20-2: 689 ff.]。

　また、アメリカの資金で設立されたダルムシュタット社会科学研究所
（Darmstädter Institut für sozialwissenschaftliche Forschung）と社会研究所とが 1949
年に開始した通称「ダルムシュタット地域研究（Darmstädter Gemeindestudie）」
でもアドルノは 1950 年から主導的な役割を果たした [Vgl. Demirović 1999:
339 = 2009 (vol. 1): 123]。この研究は第二次世界大戦で爆撃を受けた地方都市の
戦後の状況を社会学的に分析し、戦後ドイツの民主化に寄与する知見を提供
することを目的としており、アメリカ占領軍の委託を受けたものだった。調
査自体は 1952 年のダルムシュタット社会科学研究所の閉鎖とともに終わっ
たが、その成果は 1952 年から 54 年までの間に 9 冊の本で公にされた [Vgl.
SE 138 ff.]。そのうちの 8 冊にアドルノは序文を寄せ（一部はロルフェス（Max
Rolfes）との共著）、青少年や家族を対象とした研究からステータス意識やメ
リット志向などに注目している [GS 20-2: 605 ff.]。

　さらにアドルノはドイツの教育制度に残存する権威主義の分析という研究
プロジェクトの構想も練っていた。1950 年、アドルノはホルクハイマーに
「ドイツの学校制度における権威の問題の研究（Studie zum Problem der
Autorität im deutschen Erziehungswesen）」という研究の構想メモを送っている
[AHB IV: 37]。結局この「教育学研究（die pädagogische Studie）」は資金の見込み
が立たず [AHB IV: 156]、実現にはいたらなかった。また同じく実現しなかっ
たが、この時期には社会研究所内にユネスコの支部が置かれる可能性も検討
されていた [Demirović 1999: 310 ff. = 2009（vol. 1）: 91-107]。占領国によるドイツ
民主化のための「再教育」の一環でドイツに支部を設置しようとしていたユ
ネスコは、先進的な社会心理学の研究拠点として社会研究所を評価していた
ため、ホルクハイマーとアドルノに接触し、彼らもユネスコ支部の誘致に積

極的だった。

　当時の社会研究所の活動は戦後ドイツの民主化をめざした政治性の高いものであり、この観点から戦後ドイツの教育をアドルノは理解したといえる。ただし、ヘッセン州ギムナジウム教員資格試験の哲学面接試験に携わりはじめたことや、ホルクハイマーを通してこの頃に知り合い、後にアドルノのラジオ対談のパートナーとなったベッカー（Hellmut Becker）との親交も看過できない。弁護士であったベッカーは社会研究所の顧問として研究プロジェクトの状況を把握し、社会研究所の対外的な折衝にも関与していたが、彼は私立学校や市民大学の支援にも力を入れており、1956 年にはドイツ市民大学連盟（Deutscher Volkshochshul-Verband）総裁に選ばれ、1963 年にはベルリンにマックス・プランク教育研究所（Max-Planck-Institut für Bildungsforschung）を創設しその所長となった［遠藤 2004］。戦後ドイツの教育の現状を知る機会はこうした関わりによってもアドルノに与えられていたのだった。

1950 年代後半 ──音楽教育論と大学生の政治意識

　帰国後のアドルノは、1954 年にシカゴ大学の客員教授として一時的にアメリカに渡ったホルクハイマーに代わって社会研究所の実務をこなし、1955 年には亡命によって失ったドイツ国籍を正式に再取得した。1957 年にはフランクフルト大学の哲学・社会学正教授、1958 年には社会研究所所長となり、ホルクハイマーの後任として自ら精力的に活動するようになる。この時期の著作としては、哲学ではイギリス時代の博士論文の準備の産物である『認識論のメタクリティーク ── フッサールと現象学的アンチノミーに関する諸研究 (Metakritik der Erkenntnistheorie. Studien über Husserl und die phänomenologischen Antinomien)』（1956 年）と『ヘーゲル哲学の諸局面 (Aspekte der Hegelischen Philosophie)』（1957 年）、音楽論としては『不協和音 ── 管理された世界の音楽 (Dissonanzen. Musik in der verwalteten Welt)』（1956 年第 1 版、1958 年第 2 版、1963 年第 3 版）、文芸・文化批評としては『プリズメン ── 文化批判と社会 (Prismen. Kulturkritik und Gesellschaft)』（1955 年）と『文学ノート (Noten zur Literatur)』第 1 巻（1957 年）が挙げられる。特に『プリズメン』に収められた「文化批判と社

会 (Kulturkritik und Gesellschaft)」(1949年執筆、1951年初出) の一節「アウシュヴィッツの後で詩を書くことは野蛮だ」[GS 10-1: 30 = 36] は当時の文学者たちの論議を呼んだ。他方で遺稿を委ねられていた『ベンヤミン著作集 (Walter Benjamin Schriften)』(1955年) の編纂や[Benjamin, W. 1955]、また詩人ボルヒャルト (Rudolf Borchardt) の詩集 (1957年) の編纂にもあたった。

　ところで『不協和音』に収められた音楽教育批判は独自の体系性を備えており、後の「過去の克服」をめぐる教育論とは異色の教育観をうかがわせる。1952年に現代音楽・音楽教育研究所(Institut für Neue Musik und Musikerziehung)の総会に招かれた際、アドルノは世紀転換期からの青年運動に連動した青年音楽 (Jugendmusik) あるいは共同体音楽 (Gemeinschaftsmusik) を厳しく批判した [GS 14: 9 ff. = 8-12]。それを要約的に著した「音楽教育的音楽に対するテーゼ (Thesen gegen die musikpädagogische Musik)」(1954年執筆) をアドルノはこの研究所に提出したのだが [Vgl. GS 14: 437 ff. = 300-306]、それが彼の許可を得ないまま否定的注釈を施されて音楽教育誌『若き音楽 (Junge Musik)』に掲載されたことから、アドルノは自らテーゼへの批判に応えるために、1956年にはラジオ講演として「楽師音楽への批判 (Kritik des Musikanten)」を公表し (論文としては『不協和音』第1版が初出)、さらに音楽教育誌『若き音楽 (Junge Musik)』に「音楽教育学によせて (Zur Musikpädagogik)」(1957年、『不協和音』への掲載は第2版より) を寄稿した。一連の論稿においてアドルノは、青年音楽・共同体音楽の運動に対して教養市民層の衰退と結びついた原初的な民族共同体への憧憬とファシズムとの共通性を認め、いまなおこの運動の残滓が同時代の音楽教育に見出せると批判した。この批判にはクシェネクに宛てた1936年の公開書簡「音楽教育的音楽」との共通性も認められるが、しかし青年運動とファシズムの共通性を批判の梃子として音楽教育のみならず戦後ドイツ芸術教育の主流となっていたミューズ教育 (musische Erziehung) も批判の射程に入れており [Vgl. 長谷川 2005]、さらに音楽教育の実践のための具体的提言を行っている点でも興味深い。

　この時期の社会研究所の活動としてまず注目されるのは、帰国前から検討されていた『社会研究誌』の復刊が最終的に研究所叢書の刊行という形に落

ち着き、アドルノが叢書の編者となったことである [Vgl. Demirović 1999: 479 ff. = 2011(vol. 1): 269-298]。この「フランクフルト社会学叢書(Frankfurter Beiträge zur Soziologie)」の第1巻は『ゾチオロギカ (Soziologica)』(1955年) と題されたホルクハイマーの60歳記念論集となり、ここにはアドルノの「社会学と心理学の関係について (Zum Verhältnis von Soziologie und Psychologie)」が、ディアクス (Walter Dirks) と連名の序文とともに掲載された。そして第2巻『グループ実験(Gruppenexperiment)』(1955年)、第3巻『企業の空気(Betriebsklima)』(1955年) に続いて出版された第4巻『社会学の諸相 —— 講義と議論 (Soziologische Exkurse. Nach Vorträgen und Diskussionen)』は、社会学の入門書として高い評価を得た。この本の執筆者は研究所全体だとされてはいるが [SE: 8 = III]、原型となったホルクハイマーの連続ラジオ講義「現在の社会学 (Soziologie der Gegenwart)」はアドルノとホルクハイマーの協働によるところが大きく、本の出版のために加筆された部分もアドルノの草稿によるものが確認できる。[18]この本以降も、この叢書の本の多くにアドルノは (連名のものもあるが) 序言を寄せているが、後述するようにそこには教育に関連するものも少なくない。社会研究所の研究対象として教育が明確に位置づけられていた証左といえよう。

またこの時期の社会研究所の大がかりな研究プロジェクトとして、「大学と社会」を継承した「学生と政治 (Student und Politik)」に注目できる [Vgl. Demirović 1999: 223 ff. = 2009(vol. 2): 45-76]。当時の大学では学生の政治活動への対応が課題のひとつとなっており、西ドイツ学長会議のもとで教育学者ヴェーニガー (Erich Weniger) の主導する政治教育の検討委員会が組織されていた。アドルノは1954年にこの委員会に出席し、「大学と社会」の結果を学長会議に報告したが、続いて社会研究所の助手を務めていたダーレンドルフ (Ralf Dahrendorf) とともに「学生と政治」プロジェクトを構想し、ドイツ学術振興会から資金提供を得ることとなった。フランクフルト大学の学生を対象としたこの調査研究の結果が、ハーバーマス、フリーデブルク (Ludwig von Friedeburg)、エーラー、ヴェルツ (Friedrich Welz) の共著『学生と政治 (Student und Politik)』(1961年) である [Habermas u. a. 1967]。権威主義的・体制順応的で

はない「真の」民主主義的態度を 30%程度の学生に認め、抵抗的な市民運動を含めた彼らの政治的参加に期待を寄せたこの研究に対して、ホルクハイマーとアドルノは詳細に目を通した [Vgl. Demirović 1999: 252 ff. = 2009 (vol. 2): 65-72]。学生の政治意識を過剰に刺激することへのホルクハイマーの憂慮もあってフランクフルト社会学叢書としての出版は認められず、さらにその憂慮の根底にあったハーバーマスの政治的態度に対するホルクハイマーの批判が表面化するにいたり、ハーバーマスはフランクフルトを去ったともいわれる。アドルノはハーバーマスら執筆者とホルクハイマーの仲裁にあたりながらも、特に学生の政治参加に対するハーバーマスらの期待には疑念を挟んだ。ただし、このプロジェクトに関わって当時アドルノが公にしたものは、1959 年のヘッセン放送でのラジオ講演「ドイツの大学の民主化（Zur Demokratisierung der deutschen Universitäten）」（生前は未公刊）に限られる [GS20-1: 332 ff. Vgl. 白銀 2004]。

この時期のアドルノはベッカーとの関係で、教育にかかわる議論に個人的にも参加した。1954 年 2 月、カルフの教授・教育アカデミー（Die Akademie für Unterricht und Erziehung Calw）に招かれ、教育社会学的な議論に加わった [Paffrath 1992: 19 f.]。また 1956 年にフランクフルトで行われたドイツ市民大学会議（Deutsche Volkshochschultag）の総会で「成人教育のアクチュアリティ（Aktualität der Erwachsenenbildung）」を講演したが [GS 20-1: 327 ff.]、その原稿は全国紙『ツァイト（Die Zeit）』に掲載され、多くの人の目にとまった。[19]この年にベッカーとアドルノはヘッセン放送でラジオ対談「啓蒙は救いになるのか（Kann Aufklärung helfen?）」も行っている。なお 1957 年ごろには「余暇の問題に関する民衆教育（Volksbildung über Probleme der Freizeit）」という研究プロジェクトをハーバーマスが提案し、アドルノはその準備を進めていた [AHB IV: 419 f.]。結局このプロジェクトは実現しなかったが、[20]アドルノの知見は大学教育だけでなく成人教育にまで及んでいた。

第3節　教育論者としてのアドルノ

一般的なアドルノの伝記において 1959 年は特記される年ではない。しかし教育論者という観点でアドルノの生涯を見るなら、この年はある象徴的な社会的事件とともに注目することができる。

この年のクリスマス、ケルンのシナゴーグで反ユダヤ主義的な落書きがなされた。同様の犯行が各地で続き、翌年 2 月にはその数が 800 件を超え［石田 2002: 145］、同月に連邦議会でも議論されるにいたった。この事件によって、当時の西ドイツでは反ユダヤ主義が克服されていたのではなく、1950年代の経済復興の背後に潜在していたにすぎないことが露わとなった。そしてイスラエルでのアイヒマン裁判(1961年)やフランクフルト・アウシュヴィッツ裁判 (1963 年) が続くなかで「過去の克服」が社会問題化していった。

そしてこの 1959 年は、教育学において繰り返し参照されてきたアドルノの二つの教育論「半教養の理論 (Theorie der Halbbildung)」と「過去の克服とは何か (Was bedeutet: Aufarbeitung der Vergangenheit)」が公となった年でもあるが、アドルノがこの年以降発信していった教育論の多くは、この事件の社会問題化と無縁ではない。アドルノ自身の社会意識と時代の要請が彼に教育を語らせ続けたともいえよう。ここでは 1959 年以降の教育をめぐるアドルノの発言や研究活動などについて、他の彼の履歴とは独立させて確認しておきたい。

ドイツ社会学会における研究と活動

アメリカでの『権威主義的パーソナリティ』とそれ以降の研究によって、社会研究所の経験的社会調査はドイツ社会学会 (Deutsche Gesellschaft für Soziologie) の中でも評価を得ていた。しかしアドルノは経験的な調査の意義について次第に留保を見せるようになった。一見すると価値中立的な調査研究は一見すると価値中立的に見えるが、実は体制肯定的な側面を持ちうるため、むしろ批判的な反省を導き出す哲学的な側面が必要だとアドルノは訴え

る。この態度は 1957 年ごろから顕著になり、やがて実証主義論争へとつながっていくのだが [Vgl. Demirović 1999: 747 ff. = 2011(vol. 4): 109-131]、この社会哲学的な思想は彼の教育論の主題とも関連している。

アドルノの「半教養の理論」は、Bildung（教養・陶冶・教育・人間形成）が教育学において論じられる際、しばしば参照される論文である。これが最初に発表されたのは、1959 年 5 月にベルリンで開催されたドイツ社会学会大会の教育社会学専門部会（Fachausschuß für die Soziologie der Bildung und Erziehung）においてである。アドルノはこの部会の設立メンバーでもあった [Paffrath 1992: 22]。この講演でアドルノは、教養（Bildung）が「半教養（Halbbildung: 半可通）」に化したことを歴史的・社会的帰結として描きながら、社会への同化・適応にとどまらない教養の理念的な意義を認め、それは半教養への「批判的な自己反省」として果たされねばならないと述べた [GS 8: 121 = 249]。自然支配の社会的適応への転化という『啓蒙の弁証法』の歴史哲学と現代文化批判とを結びつけたこの議論は、これまでのアドルノの思想を教養論として収斂させたものといえる。そして歴史的・社会的な知を「批判的な自己反省」と結びつけようとする論法は、その後のアドルノの教育論にも共通している。[21]

また 1963 年からアドルノはドイツ社会学会会長とその教育社会学専門部会の部会長を引き受けたが、その在任期間中、教育社会学専門部会の会合で議論されたもののひとつが政治教育（politische Bildung）であった。学校の生徒と教師の政治に対する関心の乏しさや権威性、そして現在の社会における学校の役割の問題点など、これまで学会のメンバーが蓄積してきた研究成果を共有するとともに、新たな研究課題や教師教育・学校改革・授業改革の方向性などがここで議論された。アドルノは部会長として社会学者の間で政治教育をめぐる共通理解と課題意識の共有をリードしたのだった [Paffrath 1992: 107 ff.]。[22]

他方で、アドルノの社会哲学は、社会学の社会的意義をめぐる議論をドイツ社会学会において活性化させた [Vgl. Demirović 1999: 741 ff. = 2011(vol. 4): 104-235]。1961 年、ドイツ社会学会の会員限定の研究大会において、ポパーの講演に対するアドルノの発言をきっかけに社会学の方法論上の論争が起こり、

アドルノはハーバーマスと論陣を張った。これが『ドイツ社会学における実証主義論争 (Der Positivismusstreit in der deutschen Soziologie)』(1969 年) に収録され広く知られるようになった「実証主義論争」である。[23] さらに 1968 年にフランクフルトで行われたドイツ社会学会大会では、前会長のアドルノの基調講演「後期資本主義か産業社会か (Spätkapitalismus oder Industriegesellschaft?)」に対して現会長のダーレンドルフが論戦を挑んだ [GS 8: 354 ff.]。社会学における経験的社会調査の意義とともに社会科学の社会的意義にも論点が及び、ドイツ社会学会の外からも注目を集めた。一連の論争におけるアドルノやハーバーマスらの主張の影響は、精神科学的教育学を批判した解放的教育学および批判的教育科学 (kritische Erziehungswissenschaft) にも認められる [白銀 2011]。

社会研究所での教育学的研究

この 1959 年は、社会研究所において教育を対象とした新たな活動が動き始めた年でもあった。「大学と社会」「学生と政治」と続いた研究所の大規模なプロジェクトが終わりを迎えつつある一方、研究所の業務は増大し、ハーバーマスは研究所を去り、大がかりな研究が困難になっていったが [Vgl. Demirović 1999: 435 f. = 2009(vol. 1): 221-223]、それでも教育を対象とした複数のプロジェクトがこの年以降も小規模ながら進められた。まず 1959 年には成人教育の問題と可能性をテーマとした「市民大学研究 (Volkshochschulstudie)」の準備が進められた [Demirović 1999: 789 f. = 2011(vol. 4): 150]。この研究の構想はそれ以前、1953 年のホルクハイマー宛てのアドルノの書簡にさかのぼることができるが [AHB IV: 236 f.]、実際の研究は 1960 年から 62 年の間に行われ、ノルトライン・ヴェストファーレン州の市民大学を対象として、その参加者の教育への関心と上昇志向が調査された。その報告は 1962 年にエルハルト (Heinrich Ehrhardt) によって社会研究所内でまとめられ、1965 年に同州の市民大学連盟の名で公になった [Landesverband der Volkshochschulen von Nordrhein-Westfalen 1965]。

また大学の学生会 (Studentenschaft) をテーマとした調査研究が 1961 年から

第1章　教育論者としてのアドルノ　**31**

1965 年まで行われた[24]。大学生たちが組織する学生会とそこから選出される代表者のあり方に注目したこの研究は、その「民主主義」の実態を明らかにすることで、学生間だけでなく大学当局との関係、ひいては学生の社会的な政治意識も射程に入れており、これまでの「大学と社会」「学生と政治」に連なる研究といえる。この研究成果はアダム (Heribert Adam) によってフランクフルト社会学叢書の 17 巻『学生会と大学 (Studentenschaft und Hochschule)』として出版されたが [Adam 1965]、アドルノはこの叢書に序言を寄せ、楽観視しがたい学生の民主主義の実態は社会全体の傾向と密接にかかわっていると言及している [GS 20-2: 661 ff.]。

　さらに 1959 年は、政治教育に関する二つの活動が社会研究所で始まった年でもあった。

　ひとつはテシュナー (Manfred Teschner) が中心となった研究「授業における政治と社会 (Politik und Gesellschaft im Unterricht)」である。この研究は、これまでの大学生を対象とした教育社会学的研究をギムナジウムへ応用し、生徒の政治意識や態度、教師の授業実践を分析するものとして構想されたが、その後、分析のカテゴリーなどの修正を経て、国民学校、実科学校、職業学校にまで対象が拡大された [Demirović 1999: 789 f. = 2001](vol. 4): 150-151]。この研究の結果として、「人間の本質」という観念が政治教育の阻害要因となっていることなどが明らかとなり、また政治教育の効果をあげるものとして、知識に限定した教育ではなく、社会の内部に作動している諸力へと介入していく教育が提唱された。テシュナーらによるこの研究の成果はドイツ社会学会の教育社会学専門部会でも報告され [Paffrath 1992: 110]、さらにアドルノの序言を付した『授業における政治と社会 (Politik und Gesellschaft im Unterricht)』がフランクフルト社会学叢書の第 21 巻として出版された [Teschner 1968; Vgl. GS 20-2: 671 ff.][25]。

　もうひとつは、「政治教育研究事務所 (Studienbüro für politische Bildung)」の設置である[26]。1959 年の夏、アメリカ・ユダヤ委員会の副委員長スローソン (John Slawson) とヨーロッパ担当者のシュスター (Zachariah Shuster) が西ドイツを訪問した [Koinzer 2011: 38 ff.]。彼らの目的は教育を含めた西ドイツの民

主化の視察にあったが、その不徹底を憂慮した彼らは、ヘッセン教育省のミンセン (Friedlich Minssen) や政治教育の専門誌『社会・国家・教育 (Gesellschaft-Staat-Erziehung)』の編集者ボプケ (Wolfgang Bobke)、そして旧知の間柄であったホルクハイマーに接触し、1962 年に社会研究所の附属施設としてこの研究所が設立された [Koinzer 2011: 43 ff.]。所長はミンセンが務め、ヘッセン州やフランクフルト市だけでなくドイツ外務省やフォルクスワーゲン財団、そしてフォード財団などからも支援も受けた [Demirović 1999: 790 ff. = 20011 (vol. 4): 151-153]。この事務所の主な目的はアメリカの民主的教育の情報や経験を学者に限らず教育や政治の関係者に提供することにあり、学校内の政治教育的な授業にとどまらず教員養成ひいては制度や政治を視野に入れたこと、そしてドイツからアメリカへの研究旅行を実施したことに特徴がある。1960 年から 65 年の間に、1 グループあたり 6 人程度の計 10 グループがアメリカに渡り、教育現場の視察だけでなく時に現地調査も行い、帰国後に過去の参加者と意見交換を行った。アドルノは自身のアメリカの経験や思想をもとに研究事務所の活動に関与し、研究旅行の参加者との討議に参加してアメリカとドイツのディスカッション文化の違いを説明したり、あるいはグループダイナミクスを推進しようとするミンセンに異議を唱えた [Paffrath1992: 95 ff.]。結局、社会研究所本来の業務とのギャップや社会研究所の負担の過多を理由として、1965 年に事務所は社会研究所から切り離されるのだが（事務所は 1971 年まで存続）、当時の民主化を企図した教育実践の動向にアドルノも関与していたことの証左といえよう [Vgl. Albrecht 1999b]。いずれにせよ、こうした 1959 年以降の社会研究所の活動においてアドルノは前面に出てきていないものの、1950 年の研究所復興当初からの連続性をうかがわせるものとなっている。

教育論者としての活躍

そして「アウシュヴィッツ以後の教育 (Erziehung nach Auschwitz)」(1966 年) をはじめとするアドルノの教育論が定期的にラジオで発信されはじめたのも 1959 年からであった。帰国当初からアドルノはラジオやテレビに出演し、

第1章 教育論者としてのアドルノ　33

上述の音楽教育論や文化批判的な議論を展開していた［Albrecht 1999a］[27]。だが、そこで知己を得ていたヘッセン放送の教育部門の担当者カーデルバッハが企画した放送局の新しい番組のシリーズ「現在の教育問題（Bildungsfragen der Gegenwart）」によって、1959年からその没年まで「年に一回は」アドルノの教育をめぐる対談や講演が放送されることとなった［EzM: 7 ff. = 5-8］。『批判的モデル集（kritische Modelle）』や『成人性への教育』に収録された講演や対談など、彼の教育論の多くはここで発信されたものである。

　1959年に成立したものとしてすでに言及した「ドイツの大学の民主化」や「半教養の理論」もラジオで放送されたが［Albrecht 1999a: 234 f.］、アドルノが政治的発言も辞さない批判的な社会科学者として知られるようになったのは、その放送された状況も含めて、講演「過去の克服とは何か」によるところが大きい［GS 10-2: 555 ff. = 157-184; EzM: 10 ff. = 9-36］。これはもともとキリスト教徒とユダヤ教徒の共存を企図したキリスト教・ユダヤ教共同会議（Koordinierungsrat für Christlich-Jüdische Zusammenarbeit）の1959年の秋の大会における講演であった。そして「私がより恐ろしいと思っているのは、民主主義に対立してナチズムが生き残っているのではなく、民主主義の只中にナチズムが生き残っていることです」［GS 10-2: 555 = 158; EzM: 10 = 10: 下線部はアドルノによる強調］という講演冒頭のアドルノの言葉を裏づけるかのように、ケルンの落書きにはじまる反ユダヤ主義の顕在化が起こったのだった。この講演は連邦議会でこの問題が議題として取り上げられる2月18日の直前、1960年2月7日にヘッセン放送から流された。そして1962年5月には、後に学生運動を主導するようになるドイツ社会主義学生同盟（Der Sozialistische Deutsche Studentenbund: SDS）の招待に応じ、アドルノは再びこの講演をベルリンで行った［Vgl. GS 10-2: 816 ff.］。さらに同年10月には「偏見なき人間の教育（Erziehung vorurteilsfreier Menschen）」がテーマとなったキリスト教・ユダヤ教共同会議の主催の第1回ヨーロッパ教育学者会議（Europäische Pädagogenkonferenz）において「今日における反ユダヤ主義との闘いによせて（Zur Bekämpfung des Antisemitismus heute）」を講演し［GS 20-1: 360 ff.］、これも「現在の教育問題」の一環で放送された。その後もアドルノは「実践教育学における偏見の超克（Die Überwindung des

Vorurteils in der praktischen Pädagogik)」（1963 年放送）、「社会理解としての政治教育（Politische Bildung als Verständnis der Gesellschaft）」（1963 年放送）[28]、「アウシュヴィッツ以後の教育」（1966 年放送）[GS 10-2: 674 ff. = 110-133; EzM: 88 ff. = 124-146] といった教育を主題にしたラジオ講演を行い、「過去の克服」から教育を論じる知識人として知名度を高めていった[29]。

　また教育を題材にしたベッカーとの対談は数多く、「教育 ―― 何のために（Erziehung -wozu?）」（1966 年放送、ベッカーとの対談）[EzM: 105 ff. = 147-166]、「野蛮を脱するための教育（Erziehung zur Entbarbarisierung）」（1968 年放送、ベッカーとの対談）[EzM: 120 ff. = 167-185]、「実績への教育（Erziehung zur Leistung）」（1968 年放送、ベッカーとの対談）、「成人性への教育（Erziehung zur Mündigkeit）」（1969 年放送、ベッカーとの対談）[EzM: 133 ff. = 187-208] がある。二人の対談では、「過去の克服」の問題が繰り返し言及された。

　より教育の具体的な問題に迫ったテーマも「現代の教育問題」での講演や対談では扱われていた。たとえば「半教養の理論」の問題意識に連なるものとして、「教養と半教養の間の社会（Die Gesellschaft zwischen Bildung und Halbbildung）」（1961 年放送、ベッカー、カーデルバッハとの対談）や「無教養のイデオロギーによせて（Zur Ideologie der Unbildung）」（1966 年放送、ベッカーとの対談）が挙げられる [Paffrath 1992: 135 f. u. 173 f.]。また学校教師を扱ったものとしては、ギムナジウムの教師における哲学の意義を語った「哲学と教師（Philosophie und Lehrer）」（1961 年放送）[GS 10-2: 474 ff. = 33-64; EzM: 29 ff. = 37-69]、教師の権威主義とコンプレックスをテーマにした「教職を支配するタブー（Tabus über Lehrberuf）」（1965 年放送）[GS 10-2: 656 ff. = 85-109; EzM: 70 ff. = 97-121]、そしてそれを受けた対談「教職とそのタブー（Der Lehrerberuf und seine Tabus）」（1965 年放送、ベッカー、ハイドルン（Heinz-Joachim Heydorn）、カーデルバッハとの対談）がある。そして 1950 年代の成人教育論につながる議論としては、1963 年に対談「テレビと教養（Fernsehen und Bildung）」（ベッカー、カーデルバッハとの対談）が放送されている [EzM: 50 ff. = 71-95]。これらの講演や対談には、教育をめぐるこれまでの研究や経験が反映されており、たとえば教師論には帰国当初から携わっていた高等学校教員採用試験の哲学面接試験が取り上げられ、また

「テレビと教養」では 1950 年代初頭に彼が取り組んだテレビ研究への言及もある。講演や対談という形式で成立したゆえに原典はほとんど挙げられていないが、これまでのアドルノと社会研究所の成果を背景としてアドルノの教育論が成立したのだった。

アドルノの晩年

最後に、これまで取り上げなかったアドルノの晩年について簡単に辿ってみたい。

1950 年代の終わりから 60 年代の初頭には貴重な出会いに恵まれた。作家ベケット（Samuel Beckett）との出会い、また文学者ションディ（Peter Szondi）の仲介による詩人ツェラン（Paul Celan）との交流はアドルノにとって大きな恵みとなった。哲学的人間学で知られるゲーレン（Arnold Gehlen）が公私にわたる議論のパートナーとなり［Müller-Doohm 2003: 572 ff. = 477-480］、「社会学は人間の科学か（Ist die Soziologie eine Wissenschaft für vom Menschen?）」（1965 年対談）に代表される二人の社会学的な対談がテレビやラジオで放送された［Adorno/Gehlen 1975］。

1960 年代のアドルノは講演「過去の克服とは何か」もひとつの契機となり、戦後の復古主義的動向に対抗する批判的知識人として広く知られるようになった。ハイデガーとその弟子たちに向けられたアドルノの批判はよく知られている。フランクフルト大学の 1961-62 年冬学期の哲学講義「存在論と弁証法（Ontologie und Dialektik）」からハイデガー批判を改めて打ち出したアドルノは［Müller-Doohm 2003: 655 = 548］、1963 年のヘルダーリン学会で当時支配的だったハイデガーによるヘルダーリン（Friedrich Hölderlin）の解釈を批判し［GS 11: 447 ff. = 162-218］、翌年の『本来性という隠語――ドイツ的イデオロギーについて（Jargon der Eigentlichkeit. Zur deutschen Ideologie）』ではハイデガーの弟子である哲学者・教育学者ボルノウ（Otto Friedrich Bollnow）らの憤激を買った。また「過去の克服」に連なる議論として、1967 年にはローマ法王によるナチのユダヤ人虐殺の黙認を描いた劇「神の代理人（Der Stellvertreter）」（1963 年）の作者ホッホフート（Rolf Hochhuth）との論争も挙げることができる。

ナチズムの罪責を個人に問いかける彼の作品に対し、アドルノは個人の自由が存在しない時代においてはヒトラーさえ「下手くそな喜劇役者（Schmierenkomödiant）」でしかないと述べ [GS 11: 594 = 353]、個人の自由を前提とした演劇という芸術形式の困難を指摘した。

だがアドルノがその一翼を担ったこの批判的な知的風潮のなかで、アドルノ自身も批判の対象となっていった。1963年には、亡命前に親ナチ的な雑誌『音楽（Musik）』に小論を載せたことを学生新聞『ディスクルス（Diskurs）』誌上で非難され、アドルノは情勢を読み誤っていたと弁明した [Vgl. Müller-Doohm 2003: 218 f. = 214-215]。またユダヤ教神学者でベンヤミンの旧友だったショーレム（Gershom Scholem）とともに『ベンヤミン書簡集（Walter Benjamin Briefe）』（1966年）を編纂したが [Benjamin, W. 1966]、1968年にはベンヤミンの著作集と遺稿集の編纂方針についてアレント（Hannah Arendt）とハイセンビュッテル（Helmut Heißenbüttel）の批判を受け、反論に努めた [Müller-Doohm 2003: 693 ff. = 581-584]。そしてこの時期と前後して、アドルノを死にいたらしめたともいわれる1960年代末の学生紛争、いわゆる「68年運動（Die 68er Bewegung）」をめぐる辛苦がアドルノにとって大きなものとなっていった。

この運動で主導的な役割を果たしたSDSは、アドルノの社会批判を自らの理論的根拠のひとつとしていた。SDSの学生たちは『啓蒙の弁証法』の海賊版を手に入れ、アドルノの講義にも参加し、またアドルノ自身もSDSの招待に応じて講演を行っていた。社会研究所の所員もSDSの関係者が多かった [Vgl. Kraushaar 1998]。60年代の中盤からSDSはドイツの議会外野党（Außerparlamentarische Opposition: APO）の中心となり運動は急進化していくが、そこにアドルノは理論――アドルノからすればそれも実践であるが――への軽視と決断主義を認め、距離を取るようになる。アドルノよりもSDSと密接な関係にあったハーバーマスも、1967年6月にハノーファーでの学生集会の場で「左翼ファシズム（linker Faschismus）」という挑発的な表現を用いて運動の急進性を批判した。その翌月にアドルノはベルリン自由大学でゲーテ（Johann Wolfgang von Goethe）に関する講演を左翼学生たちに一時妨害される経験をした。1968年には学生たちとの討論会に出席し、時に講義

や演習の時間も使いながら SDS の学生との対話に時間を割き、学生の政治的デモや大学運営への学生参加に理解を示していたが、理論という実践の重要性を説き続けるアドルノは、学生運動の象徴となっていたかつての僚友マルクーゼとは異なり、学生運動の攻撃のターゲットとなっていく。1968 年末の大学のゼミ棟の占拠に続き、社会研究所も 1969 年 1 月に学生グループの侵入を受け、アドルノは所長として警察の出動を要請したが、その行動が運動側の憤激をさらに招いた。1969 年夏学期の講義も学生グループによる妨害によって中止した。こうした心労の重なる状況のなか、アドルノは1969 年 8 月 6 日、休暇先のスイスで心筋梗塞によってこの世を去った。葬儀は宗教的儀式なしに行われ、遺体はフランクフルト中央墓地に眠っている。

　この時期のアドルノは多くの著作を世に送った。哲学的著作としては、『ヘーゲル哲学の諸局面』に二つの論文を追加した『三つのヘーゲル研究 (Drei Studien zu Hegel)』(1963 年)、上述の『本来性という隠語』、そして哲学的主著とされる『否定弁証法』(1966 年) が挙げられる。『否定弁証法』ではその哲学的考察よりも、「ヒトラーは自由を失った人間たちに新しい定言命法を強いた。それはアウシュヴィッツが繰り返されないように、似たことが再び起きないように、人間は自らの思考と行為を整えなければならない、というものである」[GS 6: 358 = 444]、あるいは「アウシュヴィッツ以後の文化は全て、それに対する切実な批判も含めて、ゴミ屑である」[GS 6: 359 = 447] といったメッセージ性の強い文言が人口に膾炙した。社会学的著作としては上述の『ドイツ社会学における実証主義論争』のほか、ホルクハイマーとの共著『ゾチオロギカ II (Soziologica II)』(1962 年) がフランクフルト社会学叢書の第 10 巻として出版され、「半教養の理論」もここに収録された。また文芸批評としては『文学ノート』の第 2 巻 (1961 年) と第 3 巻 (1965 年) を出版、文化批評としては『プリズメン』に続く小論集『模範像なしに —— 美学小論集 (Ohne Leitbild. Parva Aesthetica)』(1967 年)、そして『批判的モデル集』と総称される『介入 —— 九つの批判的モデル集 (Eingriffe. Neun kritische Modelle)』(1963 年) と『キーワード —— 批判的モデル集 2 (Stichworte. Kritische Modelle 2)』(1969 年) がある。この『批判的モデル集』は、ラジオでも放送されたアドルノの教育

論のうち「過去の克服とは何か」「哲学と教師」「教職を支配するタブー」「ア
ウシュヴィッツ以後の教育」を収録している。そして自らの美学思想を体系
化した未完の大著『美の理論』(1970 年)が死の翌年に出版され注目を集めた。

　この時期には音楽を扱った著作も多く公にしており、『響きの形象
(Klangfiguren)』(1959 年)、『マーラー —— 音楽観相学 (Mahler. Eine musikalische
Physiognomik)』(1960 年)、『幻想曲風に (Quasi una fantasia)』(1963 年)、『忠実なコ
レペティートル —— 音楽実践の教材集 (Der getreue Korrepetitor. Lehrschriften zur
musikalischen Praxis)』(1963 年)、『楽興の時 —— 音楽小論集 (Moments musicaux.
Neu gedruckte Aufsätze 1928-1962)』(1964 年)、『即興曲 —— 第二音楽小論集
(Impromptus. Zweite Folge neu gedruckter musikalischer Aufsätze)』(1968 年)[30]、『ベル
ク —— 極微なる移行の巨匠 (Berg. Der Meister des kleinsten Übergangs)』(1968 年)
を出版した。また体系的な音楽社会学の著作『音楽社会学序説 —— 十二の理
論的講義(Einleitung in die Musiksoziologie. Zwölf theoretische Vorlesungen)』(1962 年)
は彼の構造的聴取の概念をよくうかがわせるものとして知られている。

　ところで、こうした彼の音楽論の中でもとりわけ教育学的に興味深いのが
『忠実なコレペティートル』である。この著作でアドルノは構造的聴取を可
能にする音楽教育の実践のあり方を具体的に提示している。この著作はアメ
リカ亡命初期のラジオ調査プロジェクトの成果や、帰国後に音楽大学やラジ
オで公にしてきた楽曲分析を収録している。メロディを覚えればまずはよし
とする主旋律の偏重、作曲者の個人的エピソードを通した作曲者の人生への
共感、あるいは反対に楽曲の形式を覚え込ませ演奏技術の向上だけに注力す
る強制的な指導 —— こうした音楽教育をアドルノは否定する。アドルノが
評価するのは、たとえば子どもの口ずさむ民族歌謡 (Volkslied) にも根本動機
の反復と変奏があることに気づかせるような教育である [GS 15: 169]。アドル
ノは「音楽の進行を追跡し、ひとつの器官 (Organ) を駆使し、この進行を共
に成就させることができなければならない。ここでいう器官は、発達の中で
力をつけるものであり、偶然と連合とを識別する (sondern sich von Akzidentien
und Assoziationen) ものであるが、しかしこれは単なる教育の結果というより
も、むしろ常に教育の前提でもある」と述べる [GS 15: 167]。この「器官」の

教育とは、たとえば子どもの聴取や演奏に寄り添い、楽曲の進行にコメント
を加えながらその動的構造に気づかせていくようなものとなるだろう。アド
ルノは実際にその音楽活動の初期から帰国後もクラシックのコンサート番組
でコメンテーターを務め、あるいは楽曲を実際に流しながらの講演も行って
いたが、『忠実なコレペティートル』の教育論はアドルノ自身のこうした活
動に裏付けられていたといえよう。

　この章ではアドルノの教育に関わる研究や発言を経年的に位置づけてきた
が、最後にそれを整理しておきたい。

　アドルノの教育論は、音楽教育論と 1950 年代後半からの教育一般を論じ
たものの二つに大別できる。彼の音楽教育論は、1920 年代から亡命期にか
けてのウィーン楽派との交流や映画音楽への取り組みが基盤となっており、
基本的に音楽家としての文脈で展開されたといえる。青年運動と連動した共
同体志向の音楽教育に対してアドルノは亡命前から一貫して批判的であり、
戦時中や戦後のナチズム批判を音楽教育にただ転用したわけではなかった。
ただし音楽教育における音楽固有の論理の欠如を作曲家の立場から批判する
クシェネクとも異なり、音楽と社会との媒介という独自の観点がアドルノに
はあった。この観点は、芸術あるいは文化と社会との媒介という観点とし
て、芸術や文化の経験という問題に通じている。

　他方で、1950 年代後半からの教育論の背景には、亡命時代からの社会研
究所内での（構想にとどまったものも含めて）幾多の研究があった。アドルノの
教育論には教育をめぐる権威や偏見への批判が散見されるが、その洞察を支
えたのは、亡命期から帰国後も中心人物の一人としてアドルノが関与した社
会研究所の共同研究の成果であった。社会研究所が教育を研究対象としたそ
の主な理由は、亡命期から継続する戦後ドイツの民主化への関心にあり、そ
のきっかけとなったのはホルクハイマーであった。しかし社会研究所で個々
の研究計画を立案し、研究活動のリーダーシップをとり、研究所を代表して
外部と連携をはかり、研究成果に目を通し、時にその序文を執筆するなど、
アドルノは実務上の大きな役割を果たしていた。その蓄積が、教育実践への
積極的な提言も厭わない晩年の教育論を可能にしたのだろう。

ところで、この教育論の実践志向は、アドルノの思想においてどのように位置づくだろうか。ユダヤ系の人々の中にいたアドルノには図像化禁止（Bilderverbot）が認められ［徳永 1996］、理想を描きその実現をめざす実践観には縁遠いといわれる。しかし本章で明らかにしたように、アメリカ亡命を経て戦後ドイツの民主化に関わったアドルノと社会研究所の遍歴をふまえると、晩年のアドルノの実践志向も時代状況のなせる業といえるかもしれない。だが本書では、その実践志向にはアドルノの思想的な背景があり、それは図像化禁止と矛盾するものではないと考えている。それを明らかにするためにまず次章ではアドルノ教育論の問題意識から扱うこととしたい。

注

1　伝記的資料として、ここではミュラー＝ドームの研究を主に参照し［Müller-Doohm 2003］、適宜クラウセンとイェーガーの研究などを併用した［Claussen 2005; Jäger 2005］。

2　社会研究所の活動の歴史については、ここでは主にジェイ、デミロヴィッチ、ヴィガースハウスの先行研究を用いた［Jay 1996; Demirović 1999; Wiggershaus 2001］。またアドルノの戦後の教育論についてその状況を含めて位置づけている先行研究も参照した［Albrecht u. a. 1999; Koinzer 2011］。

3　「テオドール・ルードヴィヒ」という洗礼名は前者が父方の祖父、後者が母の弟に由来するという。彼自身は幼年期から「テディ（Teddy）」と呼ばれるのを好んだ［Müller-Doohm 2003: 33 f. = 26-28］。

4　『社会研究誌』は 1932 年の第 1 巻はライプツィヒで印刷されたが、1933 年の第 2 巻第 1 号からは社会研究所の国外移転に伴いパリのフェリックス・アルカン社で印刷されていた。しかしドイツによるパリ占領によって、1939 年の第 8 巻第 3 号からニューヨークで印刷せざるをえなくなった。この時から雑誌は英語のタイトル『哲学・社会科学研究（Studies in Philosophy and Social Science）』誌となり、使用言語も英語となった。

5　若い頃のアドルノはユダヤ的なものへの共感を持っていなかった［Müller-Doohm 2003: 36 f. = 28-30］。「半ユダヤ人」としてのアドルノの状況については井上純一の研究を参照［井上 2006］。

6　ライヒ（Willi Reich）の編纂した『アルバン・ベルク（Alban Berg. Mit Bergs eigenen Schriften und Beiträgen)』（1937 年）には、ベルクの 8 つの作品を扱ったアドルノの楽曲分析が掲載された。

7　主なものとしては「音楽における物神的性格と聴取の退化（Über den Fetischcharakter

in der Musik und die Regression des Hörens)」(1938 年)、「ヴァーグナー 断想 (Fragmente über Wagner)」(1939 年)、「キルケゴールの愛の教説 (On Kierkegaard's Doctrine of Love)」(1940 年)、「ポピュラー音楽について (On Popular Music)」(1941 年)、「今日のシュペングラー (Spengler Today)」(1941 年)、「ヴェブレンの文化攻撃 (Veblen's Attack on Culture)」(1941 年) が挙げられる。音楽論だけでなく文化批評も論じていたことに注目できる。

8 　ここにはベンヤミンの遺稿「歴史の概念について (Über den Begriff der Geschichte)」、ホルクハイマーの「理性と自己保存 (Vernunft und Selbsterhaltung)」「権威主義的国家 (Autoritärer Staat)」などのほか、かつてベンヤミンから最も称賛されたアドルノの論稿のひとつである「ゲオルゲとホーフマンスタール (George und Hofmansthal)」が掲載された。

9 　この研究は 1942 から 44 年にかけてアイスラー (Hanns Eisler) と進められたが、1947 年の『映画のための作曲 (Composing for the films)』出版時には共著者として名を挙げるのをアドルノは断念した。アイスラーのソビエト・マルクス主義の政治態度から距離を取るためであったともいわれる [竹峰 2007]。

10 　厳密にいえば、1941 年の『哲学・社会科学研究』誌に掲載されたプロジェクト名は "Research Project on Antisemitism" と表記されているのに対し [ZfS IX 1: 124 ff.]、1943 年から着手されたこのプロジェクトは、"Research Project on Anti-Semitism" となっている。

11 　「偏見の研究」は次の通りである。第 1 巻:アドルノ、フレンケル=ブルンスヴィク、レヴィンソン、サンフォード『権威主義的パーソナリティ』(1950 年)、第 2 巻：ベッテルハイム、ヤノヴィッツ (Morris Janowitz)『偏見のダイナミズム —— 復員軍人の心理学的・社会学的研究 (Dynamics of Prejudice. A Psychological and Sociological Study of Veterans)』(1950 年)、第 3 巻：アッカーマン (Nathan W. Ackerman)、ヤホダ (Marie Jahoda)『反ユダヤ主義と情緒障害 —— 精神分析的解釈 (Anti-Semitism and Emotional Disorder. A Psychoanalytic Interpretation)』(1950 年)、第 4 巻マッシング『破滅のリハーサル —— ドイツ帝国における政治的反ユダヤ主義の研究 (Rehearsal for Destruction. A Study of Political Anti-Semitism in Imperial Germany)』(1949 年)、第 5 巻：レーヴェンタール、グーターマン (Norbert Guterman)『欺瞞の預言者 —— アメリカのアジテーターの技術の研究 (Prophets of Deceit. A Study of the Techniques of the American Agitator)』(1949 年)。

12 　アドルノの反ユダヤ主義的プロパガンダの研究は、1943 年に執筆された「マーティン・ルーサー・トーマスのラジオ演説の心理学的テクニック (The Psychological Technique of Martin Luther Thomas' Radio Addresses)」(1943 年執筆、死後公刊) をはじめとして、複数挙げることができる。この論文をはじめとした当時のフランクフルト学派のプロパガンダ研究については竹峰義和の先行研究を参照 [竹峰 2007]。

13 　ホルクハイマー資料館では、ドイツの再教育にかかわる資料は「戦後ドイツの再構築 (特に再教育)に関する研究プロジェクトとメモ (Forschungsprojekte und Memoranden zur Umgestaltung Nachkriegsdeutschlands, besonders zur Umerziehung)」として扱わ

れており、その期間は 1942 年から 1949 年までとなっている [MHA IX 172]。

14 戦後ドイツの民主化のための再教育という構想は「戦後ドイツの刷新と文化の機能 (Deutschlands Erneuerung nach dem Krieg und die Funktion der Kultur)」(1943 年ごろ) にもうかがえる [HGS 12: 184 ff.]。ただしホルクハイマーはこの再教育を単なるドイツ教育制度のアメリカ化とはとらえておらず、ドイツの精神科学的伝統（それがナチズムにつながったこともふまえつつも）への共感も示している。「インターヨーロッパ・アカデミーのプログラム (Programm einer intereuropäischen Akademie)」(1944 ～ 45 年ごろ) も参照のこと [HGS 12: 195 ff.]。

15 この時期に執筆されたテレビ研究としては「テレビジョン序説 (Prolog zum Fernsehen)」(1953 年)、「イデオロギーとしてのテレビジョン (Fernsehen als Ideologie)」(1953 年)、ホロスコープ研究としては「二番煎じの迷信 (Aberglaube aus zweiter Hand)」(英語版は 1957 年、註などを省略したドイツ語版は 1962 年)、「地上に墜ちた星 (The stars down to earth)」(1958 年) などがある。なお「地上に堕ちた星」という訳について付け加えておきたい。down-to-earth は「現実的」「冷静」という意味があり、このタイトルを「現実的な星辰」と訳すことも可能である。しかし、この論文では非現実的な星占いによって現実への適応が促されている矛盾が批判されていること [GS 9-2: 7 ff.]、他方で星辰の配置を意味する布置連関 (Konstellation) という概念がアドルノにとって認識論的に重要であったことをふまえ（第 4 章参照）、「地上に堕ちた星」と修辞的に訳すこととした。

16 その一端はドイツへの帰還の最初期に行われた 1948 年 6 月 8 日のフランクフルト大学における講演「大学の理念 (Die Idee der Universität)」(後に「哲学と研究 (Philosophie und Studium)」に改題) にうかがうことができる [Demirović 1999: 144 = 2011 (vol. 4): 38]。また 1951 年 11 月 14 日の社会研究所再開の式典においてホルクハイマーは、古典哲学と最新の経験的社会研究とを研究と教育において融合することによって、社会研究所を批判と変革への発信源とすると宣言した [Vgl. Demirović 1999: 326 ff. = 2009 (vol. 1): 108-121]。その一環として研究所内では、大学や学部の垣根を越えた横断的研究、そして大学にとどまらないドイツの教育制度に対する研究が議論され [Vgl. Demirović 1999: 372 ff. = 2009 (vol. 1): 156-165]、政策的提言も行われた [Vgl. Demirović 1999: 371 f. = 2009 (vol. 1): 155]。

17 ホルクハイマーの 1952 年夏学期入学許可式演説「学術的研究 (Akademisches Studium)」と 1952-53 年冬学期入学許可式演説「Bildung の概念 (Begriff der Bildung)」はアドルノの作成した草案によるものだが [MHA X 20. 1 f; MHA X 24. 1 d]、いずれもホルクハイマーは大幅な修正を施している [Paffrath 1992; 白銀 2008]。

18 1953 年と 1954 年にフランス国営放送とドイツのヘッセン放送で放送されたラジオ講義を参照のこと [MHA IX 28-29]。

19 これは市民大学の全国的な会議であり、ここでのアドルノの講演は『ツァイト (Zeit)』誌に掲載された際には「決まり文句を用いない啓蒙 (Aufklärung ohne Phrasen)」というタイトルであった [Adorno 1956]。

20 この研究のアイデアの起源は、アメリカ時代の「ドイツの狂信的愛国主義者の除去に

第1章 教育論者としてのアドルノ　43

関するメモ」にさかのぼることができよう。そして後に『キーワード』に掲載された
1969年のアドルノの講演「余暇（Freizeit）」にそれは反映されたといえるかもしれな
い。この講演では余暇と文化産業の共犯関係を批判しその意識化が提唱されている。

21　なお、アドルノは翌年の1960-61年冬学期の社会学演習において、教育社会学的な教
養の分析を行っている [Demirović 1999: 789 = 2011 (vol. 4): 150]。

22　後にアドルノは1965年11月の学会大会の同部会で「芸術社会学のためのテーゼ
（Thesen zur Kunstsoziologie）」という講演を行った [GS 10-1: 367 ff.= 115-126]。た
だしこの講演には教育学的な議論は乏しい。その趣旨はかつて『音楽社会学序説』で
展開した楽曲理解の方法論を芸術一般に応用したものだったといえよう。

23　アドルノ、アルバート（Hans Albert）、ダーレンドルフ、ハーバーマス、ピロット
（Harald Pilot）、ポパーの共著であり、学会で発表した「社会科学の論理（Zur Logik
der Sozialwissenschaften）」（初出は1962年）と本書の「序論（Einleitung）」がアドル
ノ執筆によるものである [PdS]。

24　アドルノの序文によれば、1960年の研究所の経営会議の席上でのラエフスキー（Boris
Rajewski）の提言でスタートした [GS 20-2: 661 ff.]。

25　なお、このほかに「フランクフルト社会学叢書」として出版されアドルノの序言を付
された教育学的な研究として、ラング（Adalbert Rang）の『政治的ペスタロッチ（Der
politische Pestalozzi）』（1967年、第18巻）がある [Rang 1967]。

26　この事務所名の表記は文献によってやや異なっているが、ここではコインツァーの研
究に従った [Koinzer 2011]。

27　アドルノの登場した社会学的な講演や対談としては、上述の「啓蒙は救いとなるの
か」や、ホルクハイマーとともに論じた「判断と偏見（Urteile und Vorurteile）」（1956
年放送）などが挙げられるが、その数は限られたものであった [Albrecht 1999a]。

28　このタイトルはアドルノ自身がつけたものではなく、彼はこの講演を「政治教育の概
念（Begriff der politischen Bildung）」と呼んでいたといわれる [Paffrath 1992: 166]。

29　アドルノの登場したラジオ番組は194件、テレビ番組は24件を数え（1945年〜1990
年、死後の（再）放送を含む）、その数は他の知識人と比してもホルクハイマー（ラジ
オ119件、テレビ35件）と並んで極めて多い [Albrecht 1999a: 231]。そのうち120
件程度が1960年代に集中している [Albrecht 1999a: 230]。

30　『即興曲』には1932年の「楽師音楽への批判（Kritik des Musikanten）」（『フランクフ
ルト新聞（Frankfurter Zeitung）』に掲載）も収録されている [GS 17: 222 ff.]。

第2章

アドルノ教育論の問題意識
――自我形成をめぐる社会批判と教育

1959年以降のアドルノの教育論を概観すると、教育実践の指針となりうるキーワードとして、次の三つを見て取ることができる。

①自我 (Ich)：アドルノはフロイトの「エスと超自我の葛藤による自我形成」という観点を基本的に踏襲し、その失敗としての「自我の脆弱化」を同時代の人々に認めていた。この社会心理学的な同時代への批判から、「自我の強化」をめぐる問題が浮かび上がる。

②自律 (Autonomie)：脆弱化した自我に顕著な他律 (Heteronomie) 的な態度に対置される。また成人性 (Mündigkeit) もほぼ同義で用いられるが、こちらは他者依存的な未熟な (unmündig) 態度と対置される。いずれもカントに言及しながら論じられるが、他方で社会の現状に対する抵抗 (Widerstand) であるともいわれる。

③経験 (Erfahrung)：アドルノは脆弱化した自我の特徴として経験能力の欠如を指摘しながら、経験の機会を提供することや経験能力を高めることを教育に期待する。この経験概念はヘーゲル哲学の影響が顕著であるが、文化とりわけ芸術の教育にも結びつけられる。

この三つのキーワードは文脈依存的で、教育論の中ではアドルノ自身も意識的に区別しているとは言いがたいが、第2章で「自我」、第3章で「自律」、第4章で「経験」について扱いながら、それぞれのアドルノの思想的背景を探っていきたい。

「自我」に注目する本章は、「自我の脆弱化」というアドルノの社会心理学的な問題意識を確認するところから始めたい。彼は晩年の教育論を展開する以前、『権威主義的パーソナリティ』と『グループ実験』において、人々の「自我の脆弱化」の問題に取り組んでいた。しかしアールハイムも指摘するように［Ahlheim 2010: 46 f.］、この問題意識は従来のアドルノ教育論の研究において十分に考慮されていなかった[1]。本章では最初にアドルノの代表的な教育論のひとつ「過去の克服とは何か」の内容を確認したうえで、それが二つの共同研究の成果であることを明らかにする。

続いて「強靱な自我」をめぐるアドルノの思想と教育への提言を取り上げる。彼は教育実践の段階として次の二つを区別していたようにうかがえる[2]。

①子ども期（Kindheit）の教育：現実への適応や偏見の形成が培われる時期であるため、反ユダヤ主義や大勢順応主義を断つために教育による介入が必要とされる。

②啓蒙としての教育：およそ国民学校高学年程度（10歳程度）以上から成人までが対象となり[3]、個々の偏見を論破したり、偏見が形成される社会的メカニズムに気づかせることなどが含まれる。

ここで素朴に推論を働かせ、「自我の脆弱化」に対抗する教育を考えるなら、その教育目標は「強靱な自我」となり、それは「①子ども期の教育」において取り組まれることになるだろう。しかしアドルノ自身、教育論ではなく社会心理学の研究の成果として、現代における「強靱な自我」の困難さを認識してもいた。他方でアドルノ教育論は「自我の強化」というよりも、学校教育が「自我の脆弱化」に加担している現状の批判に議論の多くが割かれている[4]。「自我の脆弱化」を徹底的に批判しながら、「強靱な自我」の成立の困難さも認識するなか、アドルノはどのような期待を抱きながら教育実践を語ったのか —— 本章ではそれを「自我の脆弱化の回避」という観点から明らかにしたい。

第1節 アドルノ教育論における社会心理学的批判

　講演「過去の克服とは何か」は、アドルノの教育論の中で最も注目を集めたもののひとつである。1959 年にキリスト教・ユダヤ教共同会議で行われたこの講演は、その録音が 1960 年 2 月 7 日にヘッセン放送で放送されただけでなく、1962 年にはドイツ社会主義学生同盟に招かれた場でアドルノは再びこの講演を行った。書誌としては、1959 年に『教育者会議報告書（Bericht über die Erzieherkonferenz)』に掲載されただけでなく、アドルノ自身も『介入—— 九つの批判的モデル集』に収録し、さらに『成人性への教育』の巻頭にも収められた。アドルノの名を批判的知識人として世に知らしめた講演のひとつであり、また彼自身にとっても意義ある講演だったと推測されるが、何よりその後の教育論の基本的な問題関心をよくうかがわせるものとして注目できる。まずはその概要を、特に社会心理学的な発言に焦点を当てながら確認したい。

　講演の冒頭でアドルノは「ヒトラーの時代は過去でありもはや克服された」という同時代の雰囲気に対し、「克服」を語る資格は被害者にしかないと批判しつつ、ヒトラーの時代に対する罪責感からの無意識的・意識的な防衛（Abwehr）を認める [EzM: 10 = 10]。ユダヤ人の追放や大量殺人に対する沈黙や婉曲的な表現、「ガス室で死んだのは 600 万人ではなく 500 万人足らずだ」という強弁、「私は知らなかった」「私たちもヒトラーの圧政に苦しんだ」という弁明、あるいは大量殺人の原因はユダヤ人のほうにも「何らかの」きっかけがあったという根拠のない転嫁——アドルノはこうした一連の傾向を心理的な防衛機制（Abwehrmechanismen）の結果とみなす。ただしこれは罪責コンプレックス（Schuldkomplex）という精神病理学で理解されるような個人の心理にとどまるものではない。むしろホルクハイマーとともに彼がこれまで明らかにしてきた「自我の社会的な脆弱化（gesellschaftliche Schwächung des Ichs)」として理解されるとアドルノは述べる [EzM: 13 = 14]。「苦痛を伴う不快な想起（Erinnerungen）を防衛する心理的機制は、現実適応的な目的に奉仕

するものです」、そして「想起を消し去るというのは、圧倒的な無意識的プロセスに対する意識の弱さではなく、はっきりと覚醒した意識のなすことです」とアドルノは述べ[EzM: 13 = 14]、その意識的な防衛機制の例として、「外国からのドイツの評価を下げるかもしれない」といった憂慮、「民主主義はアメリカに強制されたものでドイツ人はそこまで成熟していない」という見解、ヒトラーの施策の部分的肯定、回顧的なナチズムの美化といった同時代の「非公式の世論」の傾向などを挙げていく。

　アドルノは、この「自我の脆弱化」によって生まれた個人の諸性格を「権威に縛られた性格（autoritätsgebundene Charaktere）」と呼ぶ。「権力の有無への関心（Macht-Ohnmacht）、頑迷で反応に乏しい、因習主義、大勢順応主義、自己省察の欠如などの経験能力の欠如」といった特徴を持つこの性格は、根本的に「脆弱な自我（schwaches Ich）」しか備えておらず、それを補うために大きな集団に同一化しそれに擁護されることを求める[EzM: 17 = 21]。かつてナチズムは文明化によって充足が期待できなくなった個々人のナルシシズム的な欲動傾向（Triebregungen）を代補的に充足し増長させていた。しかし戦後の知的雰囲気を見る限り、この同一化とナルシシズムはヒトラー政権の崩壊によって清算（fertig）されたわけではなく、戦後の経済の好況もあって変わらず存続している。しかし経済的好況もそのうち終わるという不安や、そもそも自らは社会の主体ではないという漠然とした不満をぬぐうことはできていないため、享楽への敵意や「国が何とかしてくれる」というあいまいな期待によって、自分の外にある集団や国家といった全体的なものへの人々の従属性はより高まっているとアドルノは述べる。この象徴といえるのが今も強固なナショナリズムであり、国際化の時代にあって主権国家という観念が時代遅れとなり、国家は単なる利益共同体になっているが、それを結束させる政治的手段としてナショナリズムが今も用いられている。これに伴い、自分が欲しいものを他人が持っていると考える投影（Projektion）から他人を迫害するパラノイア的な迫害妄想をはじめとして、サディズム的で破壊的な傾向がナチズムの時代の後も保持されているとアドルノは分析する。

　それでは、このような社会的病理はどのように克服されうるのか。この病

理は客観的なものであるため、教育という個人への働きかけで全て解決できると考えるのは楽観的に過ぎるとアドルノはいうが、それでも過去の忘却に抵抗する啓蒙的な教育に可能性があるとする。具体的には、戦後にアメリカ主導で実践された再教育（re-education）的な民主主義的な政治教育の推進、教育者の教育、大学での「私たち自身の時代の歴史研究と結びついた社会学」の強化、心理学者と教育学者の協働、そして精神分析に対する理解の広まりが挙げられる [EzM: 23 f. = 30-34]。アドルノは集団への心理療法の実践は難しいとしながらも、その本質を「批判的な自己省察（Selbstbesinnung）」とする精神分析が制度的に正当な位置を得ることで、「自分自身について反省し、さらに頑なな意識であれば憤激しがちなことに接しても、それと自分の関係を反省することが当たり前になる」ことを期待する [EzM : 25 = 33][5]。それは「自分自身の中に原因がある人種的偏見のメカニズムを意識化する」ことである [EzM: 27 = 34]。「啓蒙としての過去の克服は、本質的にはこのような主体への転回（Wendung aufs Subjekt）であって、主体の自己意識（Selbstbewusstsein）と自己（Selbst）自身の強化なのです」[EzM: 27 = 34][6]。そして最後に、人々の心理との親和性が高いプロパガンダの詐術の技法に関する啓蒙を予防接種（Schutzimpfung）として行うことや [EzM: 27 = 34][7]、ファシズムの潜在性のデメリットを啓蒙することが解毒剤（Gegenmittel）として有効だと述べ [EzM: 27 = 35]、この講演を終えている。

　この「過去の克服とは何か」は、アドルノの教育論の基本的な問題意識をよくうかがわせるものである。まず、「私がより恐ろしいと思っているのは、民主主義に対立してナチズムが生き残っているのではなく、民主主義の只中にナチズムが生き残っていることです」[GS 10-2: 555; EzM: 10 = 10: 下線部は『介入』収録時にすでにアドルノ自身が強調した箇所] という言葉が象徴する同時代への認識である。現代社会がナチズム再来の契機を懐胎しているという認識自体は、戦後のアドルノにおいて教育論に限らず哲学や社会学の議論にも基本的に一貫しているのだが、この講演ではこの認識が社会心理学的な用語によって表明されている。アドルノからすると、「過去の克服」をめぐって正しいとはいえない反応が世論に散見されるのは、ヒトラーの時代も今も社

会的な「自我の脆弱化」とそこから生まれた「権威に縛られた性格」が変わっていないからであり、それが「民主主義の只中にナチズムが生き残っている」ことの証左なのである。

　こうした個人の自我と性格をめぐる問題意識は、他の教育論においても共通している。講演「哲学と教師」では、[8]「その時々に有力なものへ汲々と適応すること、善人と悪人との二分法、人間・事物・理念と直接的・自発的にかかわる態度の欠如、凝り固まった慣習主義、そしてどんな犠牲を払ってでも現状を信仰すること」に「ナチズムが生き残っている」とアドルノは述べる [EzM: 39＝54]。また学問（Wissenschaft）を道具のように扱おうとしながらその手続きに汲々とする態度に対して、生きた経験を自己と結びつけて思考することが難しい「物象化された（verdinglicht）意識」を認めている [EzM: 45＝64]。この「物象化された意識」は、実生活での利益を思考する人々に広がっており、彼らは自律して自己を高めようとするよりも現状への権威への自発的な従属に勤しむが、他方で「自分自身の中で完結すること」も特徴であり、「自分自身に固執し、その弱さに居直り、とにかく自己を正当化する」結果、「自動的な防衛」の態度を取りやすいとされる [EzM 46 f.＝66]。

　この「物象化された意識」は、講演「今日における反ユダヤ主義との闘いによせて」や講演「アウシュヴィッツ以後の教育」では、「操作的（manipulativ）性格」という言葉でも語られている。この代表者としてアドルノが挙げるのは、親衛隊やゲシュタポの長官として知られるヒムラー（Heinrich Himmler）、アウシュヴィッツ＝ビルケナウ収容所所長のヘス（Rudolf Höss）、そしていわゆるアイヒマン裁判で当時の耳目を集めたアイヒマン（Karl Adolf Eichmann）である。アドルノによれば、彼らに共通する性格として、「情緒が冷たく、関係性に欠ける、機械的な管理主義」[GS 20-1: 373]、あるいは「組織的なものへの熱狂（Organisationswut）、直接的に人間的な経験をする能力の欠如、一種の情緒の欠如、過剰な現実主義（Realismus）」が挙げられる [EzM: 97＝136]。こうした性格は、行為の内容の是非を問うことなく行為それ自体に価値を見出し、効率の高さや科学技術をそれ自体としてフェティッシュに好む。また人を愛することも人に愛されることも乏しく、相手の立場に立つこともない

という点で「冷酷 (Kälte)」であり、愛の欠如の不安の反動としてリースマン (David Riesman) が『孤独な群衆 (The Lonely Crowd)』(1950 年) で論じた他人指向の群衆を形成しやすい [EzM: 101 = 143]。こうした性格にアドルノは「自分自身をまず物に等しくして、次に可能であれば他人を物に等しくする」傾向を見出し、「意識が物象化されたタイプ」と形容するのである [EzM: 98 = 136]。

　以上のように、アドルノは「自我の脆弱化」という社会的傾向の心理的帰結として、同時代の「操作的性格」「物象化された意識」「冷酷」「情緒の欠如」「過剰な現実主義」「機械的な管理主義」を批判していた。続いて、この批判の根拠となった彼の社会心理学的研究を確認したいが、まずは「過去の克服とは何か」の批判対象であった大人の側の「脆弱な自我」に迫った『グループ実験』を取り上げ、その次に「脆弱な自我」の発生メカニズムにも注目した『権威主義的パーソナリティ』に目を向けてみよう。

第 2 節　「脆弱な自我」という問題

(1)　「過去の克服」をめぐる防衛機制の批判

　『グループ実験』は 1950 年とその翌年にホルクハイマーとアドルノが主導した実験を基にしている [Demirović 1999: 353 ff. = 2009(vol. 1): 136-156; Vgl. 今井 2011; 今井 2015]。この実験は、様々な職種の 1,635 人の成人を対象に、民主主義やナチの時代の問題、ユダヤ人への印象、同時代の再軍備の動向、そして自国観などについて、のべ 121 回のディスカッションを行わせ、そこから人々が普段は公然とは口にしない「非公式の世論」を読み取ろうとするものであった [Perrin: A. J./ Olick 2011]。この実験結果を「フランクフルト社会学叢書」シリーズの第 2 巻として 1955 年に出版したのが『グループ実験』であるが、この第 5 章「罪責と防衛 (Schuld und Abwehr)」が、アドルノが単独で手がけたものである。

　「序文」によると、本書は個々人の精神力動 (Psychodynamik) から集団的な

心理的現象を分析しようとする点で『権威主義的パーソナリティ』を継承するものであるが、実はフロイト的な精神力動論に依拠するもうひとつの理由が本書にはあった。それは当時のドイツの人々が、ヒトラーの時代や同時代の認識をめぐって、客観的な事実と矛盾した非合理的といえる反応をたびたび見せていたことであった。この非合理的な反応を解釈するために、いわゆる錯誤行為に対する精神分析的なアプローチが用いられ、アドルノ担当の「罪責と防衛」においても「投影（Projektion）、反動形成（Reaktionsbildung）、抑圧された罪責感（verdrängtes Schuldgefühl）という機制（Mechanismen）は全て自我による無意識の防衛の領域内に位置づく」[GS 9-2: 136] という観点が採用された。すなわち、まず人々にはナチの時代の出来事に対する潜在的な罪責経験のようなものがあり、この経験は「抑圧され合理化（Rationalisierung）される」のだが、被験者の多くの「超自我審級（Über-Ich-Instanz）」に負荷をかけている [GS 9-2: 149]。ここにおいて作動するのが防衛機制である。所属集団への過剰な同一化（Identifikation）は「耐えられないほどの自分の無力感を乗り越える（hinwegkommen）ため」のものであり [GS 9-2: 150]、また自分の罪責を別のものに転化する投影も、「自らの欲動傾向、無意識的なもの、抑圧されたものの原因が、別のものに帰せられる」防衛機制による [GS 9-2: 232]。また、この投影は、「超自我の要求に応えながら、正当な報いであるかのように自分の攻撃的傾向を他者にぶつける」ことも可能にする [GS 9-2: 232]。さらに、事実の断片をイデオロギー的に変形してつなぎ合わせ、節度のない幻想に身を委ねる類の合理化が認められることもある [GS 9-2: 209]。ただし、投影は合理化と密接に関係しているが、しかし合理化も様々であり、たとえば罪責に決着をつけて（ausmachen）自分の負荷が軽減されることも一種の合理化である [GS 9-2: 232]。そのため正しい合理化と危険な投影の区別が困難であることもアドルノは認めている。アドルノが希望を認めるのはむしろ、拒絶であれ何であれ防衛的な被験者たちの見せる熱のこもった反応そのものであり、その熱こそ被験者たち自身が当時の出来事の不正を認めている証しだというのである。「防衛それ自体が、人々の経験したショックの刻印であり、そこに希望の視点が開かれる」[GS 9-2: 150]。

ところで、この研究の意義についてアドルノはどう考えていただろうか。「罪責と防衛」の中では、ドイツの理論的伝統と外国の経験的研究の融合、あるいは社会学者の養成などについては多くが語られているものの［GS 9-2: 127 f.］、この研究成果を世に広く知らしめる啓蒙的な意義に関してはほとんど語られておらず、「特にこの研究が提供しているのは、ディスカッションの参加者たち自身が『ドイツ・ノイローゼ』と名づけたものの現象学の手法であり、このノイローゼの構造に沿って認識され、意識に高められるときに、はじめて治癒されうる」という表現にとどまっていた［GS 9-2: 146］。この研究の啓蒙的な意義は、むしろ本書出版後の大きな反響のなかで露わになった。いくつかの書評で研究方法と「非公式の世論」の客観性が議論され、また「精神分析の最も重要な発見のひとつは、患者が病の原因を認識する（einsehen）ことができればその症状は消えるというものであったが、フランクフルトの実験もこうした治療的な功績を果たすことができるかもしれない」という評価も得た［Demirović 1999: 364］。そして1957年には『ケルン社会学・社会心理学誌（Kölner Zeitschrift für Soziologie und Sozialpsychologie）』において、心理学者ホフシュテッターによる『グループ実験』への批判とそれに対するアドルノの反批判が掲載された。いわゆるホフシュテッター——アドルノ論争である。ホフシュテッターの批判は、特にアドルノの「罪責と防衛」に対して、精神分析を「暴露（Entlarvung）」的に用いている点に向けられていた。この研究の精神分析的な手法は罪責感を個々人に過度に強要するものであり、むしろ必要なのは罪責感の払拭ではないかとホフシュテッターはアドルノを批判した。それに対してアドルノは、ホフシュテッターの批判が「集団的ナルシシズムに訴えるものでしかない」と断じる［GS 9-2: 391］。ホフシュテッターは今生きているドイツの人々の背負う罪責感の重さを懸念するが、「望んだわけでもないのに、アウシュヴィッツの出来事を背負わなければならなかった犠牲者たち」［GS 9-2: 392］をどう考えるのか、また贖罪の儀式に効果が期待できないことは心理学者ならば知っておいて当然だ——「絞首刑吏の家では縄の話をすべきではない、ルサンチマンを抱いていると思われるからだ」という痛切な皮肉も用いながら［GS 9-2: 392］[10]、次から次へと繰り出され

るアドルノの批判は苛烈を極める。そしてこの研究の意義について、認識による「ドイツ・ノイローゼ」の治癒という先の言及を自ら引用しながら、「否定的なものを確かめ言葉にすることで、この否定的なものは変えられねばならない」[GS 9-2: 392] と述べる。その背後には、犠牲者の側を想い、その忘却を戒めながら、同時代を批判するアドルノの視点があったといえよう。この視点は講演「過去の克服とは何か」の次の一節にも継承されている。「虐殺された人々へ無力な私たちが唯一捧げることができるもの、それは記憶 (Gedächtnis) です」[EzM: 13 = 14]。

(2) 「権威に縛られた性格」の批判

『グループ実験』の研究対象が成人だったのに対して、晩年のアドルノの教育論は、ナチの時代の責を直接負ってはいない子どもを対象としている。この時代に生きた成人の防衛機制の問題をアドルノが教育論で取り上げる理由について推測するなら、ひとつには子どもが大人の影響を受けやすい点にあると考えられるだろう。他方で「ドイツ人として生まれた以上、先祖の責は引き受けねばならない」という議論は、少なくともアドルノの教育論には登場しない。[11] むしろアドルノにとっては、親の世代であれ子の世代であれ、ナチの時代であれそれ以後の時代であれ、根本的な問題は現代の社会的病理にあり、その問題が戦後ドイツの成人の「非公式の世論」としては防衛機制の問題として現れたにすぎない。そしてその社会的病理の別の発現形態が、たとえば哲学や社会学においては存在論に代表される同一的思考の専制、広く社会的事象としては物象化、芸術や大衆文化においては文化産業 (Kulturindustrie)、政治的言説においてはプロパガンダ、個人の性格においては権威主義などのパーソナリティだった。続いてはアドルノ教育論でもたびたび言及される『権威主義的パーソナリティ』の内容を確認したい。この研究は「罪責と防衛」と同様に精神力動論に依拠しながら、より一般的に現代社会のパーソナリティの類型とその形成メカニズムを分析するものだった。

　この研究の特色は、反ユダヤ主義の現象を、社会的なイデオロギーとしてとらえるのではなく、個人の側の心理的欲求 (needs) に支えられた「イデオ

ロギーからの影響の受けやすさ（susceptibility）」に焦点を当ててとらえる点にある［GS 9-1: 151 = 13］。「私たちが関心を主に向けたのは、反民主主義的なプロパガンダに対して特に影響を受けやすい精神構造を備えた、潜在的ファシズムの個人であった」［GS 9-1: 149 = 10：下線部はアドルノらによる強調］。そしてこれをその発生過程を含めて明らかにするために、フロイト的な精神力動論（psychodynamics）を採用した。[12] アドルノらはまずパーソナリティを欲動（drives）、願望（wishes）、感情的衝動（emotional impulses）などの基本的な欲求の組織体とみる。個人の原初的な欲求は、外的環境の影響を受けながら、外的環境とは相対的に独立したものとして発達とともに構造化され、個人の行動を規定する内的なレディネス（readiness：準備態勢）としてのパーソナリティの力となる［GS 9-1: 154 ff. = 16-22］。この構造化に際しては、エディプス・コンプレックスをはじめとする心理的な葛藤（conflict）が不可避なのだが、その解決のために形成されるのが自我（ego）である。自我は「自己と外的世界との関係、そして自己とパーソナリティの深層に潜むものとの関係を統治する（govern）」［GS 9-1: 201 = 63］ものであり、「超自我による過度の罰を招かない充足を認めることで衝動を調整したり（regulation）、あるいは一般には現実の要求との一致をはかることで、個人の活動性を実現しようとする」［GS 9-1: 201 = 63］。そして「自我の機能は良心と折り合いをつける（make peace）ことであるが、それは良心と感情的衝動と自己を調和させるような大きな総合（synthesis）を自らの内部で創造するためのものである」［GS 9-1: 201 = 63］。それに対して、「良心のような内的な権威の発達の失敗」［GS 9-1: 198 = 60］あるいは「超自我の内面化（internalization）における失敗」［GS 9-1: 201 f. = 63］によって、この総合が成し遂げられないことが、自我の脆弱さ（weakness）ないし無能力（inability）として理解されるのである。

　この精神力動論に依拠しながら、「潜在的ファシズム」のパーソナリティを測定するために開発されたのが、この著作の代名詞ともいえる「ファシズム尺度（Fascism Scale：以下「F尺度」）」であった。[13] F尺度は以下の変数で構成されているが、9つがそれぞれ独立した性格というわけではなく、ひとつのパーソナリティ構造を理解するための変数とされている。その変数の概要は

次の通りである [GS 9-1: 229 ff. = 95-97]。

①因習主義 (conventionalism)：因習的な価値への絶対的な固執 (adherence)。

②権威主義的従属 (authoritarian submission)：理想化され道徳的に権威づけられた内集団への従属的・無批判的態度。権威への敵意と反抗的衝動が恐怖によって抑制 (check) され、結果として権威への過度な尊敬・服従・感謝を示す。権威へのアンビバレントな感情の処理として理解される。

③権威主義的攻撃 (authoritarian aggression)：因習的な価値を侵す人々を探し求め、非難・拒絶・処罰しようとする傾向性。権威主義的従属がマゾヒスティックなのに対してこちらはサディスティックではあるが、構造的には類似している。基礎的な快楽の断念を強制されシステムの抑圧を被り続けた結果、情緒的な生活が制限されやすく、そのため無意識ないし自我の外部にとどまっている衝動（特に性衝動と攻撃衝動）が強化される。この衝動は自らを不安にする対象を攻撃性のはけ口とし、さらにこの攻撃が権威や集団によって正当化された際には一層の暴力性を伴う。これによって、内集団の権威に対する潜在的な敵意が外集団に向かうという転移 (displacement) や、[14] あるいは権威主義者において、自らが受容できない自分自身の衝動を外部の人々に向ける投影 (projection) も可能になる。

④反内省性 (anti-intraception)：主観性、豊かな想像、繊細な心情といったものの敵視。自分の情動が規制できなくなることへの恐怖が、心情そのものへの敵意となる。人間の内面性の一切を排除し、人間も物も同じように冷酷に操作すべき対象とみなす冷酷な態度にもつながる。

⑤迷信とステレオタイプ (superstition and stereotypy)：個人の運命に対する神秘的な決定要因を信じる迷信は、外的な諸力の克服という観念を放棄し、自分の責任を外的な力に転嫁することとして理解される。ステレオタイプとは硬直した概念で物事を理解する一種の鈍感さであるが、潜在的な不安によって心理的・社会的な事柄への説明が困難になった結果と理解される。いずれもパーソナリティ内の深層の諸力を自我に統合 (integration) できないために、外的世界にそれを投影した結果とされる。

⑥権力とタフネス (power and "toughness")：人間関係などにおいて「強い－弱

い」「支配 – 従属」「指導者 – 追従者」といった権力的動機を過度に重視する。その心理の深層には権力欲求と服従欲求が共存する権力コンプレックス（power complex）がある。

⑦破壊性とシニシズム（destructiveness and cynicism）：人間的なもの一般への敵意と誹謗。反民主主義的な人間の深層にある強い攻撃的衝動が、特定の対象にそれを向ける権威主義的攻撃とは異なり、攻撃性そのものの正当化や人類への軽蔑につながっている。

⑧投影性（projectivity）：世界には野蛮で危険なものが横行していると信じる性向。無意識の欲動を外界へ投影し、自我の外部にとどめている状態であり、それが強くなるほどに無意識の性的で破壊的な衝動も強化される。権威主義だけでなく「この世界は邪悪な勢力に支配されている」といった先入観などにも認められる。

⑨性（sex）：性的行為への極端な関心。自我の外部にとどめられた性的衝動として理解される。

　こうした変数に基づく質問において高得点を得た者に、アドルノらは基本的な自我の脆弱さを認める。たとえば①の因習主義と②③に共通する権威主義は別個の類型としてとらえられてはいない。一貫性と耐性を備えた道徳的価値の傾向性（set）を自我において形成することができなかった結果、外部の力へ依存したり良心を外在化してしまったものと解されるため、つまり根底において同様のパーソナリティ構造の表現と理解されている。他の「迷信とステレオタイプ」などの変数についても自我の脆弱さの直接的な兆候とみなされている。

　このような観点からアドルノが単独で著した第19章「類型と症候群」では、調査の高得点者と低得点者それぞれについて、「心理的な葛藤とその解決の基本的な形式」という観点から［GS 9-1: 461 = 441］、パーソナリティの類型が次のように列挙されている［GS 9-1: 466 ff. = 446-500］。[15]

〈高得点者に見出される症候群・類型〉
①表層的なルサンチマン（Surface Resentment）：ステレオタイプに依拠して自

分の社会的不安を（似非）合理化している。積極的なファシストの偏向は認められず、いわゆるスケープゴート理論で読み解くこともできる。自らを敗者とみなす前意識的な罪責感に囚われており、そこからの解放を求め、勝者とみなしたユダヤ人を排撃してくれる反ユダヤ主義に同調し、欲求充足を果たそうとする。

②「因習的」症候群（the »conventional« syndrome）：内集団と外集団の区別を重視し、偏見やステレオタイプは内集団への同一化の手段にすぎない。表面的には暴力的ではないが、伝統的なパターンを外れた他人には不快感を覚え、そこから生まれる葛藤によって敵意が強化される。

③「権威主義的」症候群（the »authoritarian« syndrome）：権威への盲信と弱者への攻撃的なレディネスの共存であり、アドルノが正式な所員になる前の社会研究所の共同研究『権威と家族に関する研究（Studien über Autorität und Familie）』（1936 年）でフロムが唱えた「サド＝マゾヒズム的性格」に相当する。外的な社会的抑圧と内的な衝動の抑圧の共存という『権威と家族に関する研究』でホルクハイマーが提唱した観点から、権威とその心理的審級である超自我に服従し従属することに快楽を覚えることで、社会的コントロールの内面化すなわち社会的適応を達成しようとするものと位置づけられる。その発生メカニズムは「『古典的な』精神分析のパターン」に従っており［GS 9-1: 475 = 455］、発達初期のエディプス・コンプレックスにおける父親への憎悪が反動形成を経て愛に転換されることのないままに、攻撃性がマゾヒズムとサディズムに分配されたものだとみなされる。マゾヒズムは統合されず外的なものにとどまった超自我ないし権威への非合理なまでの同一化を可能にし、またサディズムはその同一化の埒外のものへの非合理な攻撃をも可能にする。ここで大きな役割を果たすのが内集団／外集団あるいは反ユダヤ主義といったステレオタイプであり、それがリビドー・エネルギーのエコノミーを方向づけ調整する機能を担うことによって、肛門期的発達段階への退行ともいえる強迫性などを助長する。

④反抗とサイコパス（the rebel and the psychopath）：基本的には権威主義的なパーソナリティ構造を備えているが、権威への依存が無意識レベルでの否

定的な転移によって、あらゆる権威に対する非合理的で盲目的な憎悪として発現したのが「反抗」であり —— 反抗は潜在的には「投降」という権威への従属のレディネスも備えている —— 、その極端なケースが精神医学で「サイコパス（精神病）」とされる「タフガイ」である。特にサイコパスは超自我形成と自我形成に失敗したため非常に幼く、自我同一性を欠き、刹那的であり、その暴力性は偏見も必要としない。

⑤奇人（the crank）：社会的適応の失敗などのフラストレーションを抱えているために、外的世界を暴力的に拒絶しながら妄想的な内的世界を形成し強化する。このパラノイア（偏執症）を助けるのが偏見であり、それによって形成された仮想現実を裏付けようとしてセクトを作る傾向がある。

⑥「操作的」類型（the »manipulative« type）：他者への感情的なつながりが欠落し、内的世界と外的世界が分裂している点でスキゾフレニー（統合失調症）的だが、ステレオタイプに従って物事を道具として扱うこと自体 —— いわば手段それ自体を目的視する —— に欲動エネルギーが備給されており、ナルシシズム、シニシズム、他者への冷酷な知性を背景とした管理と操作への執心を特徴とする。感情の欠落を補うために忠誠が唯一の道徳性となっていることや性への没頭も特徴として挙げられる。

〈低得点者に見出される症候群・類型〉

①「硬直的」低得点者（the »rigid« low scorer）：マイノリティの権利運動のような進歩的な考えを持っているが、それを信奉するステレオタイプ的な思考の硬直性やその全体主義的な方向性が「表層的なルサンチマン」に類似している。強い超自我と強迫性を特徴とする。父親的権威がしばしばフロイトのいう「兄弟的群族（brother horde）」のような集合性によって代替されている。

②「抗議的」低得点者（the »protesting« low scorer）：「権威主義」と同様、エディプス・コンプレックスの解決の特殊なパターンとして理解される。父親的権威への敵意を極度に内面化し止揚した結果、自律的な良心に基づいて他律的な権威の全てを強迫的・神経症的に拒否するようになったと考えられ

る。自信に乏しく罪責感を抱えており、時にその罪責感を人間全体に一般化したり、マイノリティをステレオタイプ的にとらえ強い同情を示すが、その良心に基づく強い正義感は行為に結びつきがたい。

③「衝動的」低得点者 (the »impulsive« low scorer)：強いイドの衝動が超自我と自我に統合されていないため、奇人や「操作的」症候群などにいくらか似ている。ただし破壊的衝動からは比較的自由で、むしろ抑圧されたものへのリビドー的な同情が強い。また新しい欲求充足を与えてくれる期待から異質なものへの関心を示す。ただし超自我と自我の脆弱さが、思考の概念化や政治的態度の不安定さにも通じている。

④「気楽」な低得点者 (the »easy-going« low scorer)：イドが抑圧されておらず、共感へと昇華されており、超自我もよく発達している。自我の外向化機能 (extraverted functions) を伴っていないため、神経症的な優柔不断に陥ったり他人を傷つけることへの不安を抱くことがあるが、おおむね内面が安定し、ステレオタイプ的でなく、攻撃性もない。「操作的」類型とは反対に柔軟でオープンな心の豊かさを見せ、時に幼い印象を与えるが、これは自我の脆弱さというよりも自我の物象化 (reification) を可能にする外傷 (trauma) 経験などがそもそもなかったと考えられる。

⑤真のリベラル (the genuine liberal)：フロイトが理想とした超自我・自我・イドのバランスが取れている。「衝動的」類型と同様に強いイドを持っているが、その心的諸傾向を進んで自覚しており、それは道徳的な勇気や他人を主体として扱う愛となっている。自我もよく発達しており、「抗議的」類型と同じくマイノリティへの同情に厚いが強迫的ではなく、また「気楽」な類型と同じく反権威主義的だが、より意識的で躊躇を伴わない。

アドルノがここで描いているパーソナリティの類型は、精神力動において自我形成が成功し、超自我・自我・イドのバランスが達成されたか否かが鍵となっている。「権威主義」「反抗とサイコパス」「抗議」の類型については、発達初期のエディプス・コンプレックスが適切に解決されなかった帰結として理解されている。また「操作的」類型は、「肛門期的性格」という点では「権威主義」と共通するが、しかし過剰なナルシシズムや他者への感情の欠落を

伴っている点には、さらなる発達初期の問題があると解される。「因習的」類型については、伝統的な家父長的家族構造において葛藤のないままに父親と社会の規範を内面化した結果とみなしうる［Vgl. Jay 1996: 246＝355-356］。そして以上のパーソナリティ類型のうち、特に「権威主義」と「操作的」類型について、アドルノは教育論の中で繰り返し言及することになる。

　他方で『権威主義的パーソナリティ』におけるアドルノの担当箇所には、講演「過去の克服とは何か」の鍵概念である「権威に縛られた性格」という概念は表立って登場してはいない。この概念は、『権威主義的パーソナリティ』の成果をアドルノ自らが振り返り要約したホルクハイマーの共著論文「偏見と性格（Vorurteil und Charakter）」（1952年）に登場する。この論文では、「ナチズムやその他の全体的イデオロギーの宣伝に影響されやすい人」の「権威に縛られた性格」を明らかにした点に『権威主義的パーソナリティ』の成果を認めており［GS 9-2: 361］、その特徴としては根本的な自我の脆弱さゆえの責任回避と内集団への同調、ステレオタイプ的な思考、そして無意識的な破壊の欲望と外集団へのその転化などが挙げられている。またこの論文では、この性格の原因を幼児期に見出した点に『権威主義的パーソナリティ』の特色があるとされている。強い父親や愛情の欠如によって幼児期に傷つけられた人は、自分が行われたことを今度は他者に行おうとするため、他人と関係を結ぼうとせず、感情も希薄なままであり、一見すると正常であるゆえにその傷は深く、自分や所属集団の利害を超えたことには無力な自分自身の自我の脆弱さに囚われると彼らは批判している［GS 9-2: 369］。

　講演「過去の克服とは何か」において「権威に縛られた性格」は権力の有無への関心、頑迷さと反応の乏しさ、因習主義、大勢順応主義、自己省察と経験能力の欠如と形容されていたが［EzM: 17＝21］、これは『権威主義的パーソナリティ』のF尺度の変数と少なからず重なり、また高得点者だけでなく一部の低得点者にも共通する権威への被拘束性を広く指すものだったといえる。そして「権威に縛られた性格」の特徴は、社会的にみれば因習・集団・ステレオタイプといった社会的権威への従属に見出されるが、心理的にみれば自我形成の失敗によるものであった。

第3節 「強靭な自我」への期待

　それでは、こうした問題ある性格を改めたり未然に防ぐことへの展望はどのように描かれるだろうか。ここで「自我の脆弱さ」とは異なるもの、つまり「強靭な自我」の形成を教育目標として考えることも可能である。しかし『権威主義的パーソナリティ』においても[16]、また「偏見と性格」においても[17]、アドルノ自身は「強靭な自我」をほとんど語っていない[18]。「強靭な自我」のモデルとなりそうな「真のリベラル」の例として『権威主義的パーソナリティ』の中でアドルノが挙げていたのは、「父親のような人と結婚したい」と答えた女性であった［GS 9-1: 508 = 500］。この著作において「強靭な自我」への明確な関心は、むしろ共著者のフレンケル＝ブルンスヴィクの担当箇所に認められる。

　オーストリアからの亡命ユダヤ人であった彼女は、もともとビューラー (Karl Bühler) のもとで発達心理学を学んでおり、『権威主義的パーソナリティ』にいたる共同研究では面接調査をリードし、『権威主義的パーソナリティ』の第2部「臨床的面接を通して明らかにされたパーソナリティ」の全体を執筆した[19]。第10章「面接を通して観察された親と幼年期」では、偏見の強い被験者の成育歴の特徴として、家庭での厳しいしつけと忍耐や受容的態度の欠如、父親の過剰な厳格さ、子どもの側での恐怖感と親への表面的同調と依存などを見出し、他方で偏見的ではない被験者には愛情に基づく安定した両親との関係とともに両親からの相対的な自立性の共存が認められると述べていた。また第12章「面接を通して観察された力動的パーソナリティ組織と認知的パーソナリティ組織」では、面接調査の指針となる諸概念として、口唇性／肛門性、依存性、攻撃性、アンビバレント、同一化、超自我とともに、「自我の強靭さ (strength of the ego)」という概念が挙げられた［AP: 456-457 = 315-316］。この概念は、パーソナリティの統合、忍耐強さ、感情面での成熟、無意識を支配し昇華しようとする傾向、そして葛藤や不安を抱えながらも現実の問題を自覚しつつ柔軟に現実へ適応しようとする傾向とされ

ている。「曖昧さに対する不寛容さ(intolerance of ambiguity)」やパーソナリティ
の「硬さ (rigidity)」と権威主義との密接な関係に注目した同時期の彼女の論
文もふまえると [Frenkel-Brunswik: 1949]、彼女のいう「強靱な自我」とは、た
とえば他人の意見に耳を貸さない頑固さのことではなく、安定性と柔軟性の
両立したしなやかさを備えるものだった。

　彼女の研究にアドルノが少なからず影響を受けたことは想像に難くない。
彼女との研究の交流は亡命時代のアドルノにとって記憶に残るもののひとつ
であった [GS 10-2: 723 ff. = 178-189]。1944 年の末ごろに二人で構想した「子ど
も研究」では、子どもの性格形成とユダヤ人に対する態度の関係を解明する
ことをめざし、小学校段階の子どもにおいて偏見の芽が形成されるのではな
いかといった仮説なども立てられていた。[20] 当時の研究計画を見ると、両親
との良好な関係、学校における偏見が形成される契機、そして「強靱な自我」
の形成といった関心は、この時期のフレンケル＝ブルンスヴィクとアドルノ
の間には認めることができる [AHB II: 630 ff.]。

　そして時を経て、1959 年以降の教育論では、時に彼女の名前を挙げなが
ら、アドルノは「強靱な自我」への期待を見せるようになった。「過去の克服
とは何か」では「啓蒙としての過去の克服は、本質的にはこのような主体へ
の転回であって、主体の自己意識と自己自身の強化なのです」と述べていた
が [EzM: 27 = 34]、この「主体の自己意識と自己自身」を自我と読むことは可
能であろう。さらにアドルノはベッカーとの対談「成人性への教育」では、
より踏み込んで言及している。アドルノはフレンケル＝ブルンスヴィクの調
査結果として、生徒の時代に従順だった子どものほうがひねくれていた子ど
もよりも成長したときに自律し反抗的になるという見解を示したうえで、[21]
次のように述べる。「フロイトはこれを正常な発達と呼んでいますが、子ど
もは〔発達の〕プロセスとしてまず父親像 (Vaterfigur) というある権威と自己
を同一化し、それを内面化し、それを我が物とします。続いて子どもは、痛
みを伴う、傷つくことなしには成立し得ないプロセスを経験します。それ
は、父親から学んだ自我理想 (Ich-Ideal) と実際の父親や父親像が一致しない
ために、そこから身を引き離すというプロセスです。このようにして子ども

64

は成熟した人間へとなるのです」[EzM: 140 = 198]。そして「権威という契機
は、成熟へのプロセスの発生的な契機として前提とされます」[EzM: 140 =
198]、あるいは「自我の一定の堅固さ（Festigkeit）、つまり市民階級の個人を
モデルとして形成された自我形成（Ich-Bildung）の一定の堅固さが、成人性に
は含まれています」[EzM: 143 = 202]と述べるのである。

　こうした教育論におけるアドルノの自我形成観は、広く知られた精神力動
論の構図に従いながら、近代的な教育観として知られる「他律から自律へ」
の構図を踏襲しているように見える。すなわち、発達の途上において一度は
既存のモデルや役割に自己を同一化＝適応させ、権威を内面化しながら、そ
こから「身を引き離す」ことで自律を果たすという構図である。以上のアド
ルノの発言に注目する限り、アドルノの教育論は厳しい社会批判を繰り出し
ながらも、結局は近代教育思想の問題構成にとどまっているように見える。

　だが、この「強靭な自我」は、本当に実現可能な教育目標として掲げるこ
とができるのだろうか。アドルノの教育論から彼の社会心理学的研究に改め
て眼を転じると、むしろ「強靭な自我」の形成が極めて困難であることを、
アドルノ自身が認めていたことがわかる。

第4節　自我形成のアポリア

　まずは自我形成の基盤である家族に対するアドルノの批判から確認しよ
う。家族それ自体の歴史性は、すでに1936年の社会研究所の共同研究『権
威と家族に関する研究』に示されていたが、[22]当時そこに参加していなかっ
たアドルノは、現代における家族の衰退とそれに代わる経済的なものの支配
を感じ取っていた。[23]その認識をアドルノが明確に示しているのが、1955年
に著された遺稿「家族の問題について（Zum Problem der Familie）」である。こ
の論文の冒頭でアドルノはモース（Marcel Mauss）やレヴィ＝ストロース
（Claude Lévy-Strauss）に言及しながら「家族とは学問的に実体視されてはなら
ず、むしろ社会の力学（Dynamik）に従っている」と述べる [GS 20-1: 302]。そ

して近代市民社会において家族が社会的支配の内面化の代行者でありながらも相対的に独自の発展傾向を備えるようになった結果、外部の圧力から家族の構成員を守り、またイデオロギーであるとはいえ女性を含めた人間の尊厳の広がりにも寄与することができたと評価する。しかし家父長制からの女性の解放の背後に後期資本主義的な経済的生産力の開放（Entfesselung）を認めるアドルノは、近代社会そのものが家族の台頭とその崩壊をすでに内包していたととらえ、「家族の崩壊は、短期間の同時代的現象ではなく、より大きな社会的傾向の表現である」[GS 20-1: 305] と述べる。そして、この父なき現代社会における父親像の過剰補償として第三帝国期のヒトラーをとらえながら、「おそらく家族は教育機能を十分果たすことはもはやできない。なぜなら、家族には、子どもが親のイメージへ真に同一化できるほどの内的な説得力が欠けているからである」という [GS 20-1: 307]。この同一化が果たされないのであれば、そこからの葛藤を経た自立も不可能である。「実のところ、力に満ちた（kraftvoll）家族とそれに劣らず強靭な（stark）自我との葛藤は今ではもう存在しない。家族と自我の間には脆弱な（schwach）空隙が開いている」[GS 20-1: 304]。

　他方、家族の代わりとなる権威として教師の存在が考えられるが、それに対してアドルノは期待を寄せていない。むしろより学校のほうが深刻である。アドルノは講演「教職を支配するタブー」において、教師に対する否定的なイメージ（暴力、小役人、崇拝対象など）を列挙しながら、歴史的・社会的な帰結としての教師の歪みであるとする[24]。他方で生徒はその歪みを見て取り、教師を軽蔑しながら反抗する。それをアドルノは「教師と生徒が対立して不正を働きあうという一種のアンチノミー〔二律背反〕が幅を利かせています」と述べる [EzM: 80 = 113][25]。この対立関係は独自の歴史的・社会的な力学によって今や支配的になっており、家庭のような自我形成機能を教師に期待することもまた難しい。「子どもたちは、教師たちにおいて、〔父親に代わる〕第二の自我理想と出会います。それはおそらく第一の自我理想よりも明確なもので、子どもたちは教師たちと同一化できるようになりたいと望みます。しかし数々の理由から、やはり子どもたちには不可能なのです」[EzM:

81 =114〕。家族に代わる自我形成の機能を学校に期待しようとしても、学校もまた歴史的・社会的力学によって、むしろ制度化された「自我の脆弱化」の場となっているとアドルノは考えていた。

　ところで、この自我形成の困難さは、個人の心理とそれを明らかにする心理学の盛衰とも連動しているとされる。1955 年の論文「社会学と心理学の関係について」によれば、「市民の時代以前の世界には心理学は存在しなかったが、全体的に社会化された世界にも、やはり心理学は存在しない」〔GS 8: 83〕。心理学、とりわけ精神分析は、近代市民社会に見出された「欲動と禁止の無意識的な葛藤の舞台、すなわち相対的に自立したモナドロジー的な個人」〔GS 8: 84〕を対象とするが、この個人の核が、「葛藤の中間地帯 (Zone)」〔GS 8: 84〕としての自我である。それは社会的適応の担い手として抑圧的な審級でもあり、しかし同時に抑圧に対峙する意識でもあった〔GS 8: 81〕。「自我の概念は弁証法的である。つまり心的であると同時に心的でもなく、リビドーの一部であると同時に世界を代表するものでもあるのだ」〔GS 8: 70〕。しかし歴史の政治的・経済的・文化的な帰結として、今やこの中間地帯は奪われつつあり、その象徴がファシズムであったとアドルノは分析する。自我形成の前提となるべき「個々人の心理の精神力動は、実際のところ、社会への適応に取って代わられている。この適応は意識的でもあり退行的でもある。〔中略〕現代に対応しているのは、自我を喪失し、また本来の意味で無意識的に行為するわけでもなく、客観的な傾向をありのままに反映している〔パーソナリティの〕類型である。彼らは全員一緒に無意味な儀式に耐え、強制的な反復のリズムに従って動き、情緒が貧困になっている。つまり自我の崩壊とともに、ナルシシズムとその集団的な派生物が高揚しているのである」〔GS 8: 83〕。その結果をアドルノは「自我に対するエスの勝利は、個人に対する社会の勝利と調和している」〔GS 8: 83〕、あるいは、自我という審級を欠いたままに「エスと超自我がひとつに結びついている」〔GS 8: 53〕と表現している。[26]

　さらにこの「社会学と心理学との関係について」では、アドルノは自我形成そのものが根本的に脆弱なのだと断じている。そもそも自我は「過大要求」を課されている。「自我はそれ自体の構造によって、二重の役割をあら

かじめ組み込まれている。自我は常に現実の担い手でもあるため、自我は自我ならざるものでもある。自我はリビドー的欲求を代理するだけでなく、それとは不可分の現実の自己保存欲求をも代理せねばならない。そのような意味で、自我は過大要求を絶えず課され続ける。エスに対して自我は自らの堅固さと確かさ（Festigkeit und Sicherheit）を主張したがるが、しかし自我は決して堅固でも確かでもない」[GS 8: 71]。それにもかかわらず強靭な自我を要請するならば、無意識の抑圧、それもあの強い防衛機制を招きかねない[27]。他方で、アドルノ自身が教育論で要請していた人種的偏見などの「意識化」について、この論文では初期フロイトを想定して「根本的にカタルシス的な方法は無意識の意識化を求める」と肯定しながら、それは「自我の解体」でもあるとする [GS 8: 81]。ここで表現されている自我の強化をめぐるアポリアは、むしろ「抑圧と昇華の区別の困難さ」というフロイト自身の問題だとされる [GS 8: 73]。フロイトは自我の肯定的機能である昇華と否定的機能である抑圧とを区別する基準を示さないまま、代わりに社会的有用性や社会的生産性の概念を外から導入したのだとアドルノは批判する [GS 8: 70]。ただしアドルノはそうした外的導入を否定しながら、むしろフロイトのアポリアそのものを、フロイトの偉大さとしてとらえていた。「フロイトの偉大なところは、あらゆるラディカルな市民思想家と同様、この〔現実原則への適応をめぐるフロイトの両義的な態度のような〕矛盾を解決しないままに放置し、体系的な調和の要求を拒絶した点にある」[GS 8: 40]。しかし、このフロイトのアポリアはアドルノ自身のアポリアにも見える。

　アドルノはベッカーとの対談「教育——何のために」（1966年）では、現状への適応という目標を無視した教育は無力でイデオロギーだとする一方、適応に成功しただけの人はいかがわしいとして、自我形成における二面性を指摘しながら、「こうした二面性は、現状のなかではもう克服できないのかもしれませんが、いずれにせよそこから逃れることは許されません」と述べている [EzM: 109 = 151]。この発言は、自我形成のアポリアの只中でなおも「強靭な自我」の形成を求めているように読めるが、やはりそこには矛盾と限界があるのではないだろうか[28]。

第5節 「自我の脆弱化」を回避するための教育

　だが、こうした「強靭な自我」のアポリアをふまえ、改めてアドルノの教育論を見直すならば、「強靭な自我」への教育という主題に回収されない別の主題があることに気づかされる。たとえば反ユダヤ主義に話題を絞った1962年の講演「今日における反ユダヤ主義との闘いによせて」では、「重要なのは、できるだけ教育の領域において、最も広い意味で「権威に縛られた性格」に類するものの形成を阻止することです」といわれる [GS 20-1: 372]。また講演「アウシュヴィッツ以後の教育」には、「アウシュヴィッツの再来に抵抗しようとする際、私に本質的だと思われるのは、まずは操作的性格がどのように実現するのかを明らかにし、〔現状の〕諸条件を変えることでその発生を阻止することです」という表現がある [EzM 98 = 137]。この「阻止」という表現には注意が必要である。「権威に縛られた性格」の基盤には「脆弱な自我」が見出されるが、しかしその形成の「阻止」は、必ずしも「強靭な自我」への教育を意味するとは限らないからである。まずは「自我の脆弱化」の諸契機がどのように批判され、具体的な教育への提言がなされているか確認してみよう。

　まずは学校への入学時についてである。アドルノは幼稚園ないし初等教育への入学時の子どもは「社会的疎外一般のプロトタイプ」[EzM: 82 = 115] を経験すると述べている。[29] 温かい家庭という一次集団を離れた子どもにとって、学級という集団とその権化としての教師は、外から適応を強制する存在であり、また学校と教師は現状を維持するために、「これがここでのやり方だ」と開き直り、不透明な権威と権力を誇示する。この誇示はそれ自体が目的化されており、また学校の閉鎖性もここでは正当化されている [EzM: 84 f. = 118-119]。ここでの「社会的疎外」の経験によって子どもの内面にトラウマ（Trauma）が形成され、この抑圧と冷酷さの経験を転化すべく子どもは他者を排除し自分を適者として正当化するすべを身に付けるのである。そこでアドルノは、制度化された「社会的疎外」に注意を払い、子どもが受けるそ

のショックを阻止することを要求する [GS 20-1: 374]。その効果的な手段をア
ドルノは直接示してはいないが、しかしたとえば教師が新入生にその親から
こっそりと託されたブレッツェルをプレゼントする地方の小学校の風習に言
及し、その有効性はともかく、少なくとも入学時の子どものショックへの配
慮としての遊びの契機が慣習となったのだろうと述べている [GS 20-1: 374 f.;
EzM: 82 = 115]。

　また学校内で子どもが排除的で攻撃的な徒党 (Clique) を形成することにア
ドルノは注意を促し、それに対する具体的な対応を論じている [GS 20-1:
375]。講演「今日における反ユダヤ主義との闘いによせて」によれば、「一緒
に遊ぼう」ではなく「君とは遊ばない」「君と遊ぶ奴なんかいないよ」といっ
た言葉を契機に生まれる徒党は、教師や学校の側の知力や成績で測られる公
式のヒエラルキーに対して反抗的な「階級プロレタリアート」である [GS 20-
1: 376]。その徒党の中では体力あるいは暴力性や如才なさによって測られる
非公式のヒエラルキーが機能しており、[30]そのリーダーは反ユダヤ主義者や
戦後もなお親ナチ的な「非公式の世論」の担い手の予備軍といえる。徒党は
「ミクロコスモスのように、社会全体の問題構成を写し取っている」のであ
る [GS 20-1: 375]。それでは、この徒党の形成を防ぐためにはどうすればよい
か。アドルノは集団性よりも個人的な友情の鼓舞を勧めたり [GS 20-1: 375]、
また反ユダヤ主義へ密かに共感を覚える教師の関与に警戒するよう求めてい
る [GS 20-1: 378]。しかし彼が特に重視するのは、暴力や如才なさなどの身振
りやステレオタイプに依拠しない言語的な知性である。徒党が形成される原
点には、成績に順位付けられた学校の公的ヒエラルキーに対する反抗心があ
る。とりわけ学校の成績では評価しがたい能力が高く自負もある生徒は、
「階級プロレタリアート」のリーダーとなりやすい。「どうせこの子にはわか
らない」といった教師の側のステレオタイプがそこで作動する一方、生徒の
側では暴力やほのめかし (Andeutung)、目配せなどが横行する。いわば学校
の公的ヒエラルキーの反動として徒党のヒエラルキーが形成されるが、前者
に排除された者が、後者の中心で排除を行い、しかもそれは反抗心の転化を
経由することで、暴力性とサディズムを増幅させている —— このような構

図を断つために、アドルノは「非常に重要なのは、この子どもたちが言葉を発せるように導くことです。つまり子どもが自分を表現することを学ぶことです」と述べている [GS 20-1: 377]。この自己表現の意味は、たとえば生徒会選挙などが例に挙がっているように、広く子どもたちの言語能力を高め、その価値を共有させることにも認められようが、学校の公的ヒエラルキーへの反抗心を断つことへの期待もある。「結局のところ、表現能力を高めて語ることに対する反抗心を緩和すること、それが反ユダヤ主義に対する防衛手段として最も重要で真っ当なのではないでしょうか」[GS 20-1: 377]。また、ステレオタイプに関しては、たとえそれが肯定的であれ否定的であれ、それが集団としての判断 (Kollektivurteil) であること自体が問題である。家庭ですでに反ユダヤ主義を植え付けられた子どもに対しては、個人的に語りかけ、時には「親も間違うことがあり、それには理由がある」ことも伝えねばならない [GS 20-1: 374]。子どもが個人として思考し、判断し、自己を表現することをアドルノは求めている。

　競争を過度に意識したスポーツ競技にもアドルノは批判的である。スポーツは一方で、フェア・プレイや弱者への配慮を通して野蛮やサディズムに対抗することも期待できるが、攻撃的態度や粗暴さやサディズムを助長する危険もあり [EzM: 95 = 133]、とりわけ競争原理はそれをより強化する。したがって競技中の肘打ちのような強引さは禁止されるべきであるし、なにより競争によって「トップに立つことよりも、遊びを優位に置く」べきだとされる [EzM 126 f. = 176-178]。

　教師の態度は特に重要である。講演「教職を支配するタブー」には、アドルノには珍しく、学校の教師の態度一般に関する積極的な提言が認められる。この講演でアドルノはまず、教師にしばしば伴う古めかしさ、小役人ぶり、幼児性、そして暴力などは生徒の反抗を誘発するため、改められねばならないとする。だが、自己の統御に長け、一切間違った行動をとらない教師というのも、生徒には非人間的で冷酷なものと映り、より激しい拒否反応を引き起こすだろう（付け加えれば、こうした教師は操作的性格に分類され、その自己統御による内面的な抑圧は別の暴力性を発動させかねない）。したがって、「教師たち

は情動（Affekte）を最初に抑圧し、それを合理化して表明することをしては
なりません。むしろ情動を自分自身にも他人に対しても容認し、生徒の敵意
を解かなければならないでしょう。『その通り。わたしは正しくない。君た
ちと同じ人間だし、人の好き嫌いもある』と話す教師のほうが、イデオロ
ギー的に正義を掲げながら、結局のところ苦し紛れに不正を犯す教師より
も、おそらく納得いくものでしょう」[EzM : 83 = 115-116]。——以上のよう
なアドルノの一連の提言から見て取れるのは、操作的性格や「権威に縛られ
た性格」を育成しやすい学校内の諸契機の批判とともに、それに代えて提言
される教育実践の穏当さである。

　だがここで、どんな権威や強制であってもその性格を生むのか、一切の強
制が否定されるのか、という疑問も浮かぶだろう。アドルノは講演「アウ
シュヴィッツ以後の教育」において、子どもに禁止や抑圧は一切不要で大切
に扱いさえすればよいという見解には異を唱えており、「人生の残酷さや厳
しさを知らない子どもは、保護された場所を放り出されると、いっそう野蛮
に晒されます」[EzM: 102 = 143]と述べている。ただし、権威の必要性は認め
られていても、その範囲や内容は限定的である。講演「今日における反ユダ
ヤ主義との闘いによせて」では、徒党を問題とする文脈で、「子どもに個人
的に働きかけることがうまくいかない場合は、すでに学校の中にある権威と
子どもたちを対決させなければなりません。他の子どもに対する彼らのイデ
オロギー的な影響を、罰を以て禁止し、罰を行使せねばなりません」という
[GS 20-1: 376]。また講演「アウシュヴィッツ以後の教育」では、ハイデガー
の影響によって称揚された絆（Bindung）の概念のイデオロギー性を批判しな
がらも、「サディズム的で破壊的なことを『そんなことをしてはいけない』と
強くいってやめさせる絆であれば、健全な常識からしても納得いくもので
す」と述べる[EzM: 92 = 129]。対談「野蛮を脱するための教育」では、「不明
瞭な権威はいかなるものであれ除去することが、野蛮を脱するための子ども
期の教育にとって最も重要な前提です」[EzM: 131 = 184]と述べながら、「盲
目的でなく、暴力の原理に基づいておらず、意識的で、子ども自身にとって
も透明性の契機を備えている」[EzM: 131 = 183-184]権威は認めている。ただ

し子どもの暴力性に対しては、「出来の悪い田舎の男子がクラスメイトを手荒く小突いたり女子に乱暴に振る舞うことを、きまりの悪いことだと自分で思うこと」を「野蛮に対抗する教育の根本」と述べ、「教育システムによってまずは身体的暴力に対する嫌悪感（Abscheu）を染み込ませ（durchtränken）られたらと思います」とまでいっている [EzM: 129 f. = 182]。

　こうしたアドルノの権威を肯定する発言には、「野蛮の否定」という点に一貫性を認めることができるだろう。権威の内容を問わずその必要性が論じられているわけではなく、子どもが見せる野蛮の萌芽に対して、否定を明言し、かつその理由が合理的で子どもにも説明される限りにおいて、アドルノは権威を承認し、野蛮に対する嫌悪感あるいは羞恥心（Scham）の形成を期待している [Vgl. EzM: 130 = 182]。アドルノにおける権威の部分的な肯定は、このように極めて明確なものに限られていた。

　さらにここで、アドルノの教育論における実践的提言が学校教育に限られていたことを想起してよいだろう。アドルノの教育論の多くは学校の教師だけではなくラジオの一般聴取者に向けて発信されていたが、そこでは「強靭な自我」のための近代家族の復興、たとえば父親の権威と母親の愛が奨励されていたわけではなく、むしろそのイデオロギー性が批判されていた [Vgl. EzM: 101 ff. = 142-143]。確かに、「強靭な自我」を形成しうる家族は今も存在するだろう。しかし、どれほどそうした家族を営むように提言しても、その客観的な条件はもはや失われている。社会心理学的な議論の枠内において、アドルノは「強靭な自我」を形成するための具体的かつ現実的な条件も教育方法もほとんど提示できていなかった。むしろ学校教育の内部にある「自我の脆弱化」を促進させる契機を個別具体的に指摘し、別の穏当な教育実践に改めるよう提言するところに彼の議論の焦点はあった。アドルノの教育論が求めるものは、「強靭な自我への教育」というよりも「自我の脆弱化を回避する教育」として定式化できるだろう。

　アドルノの教育論において中心的な問題だったのは、社会心理学的に確認された同時代の人々の「権威に縛られた性格」であった。その根底には、歴史的・社会的な状況の変化の帰結である「脆弱な自我」が認められた。フロ

イトの精神分析に依拠していたアドルノは、ここから「脆弱な自我」とは反対の「強靭な自我」の形成への期待を隠すことができなかったが、実際の教育実践への提言は「強靭な自我」の形成よりも「自我の脆弱化の回避」を求めるものだった。「強靭な自我」を形成するための社会的基盤が失われている同時代の状況にあって、「自我の脆弱化」を招く学校の諸要因を個別具体的に改めていくことに彼の提言は向けられていたのだった。

　ただし、アドルノが期待を隠せなかった「強靭な自我への教育」と、実際に彼が語った「自我の脆弱化を回避するための教育」との間には、やはり大きな乖離がある。自我の脆弱化を招く個々の教育実践を改めたからといって、「強靭な自我」の形成が果たされるとは限らないからである。この乖離の理由は、自我形成が困難な現状における「強靭な自我」の形成プロセスのなかで、権威がどのような肯定的な役割を果たしうるのか、アドルノ自身の見解が明瞭ではないことにある。

　アドルノが容認していた権威は、子どもに説明可能な「透明性」を備えたものであった。その権威は父親や教師などの「人格的権威（personliche Autorität）」ではなく、「事柄の権威（Sachautorität）」と呼ばれる教育内容の権威である［MHA V 44 a: 4 f.］[31]。アドルノは「権威の問題」の「本質」として、教師が教える事柄をよく理解していることが重要であり、そこで生まれる「事柄の権威」が生徒の支えとなるとしながら、「人格的権威」は全面的に否定している。フロイト的な自我形成観を堅持するならば父親や教師によって「人格的権威」が供給される必要性を語ってもよいのだが、教育による人格的権威の供給が否定された結果、「強靭な自我」の形成プロセスがアドルノにおいては描きがたくなっている。

　他方で、「強靭な自我」形成プロセスを可能にするものについて、アドルノは全く沈黙していたわけではない。だがそこにはフロイト的な父親像を含めた「人格的権威」ではなく、むしろ温厚な家庭の肯定が認められる。たとえば対談「野蛮を脱するための教育」では、「血の気の少ない、いわゆる温室育ちの子ども、すなわち比較的早い段階で攻撃性の昇華のようなものが果たされた子どものほうが、大人になったとき、あるいは思春期にあっても、野

蛮な攻撃性に対する免疫力のある（immune）人間になるでしょう」と述べている［EzM: 132 = 185］。これは生徒時代に反抗的だった子どもよりも素直だった子どものほうが大人になったときに自律的で反抗的な人間になるというフレンケル＝ブルンスヴィクの研究に言及した先述のアドルノの見解にも通じており［EzM: 140 = 197］、対談の流れのなかで出てきた一時的な発言ではなく、アドルノ自身の思想としてみなせる発言であろう。さらに『権威主義的パーソナリティ』で肯定的に評価された「真のリベラル」や「気楽な低得点者」のパーソナリティ類型においても、子どもにとって（とりわけ異性の）親の愛情の深さは高く評価されている［GS 9-1: 501 ff. = 484-492］。先述のように「子どもを愛しなさい」というメッセージのイデオロギー性を批判したアドルノではあるが、温厚な家庭環境に対しては肯定的であった。彼が最も心を寄せていた音楽の師ベルクに捧げた次の言葉もまた、権威なき父親の肯定として読むことが可能であろう。「知識人が父親であってはならないとすれば、ベルクは人が望みうる限りで最も父親らしくない人物であった。彼の権威には権威の本質が完全に欠落していた。彼は幼児にとどまることはなかったが、大人にもならずにすんだのだった」［GS 13: 367 = 78］[32]。

　こうした議論から、大人の作為を教育として強制することへの批判とともに、子どもの多様な自己形成の余地に対するアドルノの期待を読み取ることができるかもしれない。子どもが親や教師を自我理想としながらそれへの同一化が困難である原因を、アドルノは家庭や教師を含めた社会的現状に認めていた。また「操作的」に自らを統御しながら「人格的権威」となることを大人には求めず、教師にも自らの過ちを進んで認めるように彼は促していた。自我理想への同一化が困難な現状において、しかし大人の子どもに対する作為の統御も積極的に求めないアドルノの議論には、理想化された人間像や教育観を徹底せずとも人は育ち共生できるという一種の楽観主義が垣間見える。しかしそれをここで論じるのはまだ早計だろう。「大人―子ども」関係を前提とした教育に代わって社会的強制が圧倒的になり、人格形成や教養を含意するBildungよりも社会への適応が優位となった現代にあっては、まず社会的強制と適応とは異なるものが求められねばならない。それを示すため

に、アドルノは未だその約束を果たしていない啓蒙思想から、自律概念と経験概念を召喚したのではないだろうか。この想定のもと、次章ではまずアドルノの自律概念を取り上げてみたい。

注

1 教育における自我形成という論点は、教育学におけるアドルノ研究の主流ではなかった。教育における権威の批判は 1960 年代後半のドイツの知的風潮のなかで盛んに行なわれていたが、しかしポイカートが指摘するように［Peukert 1983: 196 ff.］、それはまずは学生運動や保育所改革といった社会運動レベルのものであったといえる。また同時代の学界に関していえば、解放的教育学に社会心理学的な問題意識を認めることができるが、その典拠として参照されていたのはアドルノよりも初期ハーバーマスの『認識と関心（Erkenntnis und Interesse）』（1968 年）の方であり、そのため「解放的認識関心」をめぐる教育の学問的ディシプリンの問題が解放的教育学において盛んに論じられるにいたった［Vgl. 今井 1985］。

2 アドルノは講演「今日における反ユダヤ主義との闘いによせて」において、反ユダヤ主義に対抗するための社会的な「防衛プログラム」を、学校における長期的な「教育プログラム」と、短期的な「直接的な防衛プログラム」の二つに分けている［GS 20-1: 371］。また講演「アウシュヴィッツ以後の教育」では、「アウシュヴィッツ」の再来を回避するための教育として、「幼児期（frühe Kindheit）における教育」と、それ以降の成人を含めた年齢を対象とした「啓蒙（Aufklärung）」の二つのアプローチがあるとしている［EzM : 91 = 128］。ただしアドルノ自身は幼稚園教育や家庭教育の具体的な提言はほとんど行っていないことや、大勢順応主義の形成において初等教育段階の学校が果たす役割について詳細に論じていたことなどから、本書では「幼児期」を広く「子ども期」ととらえておく。

3 10 歳以上としたのは、対談「成人性への教育」におけるアドルノの発言に依拠している［EzM: 145 = 204］。なおアドルノは「一般的にいって、子どもたちとは、大人が思っているよりもずっと豊かで真剣な話し合いができるものなのです」と述べている［EzM: 84 = 117］。

4 なお、現状の学校教育や教育学が望ましくない人間形成に加担しているというアドルノの問題意識を、先行研究の批判とともに指摘したものとしてグルーシュカの研究が挙げられる［Gruschka 1995］。そして彼自身の研究テーマの一つは、この問題を現代の社会と教育において告発することにあるといってよいだろう。その例として、たとえば『市民的冷酷と教育学 —— 社会と教育の中の道徳（Bürgerliche Kälte und Pädagogik. Moral in Gesellschaft und Erziehung）』が挙げられる［Gruschka 1994］。ただしグルーシュカによるアドルノ教育論の研究では、その社会心理学的な分析の詳細な検討はなされていない。

5 他方、ユダヤ人を称賛するプロパガンダやユダヤ人との直接的な交流などには、アドルノは期待を寄せていない。プロパガンダはそれ自体が全体主義の産物であり、またたとえばユダヤ人の称揚に成功したとしてもそれはイデオロギーとなって偏見それ自体は温存するからである。また生粋の反ユダヤ主義者は経験能力の欠如を特徴とするため、直接的な交流によって偏見が正されることもあまり期待できない。たとえばアンネ・フランク（Anne Frank）の日記に基づく演劇を見て「あの娘だけは生かしておくべきだったのに」と語った女性の話をアドルノは紹介する。この女性の言葉を、洞察の第一歩としては肯定するものの、しかし「あの娘だけ」という個人のレベルにとどまることで、かえってユダヤ人問題全体への視点を覆い隠すことを憂慮している［EzM : 26 = 33］。

6 「主体への転回」という言葉は、邦訳『自律への教育』では「主体への向け直し」、また邦訳『批判的モデル集Ⅰ──介入』では「主体を目指す方向転換」と訳されており、いずれも日本語として読みやすいものとなっている。しかし本論では啓蒙のレトリックのひとつである「コペルニクス的転回（kopernikanische Wendung）」をふまえ、「主体への転回」と訳すこととした。社会的病理の責任を社会に帰すことで自分の問題として引き受けないことや、その問題への対処を──たとえば唯物史観的に──社会変革に求めることに対して、アドルノはコペルニクス（Nicolaus Copernicus）やカントに比せられる根本的な「転回」を求めていたように思われる。

7 この「予防接種」に特に注目したものとして竹峰義和の先行研究が挙げられる［竹峰2007］。

8 これはヘッセン州ギムナジウム教員資格試験における哲学面接試験の試験官に携わった経験をもとにした講演である。

9 この部分の執筆者は本自体には明記されていないが、アドルノのホルクハイマーへの書簡によれば、アドルノとホルクハイマーの連名の「序言（Vorwort）」と同様、大幅にアドルノの手が入っていると考えられる［AHB IV: 276 f.］。

10 講演「過去の克服とは何か」の冒頭でもアドルノはこの言葉を自ら引用している。この皮肉には、たとえ「ルサンチマンを抱いていると思われる」としても、「絞首刑吏の家で」あえて「縄の話をす」るべきだというアドルノの主張が含意されている［EzM: 10 = 10］。

11 「ドイツ人である」という出生そのものによってナチの時代の出来事の責は負わされるべきではないとアドルノが考えていたことの傍証として、たとえば「ドイツ的とは何かという問いに答えて（Auf die Frage: Was ist deutsch）」（1965 年）を挙げることができる。アドルノが「ドイツ的」という言葉の理想化に警戒しながら亡命先からの帰国を選んだ彼自身の動機も語ったこの論文では、「社会的に思考する人、特にファシズムを社会的・経済的に把握する人は、『民族としてのドイツ人に責任がある』というテーゼとは無縁だ」と述べている［GS 10-2: 696 = 141］。

12 ここでは本書の著者 4 人全員の名前が筆者として挙がっている第 7 章「潜在的な反民主主義的傾向の測定」を主に参照するが、ヴィガースハウスによると［Wiggershaus 2001: 457 ff.］、この部分はサンフォードが主に手掛けており、フレンケル＝ブルンス

第2章 アドルノ教育論の問題意識　77

ヴィクは自分の名前がここに挙がるのに難色を示していた。ただし F 尺度の開発に際してアドルノ自身は自分の果たした役割が大きいと自認しており、またアドルノ自身の担当した部分ともその内容に齟齬はないように思われる。

13　F 尺度は反ユダヤ主義尺度（anti-Semitism scale：A-S 尺度）、自集団中心主義尺度（ethnocentrism scale：E 尺度）、政治経済的保守主義尺度（politico- economic conservatism scale：PEC 尺度）を用いた予備調査を経て、特に A-S 尺度と E 尺度を発展させて作成された。さらにこれらの調査を基礎に選ばれた被験者に対して、面接調査と主題統覚検査が行われた。

14　なお、ここでスケープゴートと権威主義的攻撃との差異が論じられていることは興味深い。アドルノらが理解するスケープゴートとは、主に経済的な欲求不満に原因があるにもかかわらず、知的な混乱（confusion）によって欲求不満の原因を見誤った人が、反撃される可能性の低いマイノリティに攻撃的な衝動を放出することである。それに対して、転移によって引き起こされる権威主義的攻撃の場合、知的混乱によって内集団の権威を攻撃することはなく、さらに道徳的な攻撃の正当化や攻撃の過度の暴力性も伴いやすいとされる [GS 9-1: 200 f. = 62]。

15　なお「この類型化自体、一種のステレオタイプではないか」という類の疑念に対して、アドルノも自覚的であったことは特記しておきたい。アドルノは特に高得点者を想定しながら「私たちが生きる世界はすでに類型化されており、この世界が様々な人格の『類型』を『生産している（produce）』のである」と述べ [GS 9-1: 459 = 439]、すでに社会が個人のパーソナリティを類型的なものにしていること、そしてその類型化の力に対して挑戦（challenge）するために、研究においてもあえて類型化を避けないのだとしている。

16　かろうじて教育的な含意を認められるのは、『権威主義的パーソナリティ』全体の「結論」である。ここでは「序論」と同様に著者名が挙がってはいないが、この「結論」のほうはアドルノ全集にも掲載されていないため、アドルノの関与は乏しいと考えられるが、念のために確認しておこう。ここでは、最も重要なのは「子どもが心から愛され一個の人間として扱われること」だとされる [AP: 975 = 498]。ただし、たとえば自集団中心主義的な親は子どもにもそうした態度をとるであろうし、そうでなくとも子どもが社会で過ごせるようにと願うあまり型にはめる（mould）親も多いため、根本的な解決のためには、社会の変化そのものが求められる。具体的な方途としては、ファシストの潜在力を変革したり抑制したりすることとして、社会学と心理学に基づいた知とともに、「自分自身を見つめ、自分自身である能力が増大しなければならない」といわれる [AP: 975 = 499]。そのためには、人々を操作（manipulation）する心理的技法（device）を駆使するのではなく、自分を見つめ社会を見つめることを妨げる心理的な「盲目性」を克服することが重要であり、そのためには集団へのサイコセラピーに類したものが求められるという。

17　「偏見と性格」では、人間を教導したり（belehren）別の信念を与えることではなく、深層レベルでの教育プロセスによって、人間や事物に対する自発的で生き生きとした関係を得るような能力、いわば「生き生きとした経験をする能力」を「形成あるいは

再確立する」ことが必要であるとされる [GS 9-2: 369]。あわせて『権威主義的パーソナリティ』のような研究は、人々に対する自己省察を目覚めさせ、また「権威に縛られた性格」の弱点を示すものでもあるため、効果的な対抗手段を可能にし、また「幼児期に対する包括的な教育プランのために有益なものになりうる」と述べられている [GS 9-2: 373]。

18 アドルノ個人が担当した部分でこの言葉を用いているのは、第18章「面接資料を通して明らかにされる宗教的イデオロギーのいくつかの視点」において、宗教性の低得点者の中で、「ある主体が一般的な文化的状況の下で意識的に非宗教的であることは、ある種の自我の強靭さの現れを示している」[GS 9-1: 448] といった言及がなされている程度である。

19 フレンケル＝ブルンスヴィクが担当したこの部分の章のタイトルは以下の通りである。
第9章　偏見を持ったパーソナリティへのアプローチのひとつである面接
第10章　面接を通して観察された親と幼年期
第11章　面接を通して観察された性と民衆と自己
第12章　面接を通して観察された力動的パーソナリティ組織と認知的パーソナリティ組織
第13章　包括的な得点と面接結果の要約
なお、フレンケル＝ブルンスヴィクは「曖昧さに対する不寛容さ」に着目した人物として心理学では知られており、この概念は現在のパーソナリティ研究において権威主義の分析にとどまらない広がりを見せている。パーソナリティ心理学における彼女の成果については善明宣夫教授（関西学院大学）にご教示いただいた。

20 なお、アドルノが学校での反ユダヤ主義の萌芽に早くから注目していたことは、1943年の草稿「反ユダヤ主義について（ad Antisemitismus）」にもうかがえる。ホルクハイマーに評価されたこの草稿でアドルノは自分の生徒時代を振り返りながら、首席だったアドルノを追い落とそうとするクラスメイトの共謀を描いていた [AHB III 441 ff.]。

21 この点に該当するフレンケル＝ブルンスヴィクの調査結果として、第11章「面接を通して観察された性、民衆、自己」の中の「幼年期の自己に対する理解」で示された結果を挙げることができるだろう。たとえば偏見の高得点者は「厄介な（difficult）」子どもだったが幸福だったと回想する傾向にあった [AP: 437 = 287]。他方で低得点者は内気で自意識が過剰であり [AP: 438 = 289]、労働・読書・大人の諸価値を志向していたと自分の子ども時代を回想する傾向がみられたという [AP: 441 = 296]。
ただし、この議論はむしろアドルノ自身の生徒時代の記憶によるところが大きいように思われる。『ミニマ・モラリア』第3部の「意地悪な同級生（Der böse Kamerad）」（1935年執筆）というエッセイは「ファシズムは私にとって子ども時代の記憶から導き出せる必然の結果だった」という言葉から始まるが、その中でアドルノは、独りでいることの好きだった自分をいじめた同級生たちにファシズムの原像を重ね合わせながら自分の繰り返し見た悪夢を語る。そして授業を妨害し続けていた生徒が、アビトゥーアが終わったその時から反抗していた教師とテーブルを囲みビールを傾けて男

同士の盟約を交わす姿を、第三帝国の追従者と形容する。亡命先で記されたこのエッセイは次の言葉で終わっている。「〔第三帝国で〕権限を握る者となり死地を志願する彼らが、夢の中から現れてかつての私の生と言葉を奪って以降、私はもう彼らの夢を見る必要がなくなった。ファシズムの中で子ども時代の悪夢は現実になったのだ」[GS 4: 220 = 300]。

22 ホルクハイマーはこの本の中で、「かつて市民社会の全盛期では、家族と社会の間には豊かな相互作用が生まれており、父の権威がその社会的役割によって基礎づけられるとともに、権威への父権的教育の助けを借りることで社会は更新されていた。しかし今では、家族はそれ自体として不可欠なものではあるが、単なる統治技術の問題となりつつある」[HGS 3: 417] と述べていた。

23 1935年、アドルノはこの研究についてホルクハイマーに次のように伝えていた。「社会と〔個人の〕心理を媒介する決定的なカテゴリーは、家族ではなく商品性格（Warencharakter）であると私は考えています」[AHB I: 73]。当時のホルクハイマーとアドルノの関係については、拙論も参照されたい [白銀 2014]。

24 たとえば、尻叩き、無愛想、権力者だが所詮その対象が大人ではなく子どもでしかない小役人以下の存在、理不尽で独裁的だが独裁者の戯画にしか見えない姿、魔術的崇拝の対象、幼児性、といったイメージである。それを修道士、官僚、家庭教師、大学教授の歴史的イメージと関連付けながら浮かび上がらせている。本章の言葉を用いれば、歴史的・社会的な帰結としての教師の「権威に縛られた性格」を示したものといえる。

25 このような教師と生徒関係の分析は、『啓蒙の弁証法』の主題であった「主体性の原史」から読み解かれているといえよう。詳しくは第3章の注12を参照のこと。

26 この状態をジジェクは（おそらくマルクーゼに依拠して）「抑圧的脱昇華（repressive desublimination）」と形容している [Žižek 1994: 16 = 33]。

27 こうした防衛機制の危うさについて、アドルノは「精神病患者において防衛は育まれるべきであり、神経症患者において防衛は克服されるべきである」というフロイト修正派の通説を「精神分析が修得したはずの神経症と精神病の原理的親和性を全く無視している」と批判しているが [GS 8: 81]、この文脈で次のように述べている。「精神分析が〔心理療法によって、多様な内的諸衝動という〕諸々の抵抗を解消するならば、それは分析が自我を脆弱化させたということである。〔中略〕それに対して自我を強化するというのは、〔修正派とは異なるフロイト自身の〕正統な理論によれば、自我がその根底に無意識を保持するための諸力を強化することであるが、この諸力は、無意識に対してその破壊的本質の駆動を許してしまう防衛機制でもある」[GS 8: 82]。

28 この問題を批判した代表的な研究として、ベンジャミンのものが挙げられる [Benjamin, J. 1994]。彼女によれば、アドルノのように父親の権威の内面化を経由した自我の確立を、欲動という内的自然の支配の確立としてとらえる限り、「近代資本主義に対する〔アドルノらの〕批判理論の中心には、支配に対する抵抗の本質にかかわるパラドックスが存在する。抵抗が依拠する意識 ―― 批判的理性、個人化、統合、そして最終的な抵抗 ―― という視点は、権威の内面化のプロセスと結びついている。す

なわち、権威を拒否するためには、あらかじめそれを受け入れておかなければならないのだ。支配の主観的局面は、権威の内面化の途上に見出されるのだが、権威に対する抵抗の可能性は、内面化という同一の道筋にしか存在しないことになる。歴史的にいって、理性、反省、そして個人化が権威の内面化のプロセスと結びついていたとすれば、ある意味、権威は必要で擁護されるという結論にならないだろうか」[Benjamin, J. 1994: 132]。つまり、伝統的な父親の権威を否定しながらも「強靭な自我」形成のために結局は伝統的な父親像を肯定せざるをえず、「ないものねだり」の自己撞着に陥っている、というのである。そしてベンジャミンは、アドルノの家族の崩壊という現代への分析を尊重しながらも、彼の「父権中心主義的」な構図に限界を認め、自我概念に代わるものとして相互主観性に可能性を見ようとするのである。

29 ただしアドルノはこの「疎外」という言葉を濫用しそれがあたかも教育だけで克服できるかのように語ることを戒めてもいる [EzM: 113 = 159]。

30 「教職を支配するタブー」では、ナチズムによってこの非公式のヒエラルキーが利用されたとアドルノは分析している [EzM: 81 = 113-114]。

31 『生徒シュピーゲル』という中等教育の生徒向け新聞に掲載された、ホルクハイマーとアドルノに対する生徒からのインタビュー記事による。この記事内では、「事柄の権威」を重視するアドルノに対して、ホルクハイマーは「人格的権威」の意味も認めていた。この点の分析に関しては、今井康雄の分析を参照した [今井 2015: 379-380]。

32 注 28 で取り上げたベンジャミンはアドルノだけでなくホルクハイマーやマルクーゼの名を挙げながら、「大衆社会の『継ぎ目のないシームレスな』支配形態よりも、家父長的超自我といった昔ながらの道徳的権威の方が望ましいという態度」を読み取り批判している [ベンジャミン 1996: 306-307]。しかし本章で明らかにしたことをふまえれば、この批判は少なくともアドルノに対しては当てはまらないといえよう。

第3章

自律への教育

第1節　自律概念のアポリア

　本章ではアドルノの教育論を支える自律（Autonomie）の概念を扱う。この概念は、18世紀の啓蒙期だけでなく近現代の教育思想と教育実践を主導した代表的な概念のひとつであった。

　自ら規則を選び、その規則に従って自らを律するという自律は、いわゆる近代の教育観のバリエーションを拘束しつつ多様化させる鍵概念であった。あえて一般化を辞さずにいえば、この概念は、自らを律するために個人が主体的に選択した規則が同時に普遍的でもある限りにおいて、その個人と社会との理想的な調和が達成されるという論理を伴い、そしてこの論理を実現する実践として教育を位置づけてきた。だがここでの教育が、「他律から自律へ」というアポリア、つまり他者に依存しない自律を目標とする営みが、教育者への依存という他律から生まれるという独特のアポリアを孕んでいたことは周知の通りである。他律から自律をいかに成し遂げるか、それを架橋する論理の相違が、様々な教育学のバリエーションを生み出してきた。成人性（Mündigkeit: 成熟）概念のあいまいさとしてこの架橋の困難さを体現したカントにはじまり［Vgl. 山名 1989］、教育的「タクト」に可能性を見たヘルバルト（Johann Friedrich Herbart）［Vgl. 鈴木 2006］、文化の中での人間の成熟と社会の進展の共存［Vgl. 小笠原 1989］、あるいはフロイトの自我形成観を参照する教育観など、多様な教育観が展開された。だが、「闇教育」批判やフーコーのパノプティコン論のように、他律から自律への架橋を理論的にではなく実践

的に可能にするディシプリンへの批判も登場し、自明な教育目標として自律を語ることが困難になった。そのなかでなおも自律を教育目標として堅持する意義を語る議論もあれば［岡田 2004］、人はすでに出生の瞬間からすでに自律しているとみなし教育の目標ではなく「前提」とすべきだという議論もある［関根ほか 2012］。[1]

　ところでアドルノの自律概念は、近代的な自律概念のみならず、こうした近年の動向と比べても特異である。彼は教育論の中で、カントに言及しながら「自律への教育」の必要性を訴えているが、自律的な個人が結ぶ社会との関係は調和的ではなく、「抵抗（Widerstand）」であるとも述べている。また彼の道徳哲学から読み取れるその自律概念は、自由を前提としながら理性的な規則に従い自己を律することよりも、むしろ規則や自己統制のないユートピアを志向しながら、否定的な衝動に従って現状批判と自己省察を行うことを含意している。われわれの理解するものと大きく隔たったアドルノの自律概念は、どのように導き出され、教育と結びつけられるのだろうか。

　本章では以下のような順序でアドルノの「自律への教育」を明らかにする。まず、啓蒙の徹底した批判で知られる『啓蒙の弁証法』に立ち返りながら、そこから教育論にいたるまでアドルノがなおも啓蒙に対して「社会批判＝自己省察」という可能性を認めていたことを確認する（第1節）。続いて、アドルノがどのように「社会批判＝自己省察」を促そうとしていたのか、彼の期待する啓蒙としての教育の実際を、彼の教育論から明らかにする（第2節）。しかしアドルノは教育論においてカントの名を挙げながらも、どのような考察を経てカントの自律概念を継承したのか明らかにしていなかった。そこでカント道徳哲学に対するアドルノの解釈の独特な視座を確認したうえで（第3節）、アドルノ自身がどのような道徳哲学を導き出したかを再構成する（第4節）。最後に、アドルノの道徳哲学から明らかになる自律概念は、「社会批判＝自己省察」という日々の知的営為の指針として、「他律から自律へ」という構図とは一線を画した「他律の回避」への志向であったことを明らかにしたい（第5節・第6節）。

第2節　啓蒙に対するアドルノの批判と期待

　アドルノが「自律への教育」をはっきり提唱したのは、彼のもっとも有名な教育論「アウシュヴィッツ以後の教育」においてである。この講演の冒頭でアドルノは「教育に対して最も優先して求められるのは、アウシュヴィッツが二度とあってはならないということです」と述べる [EzM: 88 = 124]。ここでのアドルノは講演「過去の克服とは何か」と同様、「アウシュヴィッツ」再来の可能性が今も存続していると考えているため、本来であれば社会的・政治的な諸条件の変革こそが必要であるとしながらも、「変革の可能性は今日極めて制約されているため、悲惨な出来事の再来に反対する試みは、必然的に主体の側に押しやられています」と述べる [EzM: 89 = 126]。そしてその主体への試みは、「過去の克服とは何か」でも述べられた「主体への転回」として定式化できるとして、「そうした〔迫害などの〕行為を可能にするメカニズムを認識し、人々自身にこのメカニズムを指摘し、このメカニズムについての一般的な意識を喚起することで、再びそうした人間になることを阻もうと試みる」ことだという [EzM: 90 = 126]。この試みとしての教育は、「批判的な自己反省への教育」であり、またそれは操作的性格が形成される社会的メカニズムを批判し周知する「啓蒙」でもあるとされる [EzM: 99 = 138]。こうしたアドルノの議論がめざすところは、次の言葉に要約されているといえよう。「アウシュヴィッツの原理に抵抗する唯一の真の力とは、カントの表現を用いるなら、自律です。それは反省(Reflexion)、自己規定(Selbstbestimmung)、非同調 (Nicht-Mitmachen) への力なのです」[EzM: 93 = 130]。

　またアドルノは、「成人性 (Mündigkeit)」という言葉も自律とほとんど区別することなく用いている。この「成人性」の典拠とされるのが、カントの「啓蒙とは何か (Beantwortung der Frage: Was ist Aufklärung?)」(1784 年) の一節、「啓蒙とは、人間が自分自身に罪責のある (selbstverschulden) 未成熟(Unmündigkeit)から抜け出すことである」である [KGS VIII: 35]。アドルノは対談「教育 ── 何のために」においてカントのこの一節を想定しながら「自律的で成熟した

人間という理念（die Idee eines autonomen, mündigen Menschen）」を語り［EzM: 107 = 150］、さらに対談「成人性への教育」ではカントのこの一節を引用しながら次のように述べている。「ある人が未成熟である原因が、理性（Verstand：悟性）の欠如ではなく、他人に指示されないで理性を用いようとする決意と勇気の欠如に認められるのであれば、その罪責はその人自身が負わねばならない――カントはこのようにいうことで未成熟を定義しながら、同時に成人性も暗に定義したのでした」［EzM: 133 = 188］。

　このように自律と成人性と啓蒙を論じるアドルノに対して、まずは「アウシュヴィッツ」という大きな歴史的・社会的問題を乗り越えるために、自律や成人性という個人の啓蒙に期待を寄せるのは適切なのか、という疑問が浮かぶだろう。もちろんアドルノの発言の前提には、戦後ドイツの民主化という関心があった。「民主主義は、代表選挙制度に集約されるように、個々人の意志形成に基づく」べきであり、そこでは「自分の理性を用いる個々人の意志と勇気が前提とされねばなりません」［EzM: 133 = 188］。制度的には民主主義が整ったが、個々人がそのレベルに到達していないというアドルノの危機感をここにうかがうことは可能である。しかし前章で取り上げたように、アドルノは「自我の脆弱化」に基づく社会的病理を見通していた。それでも個人の知的な啓蒙にアドルノが期待を寄せたのはなぜだろうか。まずはその源流としてホルクハイマーとの共著『啓蒙の弁証法』を確認しよう。

　アメリカ亡命時に執筆された『啓蒙の弁証法』は、マルクス（Karl Marx）の物象化論とフロイトの文明論を背景とした同時代へのペシミズムに彩られている。本書の冒頭で二人は「人類はなぜ、真に人間的な状態に踏み入っていく代わりに、一種の新しい野蛮状態へ落ち込んでいくのか」［GS 3: 11 = ix］という問題を掲げる。人類の文明史的な自己理解によれば、人類はアニミズム的な自然に従属した野蛮を抜け出し、理性・自由・平等・平和といった啓蒙を実現するはずであった。しかしホルクハイマーとアドルノは同時代の悲惨を前にして、「啓蒙－自然」の図式に依拠しながら別の歴史を描き出そうとする。[3] その基調となるのが、主体性の原史（Urgeschichte der Subjektivität）である。[4] 元来、生物として自然の一部であった脆弱な人間は、生物の必然で

ある自己保存のために、自然支配、すなわち外的自然の合理的な模倣（たとえば火や言語の使用）や内的自然のコントロール（たとえば衝動の抑圧）を必要とした。この理性的・合理的な自然支配は、内的・外的自然の客体化とそれを支配する主体化を生み、人類の進歩を押し進めた。しかし現代、自然支配がその端緒から懐胎していた問題は、破局的な形で露呈するにいたる。一方では社会・科学・技術・文化といった人間の側だったものが、「第二の自然 (zweite Nature)」といえるまでに圧倒的な強制 (Zwang) となり、人間自身に適応を強い人間を無力化している [GS 3: 73 = 79-80]。他方、内的自然の支配によって抑圧されたものが歪んだ攻撃性を強め暴力的に発露する [Vgl. GS 3: 208 = 288-290]。ホルクハイマーとアドルノはこうした現状の象徴を反ユダヤ主義や文化産業の隆盛に認めたのだった。

　他方、このペシミズムを突破する可能性は、この著作では「主体の内なる自然の追想 (Eingedenken)」に託されている [GS 3: 57 = 52]。「思考そのものの内部にまで浸透した支配を和解されざる自然として認識すること」とされる追想には、支配の「必然性を弛緩させる」ことが期待される [GS 3: 57 = 52]。この追想は、啓蒙の罪責を啓蒙によって贖う「啓蒙による啓蒙の救済」の論理によって支えられている。

　　現実の歴史は〔中略〕現実の苦痛によって織りなされているが、しかし支配の緩和の視座は概念を参照する。なぜなら概念は、単なる科学として自然から人間を引き離すだけでなく、学問として盲目的な経済的発展傾向に拘束されている思考自身の自己省察 (Selbstbesinnung) として、不正を永続化させる道程の距離を見極めさせるからである。そうした主体の内なる自然の追想——その遂行の内にあらゆる文化の隠された真理が潜んでいる——によって、啓蒙は支配一般に対立する [GS 3: 57 = 52]。

『啓蒙の弁証法』という著作自体、啓蒙を批判しそれを広く世に知らしめることで啓蒙を救済しようとする「啓蒙による啓蒙の救済」の試みである。本書の執筆後、ホルクハイマーは啓蒙の再評価による啓蒙の救済へ関心を移

していくのだが[6]、アドルノは徹底した啓蒙批判そのものを「啓蒙による啓蒙の救済」と理解し続け、「啓蒙―自然」だけでなく「普遍―個別」「自由―自然」「歴史―自然」「主観―客観」など、「理性―自然」をめぐる二項対立の批判を展開した[7]。他方でアウシュヴィッツ＝ビルケナウ収容所の実態を知るに伴い、アドルノは『啓蒙の弁証法』の文明史の帰結を反ユダヤ主義や文化産業から「アウシュヴィッツ」に象徴させるにいたったのだろう。その結果が1951年の論文「文化批判と社会」末尾の「アウシュヴィッツ以後に詩を書くことは野蛮だ」という一節であり [GS10-1: 30]、1966年の『否定弁証法』の第3章第3節「形而上学についての省察」に記された認識、すなわち「アウシュヴィッツが繰り返されてはならない、似たようなことが二度と起きてはならない」という命題は、不自由の中にある現代にヒトラーが刻印した「新たな定言命法」であるという認識である [GS 6: 358 = 444]。

「アウシュヴィッツ再来の回避」のための啓蒙としてアドルノが教育を語っていたのは、講演「アウシュヴィッツ以後の教育」だけではない。たとえば対談「野蛮を脱するための教育」の中でアドルノは、「アウシュヴィッツ」のような「野蛮」の発生メカニズムについて、フロイトの「文化の中の居心地悪さ (Das Unbehagen in der Kultur)」(1930年) に言及しながら二つのレベルで論じている。まず個人の心理のレベルでは、文化による絶えざる欲求の断念が罪責感を増大させ、それが攻撃性に転化した結果、「野蛮」が生まれるとされる（このレベルでの「野蛮」の回避のために期待されるのが、前章で取り上げた「子ども期の教育」である）。だがアドルノがこの対談で強調しているのは、こうした個人の主観的心理のレベルよりも、「客観的基盤」という社会レベルでの「文化の挫折」である[8]。人間に平和とあらゆる可能性を約束したはずの文化が、肉体労働と精神労働の分業をはじめとする人間の分断をもたらした結果、文化と人間自身への憎悪が破滅的なものとなり、文化の約束が先送りにされ、野蛮が支配的になったとアドルノはいう [EzM 128 f. = 179-180]。そしてこの「客観的基盤」には変革の可能性がほとんど認められないため、現状への批判的認識を個々人に広める啓蒙に可能性を託すのである。「〔前略〕すぐに可能だとはいいませんが、文化の挫折をめぐる諸連関を広く人々に啓蒙し意識

化させることで、今のドイツの教育制度にあるものよりもずっと有効なかたちで、変革のための雰囲気を作り出すことが可能になります」[EzM: 129 = 180]。

『啓蒙の弁証法』とアドルノの教育論は、「啓蒙による啓蒙の救済」という論理とともに、客観的な変革の断念を背景とした個人の啓蒙への期待も共有していたといえるだろう。続いては、その啓蒙としての教育をアドルノがどのように描いていたのか注目してみたい。

第3節　啓蒙としての教育

アドルノが啓蒙としての教育を最初に公的に語ったのは1956年、フランクフルトにおけるドイツ市民大学会議の講演「成人教育のアクチュアリティ」と [GS 20-1: 327 ff.][9]、その一環でベッカーと行った対談「啓蒙は救いとなるのか」である [MHA XIII 8]。アドルノはまず、民衆が自由に参加できる戦後の市民大学は、一般大学に期待される専門知や人格形成よりも、啓蒙という「機能」を担うべきだと述べる[10] [GS 20-1: 329]。この啓蒙によって明らかにされるのは、「人々を支配する社会の現実のメカニズムとそれへの従属、そしてそのプロセス」という「社会の本質」である[GS 20-1: 330]。しかしこの「社会の本質」を見通すことは困難でもある。人々は社会を見通せず、まるで目の前にブロック(Block)があるかのように感じながら、自発的な思考や行動や経験に対して無力感を覚え、現状への適応に向かうからである [MHA XIII 8: 7]。ただし、人々には現状のなかで人々は「騙されているだけでなく、自分自身を騙してもいる」という感覚も抱いている。そこで統合的に思考を働かせることによって、硬化したこの欺瞞を緩め [GS 20-1: 330]、自らを縛る社会的な機構(Getrieb)を見通すべく自己省察 (Selbstbesinnung) し [MHA XIII 8: 9]、「現状を絶対化しないように導く」ことが啓蒙としての教育に求められる [MHA XIII 8: 7][11]。

ところで見通しがたくなっている現状の「社会の本質」を、アドルノは眩惑連関 (Verblendungszusammenhang) という概念で『啓蒙の弁証法』以来一貫し

て批判してきた [GS 3: 59 = 54]。またその眩惑連関への批判が現状の相対化と自己省察に結びつくことは、上記の「主体の内なる自然の追想」という『啓蒙の弁証法』の主題に通じるものがある。こうした啓蒙にアドルノが期待するものを、ここでは端的に「社会批判＝自己省察」と呼んでおきたい。

「社会批判＝自己省察」としての啓蒙への希望は、アドルノの教育論に一貫しているといってよい。講演「過去の克服とは何か」では、「眩惑連関を見抜くためには痛みを伴う認識の労苦を強いられます」としながら [EzM: 22 = 29]、たとえナチの時代に後ろめたさを感じていたとしても、「何が起こったかをまず啓蒙し、人々の忘却を防がねばなりません」と述べている [EzM: 24 = 31]。また「社会批判＝自己省察」は、偏見やステレオタイプに囚われる自己の反省も期待されるため、「過去の克服とは何か」では「批判的な自己省察 (Selbstbesinnung)」として [EzM: 25 = 33]、「たとえ反ユダヤ主義者の憤激を買うことがあっても、自分の外部に怒りを転化するのではなく、自分自身を反省し、自分とその外部との関係を反省する」[EzM: 25 = 32] ことが求められている。講演「アウシュヴィッツ以後の教育」では、「教育は批判的な自己反省 (Selbstreflexion) としてのみ、意味を持つでしょう」と述べられ [EzM: 90 = 126]、「今求められるべきは、人間が作り出し、そうした〔ユダヤ人迫害のような〕行為を可能にしたメカニズムを認識したうえで、そのメカニズムを人間自身に示すことであり、このメカニズムに関する一般的な意識を喚起することで、再びそうした人間になるのを阻むことです」といわれる [EzM: 90 = 126]。対談「成人性への教育」では、「成人性という言葉を〔中略〕空言にしないためには、まずはいったん、世の中の仕組みのなかで成人性を妨げている筆舌に尽くしがたい諸々の困難を実際に見極める必要があります」といっている [EzM: 144 = 203]。

それでは、こうした啓蒙はいかにして教育実践に取り入れることができるだろうか。アドルノの発言を確認してみよう。

まずは子ども期の学校教育を含めた「自我の脆弱化」の社会的メカニズムを、批判的に啓蒙することである [Vgl. EzM: 103 = 143]。アドルノの教育論それ自体がそうした啓蒙の試みであったことはいうまでもない。特に教師と学

校の生徒たちに対しては、自分の学校を含む様々な社会的局面において、「権威に縛られた性格」を生み出しやすいメカニズムがいかに作動しているか、共に批判＝自己省察することが求められる。講演「教職を支配するタブー」によれば、「尻叩き」「無愛想」「権力者だが所詮は小役人」という教師自身をも縛っている諸々のイメージを脱するためには[12]、教師が思うよりも実はずっと成熟している生徒（やその親）と教師が一緒になり、互いの無意識に息づく複合的な「タブー」を、自分たちの経験に依拠して主体的に明るみに出す「啓蒙」が必要だとされる［EzM: 84 = 117］。この啓蒙は精神分析に比せられ、教師自身の頑なさの除去や自分自身と他人の諸々の情動（Affekte）への寛容とともに、この「タブー」の意識化によって生徒の敵意も解消するといわれる。

　また、特に操作的性格の批判につながるものとして、「物象化された意識」に支えられた科学技術の過大評価を批判することもアドルノは求めている［EzM: 99 ff. = 139-149］。技術を物神化する意識は「人を愛することができない人」であり、「アウシュヴィッツ」の犠牲者の身に起きたこともすぐに忘れ去る。ただし、アドルノは「愛せよ」と主張することはない。こうした要求は、その要求を押し付ける命令口調が愛と矛盾し、むしろ愛とは反対の冷酷に通じるからである。むしろ「最初になすべきは、自らの冷酷さの意識化と冷酷さが生まれた理由の意識化を手助けすることです」［EzM: 103 = 143］。

　こうした教育は政治教育的な側面も伴う[13]。アドルノは第三帝国の実態を広く知らしめる啓蒙を要求しながら［EzM: 10 ff. = 10-16］、民主主義の主体としての個人に立ちはだかる現在の国家権力への警戒も求めている。国家の構成員の権利よりも国家の権威を優位とする国家理性（Staatsraison）概念、あるいは老人や知識人などユダヤ人以外のマイノリティに対する迫害の可能性の批判をアドルノは求める［EzM: 103 f. = 144-145］。また政治的メッセージを流布し大衆を扇動するプロパガンダへの予防接種（Schutzimpfung）として、プロパガンダ的な言説のパターンを紹介することも有効だと述べている［EzM: 27 = 34］[14]。ただし、批判的な意識を鈍化させるイメージの流布は政治的プロパガンダに限らず、資本主義的な製品や広告にも広く見出される。そのため

「批判的な諸能力をあらかじめ発達させる」ためには［EzM: 54 = 77］、映画や
テレビやラジオ番組の中にあるイデオロギーないしステレオタイプに気づか
せて批判する教育が重要である［MHA XIII 8: 11 f.; EzM: 53 f. = 76-77; EzM: 145
f. = 204-205］。とりわけ農村の人々は、市民社会的な意識が十分浸透せず封建
的な意識を残したまま文化産業の支配する社会に巻き込まれた結果、都市部
の人々に比べて操作的性格への耐性が低いため、啓蒙が急務だとアドルノは
いう［MHA XIII 8: 9］。その具体的な方策として、農村の人々の現状を知らし
めるテレビ番組や移動教室を組織して議論や講習を進めることも彼は提案し
ている［EzM: 94 = 132］。なお、反ユダヤ主義者に自分自身に潜む偏見やステ
レオタイプの意識化を促すべく、反ユダヤ主義者に対して積極的に論戦を挑
むこともアドルノは推奨している［GS 20-1: 379 ff.］。

　ところで、アドルノが一連の教育論において、子どもへの啓蒙よりも大人
への啓蒙により多くを語っていることにも留意しておきたい。講演「過去の
克服とは何か」ではナチの時代を生きた世代における過去の忘却がまず問題
であったため、その阻止のためには教育者の教育や教育学者と心理学者の協
働が必要だとされる。また、高等学校教員採用試験の哲学面接官の経験をふ
まえた 1962 年の講演「哲学と教師」においてアドルノは、専門的な用語を羅
列し流暢に語ることではなく、個々の歴史的事象や社会的現状を有機的に関
連付けながら自らの言葉で語る「精神」としての哲学を教師たちが実践する
ことを期待する［EzM: 29 ff. = 37-69］。過去や現状について頑なで冷酷な態度
を示すのではなく、自らの言葉で柔軟に思考できる教師や大人の姿は、生徒
からの批判に対して「その通り、私も不公平で、君たちと同じ人間だ。好き
嫌いもたくさんある」［EzM: 81 = 116］と発言できるような教師の姿に重なる
だろう。

　このような「社会批判＝自己省察」としての啓蒙は、アドルノにとって一
部の知識人やエリートにではなく、一般の大衆や学校において取り組まれる
べきものだった。現状の眩惑連関に囚われ、漠然とした不安を抱えたまま現
状への適応に勤しむのではなく、それを社会批判と自己省察の連動によって
意識化することで、未成熟の状態を脱することが期待されていたのだった。

第4節　カント道徳哲学に対するアドルノの批判

　啓蒙としての教育を求めるアドルノのメッセージは、同時期のハーバーマスの『認識と関心』(1968年)とともに解放的教育学の知的源泉となった [今井1985]。そこで成人性の概念が重視され [Groothoff 1987]、現状に対する批判を鼓舞したことは、アドルノが時代状況のなかで果たした役割とみなされよう。[15] しかしここで注目したいのは、アドルノの成人性概念と自律概念の双方においてカントに言及されていることである。どちらの概念も己の外部に従属する未成熟で他律的な態度を脱するという趣旨で展開されてはいるが、そうした人間像はどのように描かれるだろうか。アドルノ自身はカントをふまえながら「他人に指示されず理性を用いる」と述べてはいるが、当の理性が野蛮と共犯関係を結んだ現状を告発したのが『啓蒙の弁証法』のアドルノであった。野蛮との共犯関係に陥らない理性が「社会批判＝自己省察」に含意されているとしても、それがどのような意味で「自律的で成熟した人間という理念」に値するのか、アドルノの教育論においては明らかにされていない。アドルノは自律を論じながら、自己が自己に規則を与えるという一般的な自律の理解を踏襲せず、また自律した個々人によって実現される真の民主的な社会のイメージも論じることもなく、むしろ「抵抗」という言葉を繰り返している [EzM: 110 = 154; EzM: 145 = 204]。これは「脆弱な自我」への批判の帰結としてはよく理解できるのだが、やはり「自律的で成熟した人間という理念」との隔たりは大きい。やはり、まずはアドルノのカント解釈に注目することが必要であろう。

　アドルノのカント道徳哲学の解釈については、先行研究では長年にわたり『否定弁証法』の第3章第1節「自由 —— 実践理性批判へのメタ批判」が参照されてきた。しかしアドルノがフランクフルト大学で1963年に行った講義の記録『道徳哲学の諸問題』が1996年に出版されるなど [NS IV 10][16]、アドルノのカント解釈の理解が大きく進んだ。[17] 近年のこうした成果をふまえながら、まずはアドルノによるカント道徳哲学の解釈の基本的なアプローチか

ら確認したい。

アドルノは 1963 年の道徳哲学講義の冒頭で、「今日の道徳哲学のテーマは、規範的行動という問題、行動における普遍と個別との関係の問題、善の実現可能性の問題など様々な問題をそっくりそのまま、出て来るままに、あるいはいわゆる感情に対し現れるままにナイーヴに受け取ることではありません」[NS IV 10: 15 = 15] と述べる。何らかの規範を提示しそれに従った行動を人々に期待したり、あるいは社会ないし理想的な人類という普遍と個別＝個人との調和を想定したり、個別的かつ全体的な善が容易に実現できると考えるのではなく、こうした道徳が現代の歴史的・社会的状況において成立しがたいことを認識しながら、なおも道徳的と呼びうるものの可能性を探究することが、道徳哲学の現代的課題だとアドルノは考えていた。そして、この探究の手がかりとしてアドルノが注目するのがカント哲学である。〈人間は自然科学によって明らかとなる法則的な因果連関に従属するだけの存在なのか、もしも人間が因果連関から自由な行為主体であるとすればどのような点においてであるか〉——カントが現象界を法則的因果連関の領域、英知界を自由の領域とみなすことでこのアンチノミーを解決したことはよく知られている。またカントは善意志に基づいて道徳法則（定言命法）を尊敬しそれに従った行為を善なる道徳的行為とした。そして道徳法則は私が自ら選択して私自身に課すものである点で、カントの道徳哲学は自由と法則の一致を自律と位置づけていた [NS IV 10: 180 = 205]。

しかしアドルノは、このような一般的なカント理解にとどまることなく、カントの叙述の論理的不整合や議論の不徹底にも注目する。時には彼の議論に当時の時代状況を読み込み、「アウシュヴィッツ以後」の現代の視点からの評価も辞さず [Vgl: 細見 1994]、逸脱的な読解も試みることによって、現代の道徳哲学の問題点と可能性を描き出そうとする [NS IV 10: 136 = 156]。その主なものを取り上げてみよう。

まず注目できるのは、道徳の理論＝実践問題にも通じる「心情倫理／責任倫理」の問題をめぐるアドルノのカント理解である。責任倫理とは、具体的で外的な諸状況を考慮した行為の結果の見通しに道徳的なものを位置づける

倫理であり、個人の善意や観念的な善よりも「人類の経験的生活、人類の自己保存、人類の実現に対する責任」に関わるものである。アドルノによれば、カントはこの責任倫理を「原則的に斥け」た結果 [NS IV 10: 217 = 246]、「極端な心情倫理」を提唱するにいたった [NS IV 10: 218 = 247]。個人の幸福や公共の利益といった道徳的行為の結果を顧慮せず、「道徳法則はそれ自身のために追求されねばならない」とするカントは [NS IV 10: 209 = 235]、因果性の決定論に従わない普遍的でアプリオリな内面性の自由、すなわち外的強制と内的情動という経験的世界からの自由を追究し、極端に形式的であらゆる経験から隔絶した理念的な主観性を掲げることとなった。確かにカントは道徳法則の「究極目標」が「人類」にあるとも述べてはいるが [NS IV 10: 209 = 235]、この人類は経験的事実としての人類ではなく理性的存在者という仮説としての人類、理念としての人類であるとアドルノは理解する。したがって理性的全体としての人類の可能性を「行動規範として前提にすることはできない」、「正しい全体社会、正しい全体状態の建設に関わる観念から、私自身の今ここ、そしてあらゆる瞬間の行動を、直接的に演繹することはできない」という洞察をアドルノはカントから読み取る [NS IV 10: 211 = 237]。カントにとって理性的全体は、われわれの日常的な道徳的行為の理由としうる「所与」ではなく、彼岸の「課題」であったとアドルノは理解するのである [NS IV 10: 211 = 237]。

　またアドルノは、カント哲学の体系の矛盾や不整合に、歴史的・社会的な状況を読み取ろうとする。一般的にいえば、カントの掲げる理念としての道徳的主観性は、単なる理念にとどまらず、善意志に基づいた道徳法則への尊敬と義務意識によって経験世界に媒介されるものだと理解され、ここにカント道徳哲学の体系性と現実性が認められているだろう。しかしアドルノはテクストの微視的な読解によって、こうした整合的な理解を突き崩し、カントの矛盾や不整合を明るみに出そうとする。たとえば普遍的な道徳法則として登場する定言命法は、論理的必然として導き出される点、戒律の形をとる点、そして尊敬を伴う点で、自由な道徳的主観性に対する強制といえるが、この強制的性格をつきつめると人々には「卑劣漢になる可能性のみ」が最後

の自由として残されるだけとなり、カント自身が追求した自由の理念に矛盾するとアドルノはいう [NS IV 10: 198 = 224]。また定言命法に従って生きていると自負する人はナルシシズムの満足という普遍性を欠いた欲求に従属しているともいえ、アドルノはカント自身もこの点に気づいていたとも述べる [NS IV 10: 242 = 271]。だが、こうした矛盾や不整合は、カントの論理的思考の努力の不徹底ではなく、当時の歴史的・社会的状況の現われであるとアドルノはとらえている。矛盾やナルシシズムも辞さないカントの道徳的主観性への信頼は、初期のベートーヴェン (Ludwig van Beethoven) にも見られる「若きブルジョア階級のオプティミズム」であり、「全ては可能だ、そして善が存在すべきであるならば、実際に善が実現されるということも可能であるに違いない」という同時代に共有された確信を背景としている [NS IV 10: 114 = 132]。さらにこの善の実現はあらゆる伝統と自然科学的な関係に対立しながら、主体が自由に立法しようとする「強い自己意識」という意味でも「ブルジョア的」とされる [NS IV 10: 226 = 254]。

　それに加えて、カントの現代化と呼びうる読解もアドルノは試みている。カントの道徳哲学に歴史的・社会的状況を読み取るアドルノは、カントの現代性つまりアドルノの生きる時代との連続性にも注目している。アドルノによれば、カントの時代から現代にいたる「高度資本主義社会」の歩みのなかで、あらゆるものが交換可能で機能的な価値で評価される「一切が単なる手段」の度合いが高まっているが、カントは先駆けてこの社会的傾向に抗し、あえて「手段」ではなく「目的」を問い、責任倫理を斟酌しない「極端な心情倫理」の道徳哲学を打ち立てた [NS IV 10: 225 = 253]。この「目的と手段」をめぐる問題意識は、「普遍と個別の乖離」という問題とも結びついている [Vgl. Schweppenhäuser 1993]。アドルノによればカントの時代も現代も、「社会において個々人の利益と目的、全体の利益と目的の間の対立が増し」、「理性と道徳の同一性を想定できなくなった」結果、「知と行動の間の葛藤に引き裂かれる」時代である [NS IV 10: 225 = 190]。カントにおいて道徳が理念的な個人の主観性にとどまり、経験的な個人の幸福や全体の福祉に関与しないのは、カントもアドルノも属する「近代」の忌まわしき宿命だとされる。

第 3 章　自律への教育　**95**

　カント以後の時代の変化をふまえたカント解釈もアドルノは避けてはいな
い。カントの道徳哲学とその時代は、理念のレベルでも現実の歴史的制約と
しても、集団的・社会的な客観的規範と個人的な主観的規範との葛藤はさほ
ど露わではなかった [NS IV 10: 174 = 196]。しかしカント以前ではシェイクス
ピア（William Shakespeare）の『ハムレット』[NS IV 10: 225 = 190]、カント以後で
はイプセン（Henrik Johan Ibsen）やブレヒトの作品は [NS IV 10: 234 ff. = 264-275;
NS IV 10: 212 = 238]、客観的規範と主観的規範の葛藤を露わにしており、心情
倫理の追求がもはや道徳的な生き方とみなされない現代を先取りしたものと
される。またカント以後に責任倫理の追求が主流となり、その究極的な形態
として第三帝国の全体主義が生まれたとアドルノはとらえ、「全体が、究極
目標が、個別に対して優位を占める」[NS IV 10: 213 = 239] 結果のおぞましさ
をわれわれは歴史的に経験したという。ここにおいて、かつて『ミニマ・モ
ラリア』(1951 年)で展開した自らの現状認識「社会全体が狂っているときに、
正しい生活というものはありえない」という認識をアドルノは改めて示して
いる [Vgl. GS 4: 43 = 42; NS IV 10: 9 = 9-10]。

　仮に、世界のあるべき姿と個人の従うべき道徳とが、調和的な規則として
現実の背後を支えるイデアのように実在するならば、道徳は知として言葉に
表すことができ、知を通してわれわれは道徳を獲得することができ、そして
道徳的に生きることで社会の調和が直接的に実現されるはずである。このよ
うな前提があってはじめて「道徳は知である」、「道徳は教えられる」、「道徳
は個人の行為が果たす社会的意味を看過してはならない」といった一般的な
道徳観 [NS IV 10: 164 ff. = 187-191]、いわゆる理論＝実践問題にも通じる知と
行為の連関が成り立つ [NS IV 10: 10 ff. = 11-17]。だがアドルノは、この前提も
含めた一切がもはや自明のものではなくなったと理解し、それを自らのカン
ト解釈に織り込んだ。現実を根底から支える規則として道徳を想定しそれに
従おうとすることは、ファシズムの経験が教えるように、現代にあっては社
会的強制への従属となる —— このように考えるアドルノは、「社会内部で一
般的に妥当する道徳性の諸形式は、悪と抑圧の性格を帯びます」という現状
認識を示す [NS IV 10: 252 = 282]。アドルノはこの認識を出発点に、現実のな

かにその基礎を見出すことができる類の知によって道徳的行為を導くことの問題点を時に指摘し、時にその矛盾を体現し、それにもかかわらずその時代特有の「オプティミズム」を背景としてあるべき道徳的主体を描き出そうとした思想家として、カントを理解したのだといえよう。

第5節　アドルノの道徳哲学

　こうしたカント解釈からアドルノがどのような道徳哲学を描き出しているか確認する前に、この道徳が具体的な人間像と安易に結びつくことに対してアドルノが批判的であったことに留意しておきたい。アドルノは、カントを起源としながらカント本来の意味を超えて広がった「人格性」の概念が、近代以降の道徳の諸矛盾をイデオロギーとして隠蔽していると指摘している [NS IV 10: 23 = 22]。カントにおいて人格性概念は経験を超えた人格の「抽象的統一を意味」すると同時に、理性を備えた全ての存在に欠くことのできない普遍性でもあった [NS IV 10: 26 f. = 31]。しかしカント以降、現実の個人と「人間」の概念と人格性の概念と重ね合わされ、単なる自分自身の同一性であり自分の本質 (Natur) との一致にすぎない「自己実現」[NS IV 10: 23 = 22] が「正しい生活」とみなされるようになったとアドルノは分析する。しかしこの「自己実現」は結局のところ、全体主義へと均質化されつつもミニマムに遍在する全体と個人との —— 普遍と個別との —— 道徳的葛藤を隠蔽しながら、個人の全体への適応を促進するものだとアドルノは批判する [Vgl. GS 6: 258 ff. = 317-322]。

　カントの時代の「オプティミズム」を失い、「自己実現」も全体への適応に帰着する現代において、「社会全体が狂っているときに、正しい生活というものはありえない」のであれば、なおも道徳としての自律はいかに描かれうるだろうか。ここでアドルノの道徳哲学の主題を取り上げてみよう。

第3章　自律への教育　97

彼岸の理念としての自由・平和・連帯と限りない努力としての義務

　普遍的な善とされる法則的な知という意味での理性によって道徳的行為を基礎付けたり方向付けたりすることができない時代にあっても、道徳的と呼びうる生き方は完全に閉ざされているわけではない。同一的な知＝理性＝言語を獲得し自己の行為を規制することで、そのまま直接的に自己と社会の調和的な幸福が保証されるという発想、ここにカント解釈をめぐるアドルノの批判の焦点があった。

　アドルノは全体主義への批判や個人の現状認識を阻むイデオロギーへの批判、大量虐殺への批判や抗争的な現状への批判などを展開しながら、実際には「自由で平和で相互に連帯した人間としての生」[PM 1, 29. 11. 56 = Schweppenhäuser 1993: 180] を暗黙に理想としている。彼はこの理想を普遍的道徳命題として掲げて批判の基準とすることはない（次章で確認するが、彼の批判は何らかの命題それ自身の矛盾を告発するという方法をとる）。むしろ、何らかの理想から個々人を拘束する規範を演繹すること自体が自由の理念と矛盾しており [NS IV 10: 127-132 = 146-150]、さらに現代という条件下では、どんな理想であれ道徳命題として掲げられると、あたかも直接的に自由・平和・連帯が実現される途が開かれるかのような虚偽意識に通じることを彼は問題視している [GS 4: 31 f. = 26]。そのため、自由・平和・連帯といった理念からそのまま日常的行為の規範を導き出すことも、またそれを実現するための手段として日常的行為の規範を演繹的に示すこともアドルノは回避する。自由・平和・連帯は彼岸の理念とみなされる。

　それでは、この彼岸の理念に対して、此岸の人間の道徳はどのような義務を課されるのだろうか。ここで参考になるのが、理念的に描かれたカントの道徳的主観性の義務概念に関連付けてアドルノが言及する「限りない努力」としての希望への「義務」である。カントは道徳的規則に付随して義務意識は自ずと芽生えるというが、この義務意識をアドルノは —— おそらくヴェーバー（Max Weber）のプロテスタンティズムの分析を念頭に置きながら ——「プロテスタント」的あるいは「カルヴィニズム」的な「限りない努力」と形容し、「義務は限界を知らない」という [NS IV 10: 224 f. = 252]。これは「い

かなる人間も自分が救済されるか否かを知らず、希望を可能にするためには限りない努力が必要であるという思想」であり、さらに「そもそも希望ははるか彼方に姿を垣間見せるのみであり、きわめてか細く、ほとんど記憶の痕跡のようなものにすぎません」とアドルノはいう [NS IV 10: 225 = 252]。しかしこうした希望への義務には「現存社会を批判し、別の可能性のイメージ、可能的なるものについて形象なき形象を対置する傾向」があるとして、アドルノは期待を寄せるのである [NS IV 10: 225 = 252]。

衝動

　アドルノによれば、実現を約束されていない理念への無限の努力は、「道徳的行動の分野における思想ではとらえきれないもの」[NS IV 10: 18 = 2006: 17] によって支えられる。この「思想ではとらえきれないもの」をアドルノは様々な表現で形容しているが、ここでは「衝動 (Impulse)」[GS 6: 281 = 345] という言葉で代表させておきたい[18]。

　カント自身は直接この衝動を語ってはいないが、そのテクストには道徳的行為と衝動との関係が垣間見えるとアドルノはいう。たとえば自己保存と理性との関係について、カントは自己保存を時に悪としながら、他方で理性をそれ自体として実在し同一的に自己を保存するものとしており、自己矛盾を起こしている [NS IV 10: 138 ff. = 158 - 161]。またアドルノは、ヒトラー暗殺未遂事件の首謀者のひとりが語った「たとえ後がどうなろうと、これ以上耐え切れ得ない状況というのがある」という言葉を引きながら、その行為を支える非合理的な衝動を高く評価する一方 [NS IV 10: 19 f. = 18 - 19]、この衝動をとらえ切れないカントは、自己矛盾をそのままに議論を中断せざるをえなかったと指摘する。耐えがたい肉体的苦痛によって生まれる「苦痛よ去れ！」という叫びを生む衝動は [GS 6: 29 = 26; GS 6: 202 f. = 247-249]、人間のうちにありながらも自然支配の強制に汲み尽くされていないため、彼岸の理念を「具体的・間欠的に先取りする」ものとされる [GS 6: 292 = 360]。他方でアドルノは、プラトン (Platon) のようなイデアを所与としながら人間をその受容者と位置づけるのではなく、カントが理性の能動的な契機として人間の

「意志」を重視している点にも注目し、そこに衝動の契機を認めている［NS IV 10: 171 = 193］。こうした理性と自然の間の能動的な衝動に、単なる規範への従属とは一線を画した道徳の可能性をアドルノは認めているのである。

非自由の只中での自由としての抵抗

ところで自由を彼岸のものとするアドルノにとって、此岸の自由は限られたものである。「むしろ自由は、語の二重の意味でモメント〔契機・瞬間〕である。つまり、自由はまず孤立化できるものではなく、〔社会の中に〕編みこまれたものである。また自由は、当面には常にただ一瞬の自発性でしかないもの、つまりそこへいたる道が現在の諸条件の下では閉ざされている歴史の集結点でもある」［GS 6: 218 = 266］。そのため現状の非自由の只中での自由は、衝動から発した個人の意識と社会との間の関係に認められる。「〔現状を批判する哲学において〕使用可能な自由のモデルはただ一つであって、それは、意識が社会的機構の全体へ介入する一方で、その社会的機構を通して個人の気質（Komplexion）へも介入するというモデルである」［GS 6: 262 = 322］。

こうした現状における自由への個人の実践、すなわち否定的な衝動に基づいた具体的な行為を形容するためにアドルノが選んだのが「抵抗」の概念だったと考えられる。元来カントにあって自由と自律は伝統に対する抵抗という含意を伴っていたが、それらが彼岸の理念となった現在、此岸においてそれは抵抗の姿を先鋭化させざるをえない[19]。したがってアドルノにとって抵抗は、普遍的な道徳性ではなく、また善き社会を実現するための手段でもなく、現代という条件下における自由と自律の発現形態とみなされる。「この世界の仕組みからすれば、誠実と品位をごく率直に要求するだけで、ほとんど全ての人間を必然的にプロテストに向かわせずにはおかないでしょう」［NS IV 10: 248 = 278］。「恐怖」が存続し続ける現状を見抜く批判的現状認識と、その「恐怖」に抵抗を覚える衝動との間の「矛盾」——アドルノはそれを現代における「道徳の舞台」と呼んでいる［GS 6: 281 f. = 346］。

批判的現状認識と自己省察による謙虚さ

　ところで、こうした抵抗の中で生まれる知は、道徳規則のような「～すべき」という当為的な規範でもなく、また価値自由な現状の記述でもない、「～してはならない」という禁止を含意した否定的な現状認識となるだろう。[20]
逃れがたい現代の社会的強制を「第二の自然」と呼んだアドルノは、その強制について日常的にわれわれは無自覚的であるとしながら、この強制に巻き込まれていることを意識化する自己省察に、現状における自由の発現を見る。「自分が自然の一部であると気づき認識する瞬間、私たちはもはや自然の一部ではありません」[NS IV 10: 154 = 175]。「自己省察 (Selbstbesinnung) の中で自我は私自身が自然の一部であると気づきます。まさしくこのことによって主観は自然目的の盲目的な追求を脱し、別のものになるのです」[NS IV 10: 154 = 176]。

　『啓蒙の弁証法』と教育論にも登場したこの自己省察であるが、アドルノの道徳哲学においても重要な位置を占める。現状下の日々の生活において社会的強制と全く無縁な生活を送ることは不可能であり、強制へ同調せざるをえない場面は無数に存在する。そのため——アドルノはこの自覚さえ驕りであるともいうのだが——「この同調が反省そのものの中にとりいれられ、同調の帰結を知るとき、私たちの行う全て、意識の中で遂行され悪に力を貸す全てが、そうでない場合とほんの少し異なるかもしれない」という希望にアドルノは期待を寄せるのである [NS IV 10: 250 = 279]。

　この自己省察は「自分は善い」「自分は正しい」という自己正当化の反省を可能にする。「自己の限界を反省して他者に対してもその権利を認めながら、不正は本来、無自覚なままに自分を正義の側に、他者を不正の側に置くまさしくその点に常に存在すると感じる」[NS IV 10: 251 = 280] ことが重要であるとアドルノはいう。自己を正義と見なすことは、自己省察を欠いた不自由であるだけでなく、他者への暴力の源泉ともなりうるからである。「反省的なヒューマニズムに何よりも欠かせないのは、自分が誤ることがあるという意識です。これによって、自己省察と自己反省の契機が、かつて道徳的カテゴリーと呼ばれたものの真の継承者となるのです」[NS IV 10: 251 = 280]。

そしてアドルノは「謙虚（Bescheidenheit）」[NS IV 10: 252 = 281]、あるいは「良心を持たなくてはならないが、良心に閉じこもってはならない」という道徳を掲げるのである [NS IV 10: 252 = 281]。

悪と非人間性の回避から選択肢の外部へ

こうした謙虚さは、悪と非人間の回避という道徳に帰結する。「絶対的善とは何か、絶対的規範とは何かを私たちは知りたいとは思いません。人間とは何か、人間的とは何か、人間性とは何か、それさえも私たちは知りたいとは思いません。だが非人間的なものとは何か、私たちはとても詳しく知っています」[NS IV 10: 261 = 290]。自分が常に誤りうることに留意し、時に悪と非人間性への同調もやむをえないものとしながらも、生活の具体的な局面において細やかな道徳判断を行い続けるしかない。善く正しく生きることよりも、悪と非人間性を回避することが道徳判断の基準となる。

ただし、判断を自ら行うことそれ自体は未だ自律ではない。道徳をめぐる選択肢と葛藤をその背後の社会的現状の産物だとみなすアドルノにとっては、選択肢を与えられている状況そのものがすでに制約された他律である。そこでアドルノは、その選択肢の外への視野を求める。「いかなる選択肢にも屈服する必要のない人こそが本当に自由だといえる。だが現状においては、選択肢を拒否することにしか、そうした自由の痕跡は認められない。自由とは状況を批判し変革することであって、強制された選択肢の構造の中での決断によって状況に加担することではないのだ」[GS 6: 225 = 275]。

したがって、道徳をめぐる選択肢や葛藤、ひいては規範などの一切が消え去ることへの希望こそが抱かれなければならない。「人類の至上の原理としての理性の制度化をイメージするなら、〔中略〕むしろ、こうでなければならない、こう整えられ、コントロールされ、組織されなくてはならないというこの原理が、理性の中で止み、溶け去るのをむしろ思い描くべきでしょう」[NS IV 10: 215 f. = 242]。このような理念はもはやカントの自由を超えたユートピアである。「ユートピアとは、同一性も矛盾をも超えた多様なものの共生であろう」[GS 6: 153 = 182]。自由・平和・連帯によって指示されるこ

の共生のユートピアへの希望の下で、道徳をめぐる諸問題を生む世界そのものが改められねばならない。「今日なお道徳と呼びうるものがあるとすれば、それは世界の体制への問いに移行します。あるいはこういえるかもしれません。正しい生活への問いは、正しい政治への問いである、と」[NS IV 10: 262 = 291]。

　アドルノが現代の人々に求めた道徳的な生とは、普遍的規則あるいは自由の実在を前提として自ら規則を選びそれに従うことではない。自由・平和・連帯という彼岸の理念を自らへの限りなき義務とみなし、社会的現状の強制に喚起された衝動とそこから生まれる批判的現状認識をもとに、此岸の現状に対して抵抗すること、それがアドルノにとっての現代的な道徳であった。すなわち、現状への同調もやむをえないなかで [EzM: 118 = 165]、それでも同調に対して抵抗感を抱きつつ [NS IV 10: 18 = 2006: 18]、自分が常に誤りうることを自覚しながら、日常の生において悪と非人間性の回避に努めることであり、また道徳をめぐる判断や葛藤などの道徳的問題の外部へと目を向け、それを生む社会的現状を問題化することであったといえよう。アドルノの道徳哲学は、カントの批判的継承によって、「他律の回避」に基づく社会的現状への抵抗に現代的な自律を認めていたのだった。

第6節　他律を回避する知的営為としての自律と教育

　このような道徳哲学を背景として、アドルノは啓蒙としての教育を唱えるにいたったと考えられる。「今日では、『成人性はどのような形姿で実現されるか』というその前提を、自明視することはできません。なぜなら、現実には私たちの生活全体のいたるところで、それは最初から作り出されなければならないからです。したがって、成人性への教育を現実的に具体化することの基盤は、成人性を企図する数少ない人々が、教育が矛盾（Widerspruch）への教育であり抵抗（Widerstand）への教育であるよう、全力で努力することでしょう」[EzM: 145 = 204]。この「努力」が、「社会批判＝自己省察」を基軸と

第3章　自律への教育　103

した一連の教育実践の提言であったと理解される。

　また、アドルノ自身が教育論では述べなかった教育実践を、彼の道徳哲学を基盤として構想することも可能である。たとえばアドルノが「道徳の弁証法の最新の状況」の象徴と呼ぶフランクフルトのアウシュヴィッツ裁判を題材とした授業を構想することもできるだろう［GS 6: 282 = 346-347］。まず虐殺に加担した人々を「当時は合法だった」などと擁護し無罪判決を求めるなら、いくら法的正当性を弄しても結局は虐殺を擁護することになる。「いかがわしい論理をいくつも駆使して無罪判決を要求するようなタイプは、〔当時の西ドイツですでに撤廃されていた〕死刑再導入の友である」。他方、怒りのままに彼らを死刑によってただ断罪するなら、「正当な贖い〔であるはずのもの〕が攻撃的な暴力の原理に汚染されることになるだろう」。このテーマを扱う授業は、法的整合性だけでなく歴史や人間観にも及ぶ諸矛盾を批判的に浮き彫りにせざるをえない。この矛盾の解決はユートピア的な理念への志向に支えられた「アウシュヴィッツを繰り返さない」ための社会的現実の変革に賭けられるしかない。自らの人種的偏見を日々反省し続けるか、政治動向を注視するか、デモに参加するか、その実践は一人ひとりの生活の課題となるだろう。―― こうした道徳的葛藤場面から社会的現状への洞察への示唆において教育が果たしうる役割は少なくないように思われる。

　本章を終えるにあたって、前章の「強靭な自我」の教育目標論的な考察と同様に、アドルノの自律概念が教育目標と呼びうるのか考察しておこう。まず「アウシュヴィッツが二度とあってはならない」というアドルノの命題を教育目的と呼ぶことに異論はないだろう。また「矛盾への教育」「抵抗への教育」は、この教育目的を実現するための現実への実践的介入として理解できる。しかし、アドルノの自律概念を教育目標とすることについては、少なくとも普遍的な理想的人間像として掲げることは困難であるように思われる。その理由としては、まず「他律の回避」というアドルノの自律概念が、「～である（べき）」という肯定的（positiv）な規定ではなく、「～では（あってはなら）ない」という否定的（negativ）な規定であり、さらに他律を回避することの困難さも含意していたことが挙げられる。それと関連して、理想的人間像を掲

げること自体へのアドルノの批判、自律概念と不可分なアドルノの啓蒙理解、そして啓蒙への教育がアドルノにとって大人と子ども双方の課題であったことにも改めて触れておこう。

　まず、理想的人間像を掲げることへの批判である。すでに確認した通り、アドルノは道徳哲学における人格性や自己実現の概念のイデオロギー的機能を批判していたが、そもそも何らかの理想的人間像を模範像（Leitbild）として教育目標に掲げること自体に彼は否定的であった。アドルノは模範像という概念に、権威主義的で外から恣意的に定められたという他律の契機を認め、とりわけ現在の「自律し成熟した人間という理念」に矛盾すると批判する［EzM: 107 = 151］。それとともに模範像がイデオロギー的仮象となって個人と社会の調和を謳うなら、個人と社会の調和が実現していない現実の社会的矛盾を隠蔽することになると危惧の念を示す［EzM: 105 ff. = 148-150］。ここでの模範像に対するアドルノの批判には、そのイデオロギー的機能とともに、ある模範像が教育の強制を誘発することへの問題意識が認められる[22]。

　アドルノの啓蒙概念については、ふたつ指摘しておきたい。ひとつはその動的営為としての性格である。彼は対談「成人性への教育」において、「私たちが生きているのは啓蒙された時代（in einem aufgeklärten Zeitalter）なのか」という問いに対してカントが「否、しかし啓蒙の時代に（in einem Zeitalter der Aufklärung）生きている」と答えたことを引用し、「成人性は静態的なカテゴリーではなく動態的なカテゴリーとして、存在（Sein）ではなく生成（Werdendes）として、規定されています」と評価している［EzM: 144 = 202-203］[23]。アドルノにとっても現在は「啓蒙された時代」ではなく、啓蒙の進行しつつある時代、そして啓蒙を課題とする時代であった。アドルノは、成人性を静的な目標や本来的な人間的自然としてではなく、現代の人々に課せられた動的な営為と理解していたのだった[24]。

　アドルノの啓蒙概念に関わって、もうひとつ留意したいのは『啓蒙の弁証法』の主題との関係である。啓蒙としての教育は、本書の主題であった「啓蒙による啓蒙の救済」の具体的実践とみなされるが、他方で「主体の内なる自然の追想」の根底にある「自然による自然の救済」という、『啓蒙の弁証法』

のもうひとつの主題にも関わるように思われる。「啓蒙とは啓蒙以上のものであり、つまりは己の疎外の只中で聞き取ることができるようになった（vernehmbar werden）自然である。自己自身と分裂し対立にいたった自然として精神が自己を認識するなかで、古の時代と同じく自然は自己自身に呼びかける。だが、そこでの自然は、全能を意味する僭称を伴った直接的なマナではない。むしろ盲目のもの、不具にされたものである」[GS 3, 57 = 51-52]。「啓蒙による啓蒙の救済」に倣っていえば、この『啓蒙の弁証法』の一節には、自然の罪責を自然自身が償うという「自然による自然の救済」の論理が認められる。アドルノの自然概念は極めて多義的であり、社会批判の客体や芸術作品の素材なども含意するのだが、本章の文脈からいえば、ここでの主体としての自然は、現状の只中での衝動に見出されよう。肉体的苦痛から生まれる衝動という自然に「社会批判＝自己省察」が随伴することで否定的な現状の外部が志向されるというアドルノの洞察は、支配に収斂する共犯関係とは異なる自然と啓蒙の関係の展望とともに、その現実的で具体的な実践の契機としての否定的な衝動が、現状の只中に遍在していることも示唆しているだろう。

　そして最後に、現状における「大人─子ども」関係への疑念である。たとえばカントの教育論においては、「選択意志の自由」は子どもにも認められているものの、大人のようにその自由を理性的・社会的・倫理的に使用できないため、子どもは「開発」されねばならなかった [Vgl. Kauder/ Fischer 1999; 山口 2005]。しかしアドルノの視座からすると、大人の側の理性こそ疑わしいものとなっている。他方で「文化産業はすでに子どもや青少年に浸透している」ため [GS 20-1: 346]、子どもを生の自然あるいは「開発」される以前の対象と認めることもできない。大人も子どもも社会的強制に従属する他律の只中に生きているため、啓蒙は双方にとって等しく課題なのであった。[25]

　以上をふまえると、アドルノの自律概念は、教育によって実現されるべき理想的人間像とはみなしがたい。「他律の回避」としての現代的な自律は、大人と子どもの双方にとって等しく現代に生きる課題であり、その課題は社会の中での苦痛に随伴する日々の「社会批判＝自己省察」の営為として理解

される。アドルノが「自律的で成熟した人間」を「目標」ではなく「理念」と呼び、また最後の対談「成人性への教育」の末尾では、「教育する (erziehen)」という言葉を意図的に避け、「成人性へと動く (zur Mündigkeit bewegen)」という表現を採ったのも、このような背景によるものと考えられる [EzM: 147 = 207]。

　ところで、このように理解された自律概念は、経験概念に接近する。アドルノは対談「教育 —— 何のために」で次のように述べている。「私が言いたいのは、思考することと精神的経験をすることは全く同じだということです。その限りにおいて、〔中略〕経験への教育と成人性への教育とは互いに同一なのです」[EzM: 116 = 161-162]。なぜ、他律の回避を促す教育は経験への教育と同一だといわれるのか。そしてアドルノの悲観するこの社会的現状において、どのような経験に可能性を認めることができるのか。これが次章の課題である。

注

1　これは、「自由で公正な社会の創出」のための「リベラル・エデュケーション」を提起する宮寺晃夫の主張である [関根ほか 2012: 218]。

2　自律と成人性の区別がアドルノにとってほとんどなかったことの証左のひとつとして、『成人性への教育』の邦訳『自律への教育』において、Autonomie と Mündigkeit の両方が「自律」と翻訳されていることを挙げてもよいだろう。アドルノのラジオ講演の内容だけでなく当時の状況などへの優れた理解は邦訳書の解説など随所に示されているが、その理解を以てしても、Autonomie と Mündigkeit の邦語は区別されず「自律」と訳されており、また実際に日本語としても違和感のないものになっている。

3　ただし、本書の叙述を支える二項対立は「啓蒙—自然」だけでなく「啓蒙—神話」「文明—野蛮」「精神—自然」など様々であり、それぞれの二項対立は個々の文脈において相異なる弁証法的な論理を展開している。

4　啓蒙をめぐる洞察はホルクハイマーの主導するところが大きかったようであるが [HGS 5: 423 ff.]、対して主体性の原史という言葉は『啓蒙の弁証法』においてアドルノの主導した「オデュッセウスあるいは神話と啓蒙」で詳細に論じられている。

5　この概念はアドルノの 1931 年の「哲学のアクチュアリティ」においてすでに登場していた。この講演でアドルノは、「人為–自然」の二分法が現代においてはもはや通用せず、人為としての社会が物象化の末に人間にとって意のままにできない圧倒的な脅威となり、「自然」の様相を呈するにいたったとして、ルカーチの『小説の理論』に倣って人為としての社会を「第二の自然」と呼んでいた [GS 1: 325 ff. = 1-38]。

第 3 章　自律への教育　　107

6　『啓蒙の弁証法』の執筆後、その正式な出版の前、1946 年の時点で、ホルクハイマーとアドルノは『啓蒙の救済（Rettung der Aufklärung）』と題した共著の出版を計画して議論も重ねていたが、結局それは実現されなかった［HGS 12: 593 ff.］。その後ホルクハイマーは 1959-60 年冬学期には啓蒙の思想史を講義し［HGS 13: 570 ff.］、1962 年に「カント哲学と啓蒙（Kants Philosophie und Aufklärung）」というラジオ講演を行っている［HGS 7: 160 ff.］。前者においては人類史における啓蒙ではなくオッカム（William of Ockham）からニーチェ（Friedrich Wilhelm Nietzsche）までの啓蒙思想を扱い、後者ではカント哲学の個人主義に啓蒙思想としての現代的意義を認めている。

7　たとえば『否定弁証法』の次の箇所である。「支配を自然しながらそのいたるところに因果性を見出す理性は、その因果性を反省するなかで、呪縛の原理として自らが生まれたことを意識する。この自己意識のなかで、啓蒙の歩みは、無反省にとどまっていた神話への退行と決別する」［GS 6: 266 = 327］。

8　同様の表現としては、たとえば「アウシュヴィッツ以後の教育」では、「文明それ自身が文明に反するものを生み出し、それをさらに強化する」という言葉がある［EzM: 88 = 124］。

9　以下では、『ツァイト（Die Zeit）』誌に掲載された「決まり文句を用いない啓蒙」ではなく、アドルノ全集の「成人教育のアクチュアリティ」から引用を行っている。

10　なお、このアドルノの論理はドイツの市民大学（Volkshochschule）の特殊な前史があってのものであることを付け加えておきたい。かつて戦前の民衆教育（Volksbildung）は、大学教育を受けていない民衆への教養教育を担っていた。しかし戦後、教養市民層と教養それ自体の特権意識が凋落し、他方でこの民衆の側も語彙や情報のレベルにおいて大学卒業者に遜色ないレベルになったとアドルノはいう。そのうえで、大学とは異なり自由参加が可能な成人教育の現代的課題として、アドルノは啓蒙を唱えている。ここでは大学でも困難になった人格的完成のような模範的人間像を達成することでもなく、（この模範的人間像の到達に編み込まれている）社会への適応や大学で提供されていた高尚な文化の享受でもなく、現代社会の不透明性や欺瞞を見抜くことを、現代ゆえの「成人教育の機能」としてアドルノは求めるのである［GS 20-1: 327 ff.］。

11　同様の議論は、ギムナジウム教員を想定した講演「哲学と教師」にも登場しており、ここでアドルノは個人が自らの置かれた状況を自明視することなく批判し距離をとることによって成人性が可能になると述べている。「個人は、〔社会的〕諸関係の直接性から身を解き放ったときにのみ、成熟するのです」［EzM: 43 = 61］。

12　このような一連のイメージをアドルノは修道士、官僚、家庭教師、大学教授の歴史的イメージと関連付けながら、次のように『啓蒙の弁証法』と同様の弁証法を読み取っている。「教師が代理人となっている文明化のプロセスは均質化の方向をめざしています。教師は手つかずの自然を生徒から追放しようとするものですが、この自然は抑圧されたものとして、教師の習癖である荘重ぶった話し方や強情さ、ひきつった様子、ぎこちなさのなかに再び現れます」［EzM: 81 = 113］。他方で社会的な暴力の代理人である教師に対する生徒の反抗は、武人がかつて奴隷だった知識人に暴力を向け

ようとする「武人のルサンチマン」として、肉体的暴力から解放されてきた人類史を個体発生的になぞった暴力の発露であるとされるのである [EzM: 73 = 102]。なお、第2章の注24と注25も参照のこと。

13 現在のドイツの政治教育は、過去に対する問題意識も強く、扱う範囲も広く、さらに全国的な体制がとられている [近藤 2005]。日本と異なるその政治教育観の形成にアドルノやベッカーが果たした役割は小さくない。

14 このようなプロパガンダに対する批判と啓蒙は、アドルノの1940年代のプロパガンダ研究に詳しい。代表的なものとしては、「フロイト理論とファシスト・プロパガンダの類型（Freudian Theory and the Pattern of Fascist Propaganda）」がある [GS 8: 406 ff.]。

15 成人性概念の再定義を試みたシュパイデルによれば、アドルノの成人性の概念の特徴は政治的責任を前提としたこれまでの抵抗的な成人性概念よりも、社会的現状に対する精神的な批判的で抵抗的態度を強調したことに認められる [Speidel 2014: 52 ff.]。

16 アドルノは道徳哲学の講義を二度行っている。1963年講義とほぼ同一の内容といわれる56/57年講義は未公刊であるが、講義をタイプに起こしたものがアドルノ資料館（Theodor W. Adorno Archiv）に収められており、この56/57年講義を中心に扱った先行研究（Schweppenhäuser 1993）も存在する。56/57年講義からの引用は、この先行研究から行っている [PM 1]。

17 主な先行研究としては、Schweppenhäuser 1995; Schweppenhäuser/ Wischke 1995; Bernstein 2001; Honneth 2005a; Freyenhagen 2013 が挙げられる。

18 文脈によって、「自発性」[NS IV 10: 18 = 17]、「非合理的な契機」[NS IV 10: 19 = 19]、「不条理の澱」[NS IV 10: 145 = 164]、「付け加わるもの」[GS 6: 226 = 275] などと語られる。

19 アドルノの主張は以下の部分に如実にうかがえる。長文であるがここに引用しておきたい。

「私が自由だといえるのは、私が理性に適った行為をする時だけです。そしてこの合法則性はカントにおいて義務の概念と一致しているため、この直観の核心として〈自由と義務は本来的に相互に一致している〉という命題が生まれたのでした。これがカント道徳哲学の根本的な構想なのですが、抵抗の契機もここには含まれています。というのも、厳密な意味で主体自身が規定していない伝統的な諸契機は、カントによって人倫的なものの権利基盤から一切排除されているからです。自らに法則を賦与するというのは、外的な現実から法則を受け取ることではなく、この法則を外的な現実に抵抗する中で黙殺することも意味します。〔中略〕ただし、カントにおいて自律の概念の中で抵抗の思想がすでに含まれているというのにも一定の留保が必要です。なぜならカントにおいて自律の思想は普遍性の概念と一致しているからです。正しい行為をもたらすはずの理性が、諸制度だけでなく、普遍的に理性的だとされるものに対立することを、カントは全く想定していませんでした。ましてやこの対立によって彼が重視していた普遍性そのものが、希望なき個々人の孤立として実現してしまうことなど想像さえしなかったでしょう。この点でカントは、階級の利害と個々の利害とが調

和するはずだと確信していたブルジョアの代表者だったのです。〔彼の想定した〕自律の思想と普遍性の概念との一致が消え失せた跡で、われわれが今日において扱うべき、簡潔な形式をとる抵抗の問題が現れたのでした」[PM 1, 20. 11. 56 = Schweppenhäuser 1993: 193 f.]。

20　なおアドルノはストリンドベリ（August Strindberg）の「悪を憎まないで、どうして善を愛することができるだろうか」という言葉も引用している [NS IV 10: 254 = 283]。

21　なお、アドルノはこの文に続けて、次のように述べている。「これこそ、自己保存のための主観的知恵（Klugheit）と至高の普遍的人倫の原理とを等置しようとする試みに対する、最も深い反論であるように思われますし、またこの二つを区別しようとしたカントの動機もおそらくここにあったのでしょう」[NS IV 10: 216 = 242]。これは『啓蒙の弁証法』の「主体性の原史」の問題、つまり人類の自己保存のために生まれた（それゆえに自然支配の原理でもある）理性が、至高の普遍的道徳とみなされることで、自然支配がさらに徹底されるという問題を、ここでのアドルノは念頭に置いている。

22　これは模範像に限ったものではなく、何らかの人間関係についての肯定的な概念一般に対するアドルノの批判にも見て取れる。たとえば第2章第5節でも言及した、講演「アウシュヴィッツ以後の教育」における絆の概念への批判である。アドルノは暴力を避けるために絆に訴えること、つまり何かを引き起こすために絆を要求することは否定しない。だが「絆を引き合いに出して、この世界も人間もより素晴らしく見えるよう再び絆を結ぶべきだ」という主張が強制されるなら、そこには強者の絆の一員に進んで屈する他律、良心に反することの強制、そして敵意や怨嗟が生み出されるとしている [EzM: 92 f. = 129-130]。

23　なお、カントの教育論にも、こうした「啓蒙の時代」という理解が見えることは興味深い。「教育学について（Über Pädagogik）」においてカントは次のように述べている。「おそらく教育はますます改善され、それぞれの後続世代が一歩ずつ人類の完成に近づくだろう。なぜなら教育の背後には人間的自然の完全性という偉大な秘密が隠れているからである。このことは今から始められる。なぜなら、今ようやく、何が本来的によき教育に属するのかが正しく判断され、はっきりと洞察されはじめたからである。人間的自然はますます教育によってよりよく発展されるであろうし、また教育が人類にふさわしい形でもたらされうると想像することは喜ばしい」[KGS IX: 444 = 319]。ここには、普遍的人間像としての人間的自然の概念が認められる一方、それへの接近は現在と未来という時間にゆだねられてもいる。ここにカント教育論に内在する歴史的な拘束性の自己理解を認めることができるだろう。

24　なお、アドルノと同様にこのような啓蒙理解を示した思想家として晩年のフーコーがいる。1983年のふたつの講義「カントについての講義」「啓蒙とは何か」においてフーコーは、アドルノと同じ箇所を引用しながら、「現在についての問い、現実についての問い」を新たに哲学的に提示した人物としてカントを取り上げる [フーコー 2002b: 173]。それは単なる時代区分や歴史の段階ではなく、「〈今日〉は、〈昨日〉にたいして、

いかなる差異を導入するものなのか、ひとつの差異を求める」ものであるとする［フーコー 2002a: 6］。このフーコーとアドルノとの相違については自己形成論をめぐる共通点もある一方［Vgl. 白銀ほか 2006］、とりわけハーバーマスのフーコー批判とも関係して興味深いものがあるが［Vgl. 野平 2004］、その考察は今後の課題としたい。

25　確かにアドルノ自身が「予防接種」と呼んだように、プロパガンダの言説パターンを広く知らしめるという場面などでは、それを知る者が知らない者に教えるという教育は成立するだろう。しかし、たとえば講演「過去の克服とは何か」において意識的な過去の忘却が批判されていたように（第2章）、意識的な知のコントロールそれ自体にアドルノは成人性を認めてはいない。他方で「批判的な諸能力」とアドルノが述べていることから、漸次的で不可逆的に発達する何らかの能力をここで想定することも可能かもしれないが［EzM: 54 = 77］、しかし少なくともアドルノの自律概念に関しては、能力の有無よりもそれを用いる日々の知的営為に認められるべきだろう。

第4章

経験への教育

第1節 主体と客体の「不透明な間」の経験

　自律概念と同様、経験概念もまた近現代の教育思想と教育実践を支えてき
た重要な概念である。モレンハウアー（Klaus Mollenhauer）による人間形成論
（Bildungstheorie）の思想史的分析に従えば、この概念は近現代の歴史の中でそ
の比重を次第に増してきたといえよう[Mollenhauer 1987]。彼によれば、古典
的な人間形成論においてはプロセス（Prozess）とその結果としての所産
（Produkt）とが結びつけられていた。しかし今では、人間形成の所産の客観
的真理性や社会的現実との関係性を問われることのないままに、プロセスに
おける経験や体験そのものが――たとえばポストモダン思想とともに論じ
られた美的経験（ästhetische Erfahrung）やセラピー的な子どもへの関与あるい
はナラティヴ・インタビューなどにうかがえるように――、主体にとって
の真正性（Authentizität）として重視されるにいたった[Mollenhauer 1987: 15]。
ただし、この状況にあって主体にとっての真理性・作品のディシプリン・文
化的で普遍性の高いものへの関係という三つを同時に叶える芸術経験を提示
したものとして、モレンハウアーはアドルノの音楽論を評価している
[Mollenhauer 1987: 18; Vgl. 今井 1998: 170-171]。

　モレンハウアーによる「所産からプロセスにおける経験の真正性へ」とい
う見立てとアドルノの経験概念の解釈は、アドルノの自律概念が教育目標で
はなく日常的な営為を意味していたという前章までの考察と重なるところが
ある。そしてモレンハウアーのアドルノ解釈が正しいのであれば、アドルノ

の経験概念は可能性を託しうるもののように思われる。ただし、そうした経験が本当にありえるのか、芸術経験に限られるのか、特殊な能力が求められるのではないのか、そもそも教育可能なのか、といった疑念がここで浮かぶ。アドルノの経験概念を扱う先行研究の多くは、アドルノの経験概念に高度な知的努力や芸術的素養を不可欠のものと認める傾向にあった。しかし本章では、アドルノの経験概念をこうした特権的なものに限定することなく、日常の様々な局面にも見出され、かつ子どもにも馴染みあるものとして提示してみたい。

　その手がかりとして、『ミニマ・モラリア』に収められた「ノック不要（Nicht anklopfen）」というエッセイを見てみよう［GS 4: 43 f. = 43-44］。このエッセイはアドルノの経験概念を端的に示していると思われる。

　かつての世界には、合理性や人間のコントロールには多くの綻びがあった。建物のドアも、昔は大きさもまちまちで、軋みの音を発するもの、ぴったり閉まらないものなど、様々なドアがあったために、それを使う人々には慎重さや気配りが求められた。だが現代ではドアの種類や大きさは規格化され、それを使う人には「閉める」という動作以外の配慮は不要となり、人々の動作は暴力的なものに近づいていった。「今日における経験の喪失の大きな原因は、事物が単なる合目的性の法則によって形作られ、それとの交わりを単なる操作に限定するような形態を取るにいたったことにある。操作する者には態度の自由や物の自立性といった余分の要素（Überschuss）を認めようとしない性急さがつきものだが、実はこうした余分の要素こそ活動の瞬間に消耗しないで生き残り、経験の核となるのである」［GS 4: 44 = 44］。

　人の前に立ちはだかるドアは、そのひとつひとつが違う個性を持ち、それぞれにふさわしい動作を要求し、人はその個性に寄り添うことでドアを開くことができる。操作的な人の作為とそれに奉仕する事物との透明性こそ近代の合理化の果たしてきたものだとするなら、「余分の要素」によって、それとは異なる主体と客体の個的な主張と配慮が往還する間が広がる。この間をここでは「不透明な間」と呼んでおくが、この「不透明な間」にアドルノが経験と呼ぶものの条件を認めることができる。

ただしアドルノは、ドアの個性が異なるように、経験の客体によって言葉の用法を変えながらその経験を具体的に語っている。したがって本章では、アドルノが関心を寄せた言語・大衆文化（テレビ）・芸術（音楽）をめぐる経験にも注目してみたい。

第2節では、「社会批判＝自己省察」という思考の営為の中での経験を取り上げる。思考の営みの中での経験というのは違和感もあろうが、アドルノはヘーゲルの弁証法を批判的に継承することで、思考の営為の中での経験を理論化し、このような経験に社会批判と自己省察との結びつきを認めていた。特にここでは、社会的な事柄(Sache)と思考の言語(Sprache)が契機となって思考主体の経験を喚起するというアドルノの洞察に着目する。これによって、アドルノのいう啓蒙としての教育が「経験への教育」でもあったことを確かめる。

第3節では、アドルノが文化産業の象徴とみなしていたテレビに着目し、その経験の可能性についての考察を取り上げる。基本的にアドルノは現代の「経験の喪失」に加担するメディアとしてテレビをとらえており、テレビをめぐる現状の批判的啓蒙を強く訴えていた。だが彼はテレビという（当時の）最先端のメディアの可能性も認めており、その洞察は単なる情報発信の装置としてだけでなく、番組の編成から独自の番組の制作にまで及んでいた。とりわけ透明な情報の媒体ではないテレビ固有の物的な特性に着目し、文化産業の中で文化産業を超える経験のメディアとなりうることも示唆しており、文化産業と享受者との「不透明な間」に経験が生起する可能性を認めていた。

第4節では、芸術経験の中でも音楽経験に着目する。アドルノが近代西洋のいわゆるクラシック音楽に特権性を認めていたことは広く知られているが、彼は時間芸術としての音楽の特性を高く評価しつつ、他方で音楽を言語になぞらえ、また個々の楽曲には同時代の社会的なものも認められるとしていた。その点で、音楽とそれに触れる主体との「不透明な間」に生起する経験は、「社会批判＝自己省察」やテレビ視聴の経験に通じるところがある。またアドルノの音楽教育論は、正確な音楽聴取を要請しながらも、子どもの音楽経験の生起に寄り添おうとする教育論になっていることも確認したい。

そして最後の第5節では、子どもにおける経験をアドルノが経験一般のモデルとしていたことに注目する。アドルノの経験概念は高度な知性を前提とするものであるが、他方でその経験の鍵となるものを子どもはすでに備えているとアドルノはいう。いわば大人は高度な知的営為を迂回することで、子ども時代の経験をとりもどすことが期待されるのである。この独特な洞察を明らかにすることで、アドルノのいう「経験への教育」が子どもの日常に寄り添い連帯することによっても可能であることを示したい。

第2節　社会批判と自己省察における経験

　前章で明らかにしたように、アドルノが同時代の啓蒙に期待していたのは、他律へと導かれやすい社会的現実の中で、それを回避するために「社会批判＝自己省察」という知的営為としての自律を人々が営むことであった。だが、そもそも「社会批判＝自己省察」はいかにして可能だろうか。とりわけ啓蒙を期待してアドルノが語った教育実践（第3章の第2節を参照）は、いわゆる社会批判のリテラシーの教育として理解できる一方、それがいかに自己省察に通じるのか、アドルノは教育論の中では論じていなかった。ある主体において社会批判と自己省察がいかに結びつくのか、その論理はアドルノ自身の哲学的・社会学的な思想に求められねばならないだろう。

　また、アドルノの求める社会批判が特異なものであるならば――容易であれば「脆弱な自我」が問題となることもない――、それを広く人々に求めようとする期待は叶わないものとなるだろう。「社会批判＝自己省察」は、アドルノ自身の批判的思考をモデルとしているように思われるが、彼のテクストはしばしば難解といわれる。ホネットは、ホルクハイマーとアドルノの『啓蒙の弁証法』をその難解な叙述を含めて「意味開示的批判」と評価しているが [Honneth 2000]、その難解さゆえに啓蒙へのアドルノの期待は実現困難なものに思えるかもしれない。

　こうした問題に応えるために、本節では「社会批判＝自己省察」の内実を

経験概念に焦点を当てながら検討することで、アドルノの叙述の難解さは批判と反省が両立した思考のプロセスに基づくものであり、確かに読解は困難であるが、その思考そのものは必ずしも人々にとって縁遠いわけではないことを示したい。この考察の端緒として、前章の最後に取り上げたアドルノの言葉を、その直前の部分も含めたうえで改めて引用しておく。

　　合理性や意識一般について、形式的な思考能力というあまりに狭い概念が浸透しています。しかし形式的な思考能力はそれ自体がすでに知性の狭隘化であり、確かに必要なものではありますが、特殊な知性のひとつにすぎません。しかし、本来、意識を形成しているのは、現実や内容に関係する思考であり、すなわち主観の思考形式や思考構造とそれ自体は主観ではないものとの関係です。こうしたより深い意味での意識や思考能力は、単なる形式論理的な進行ではなく、経験する（Erfahrungen zu machen）能力と一致しています。私が言いたいのは、思考することと精神的経験をすることは全く同じだということです。その限りにおいて、〔中略〕経験への教育と成人性への教育とは互いに同一なのです [EzM: 116 = 161-162]。

　合理的で形式的な思考能力として思考の主体が自己を理解することは、知性の狭隘化であるとともに、思考の客体＝対象の経験から遠ざかることにもなる。その反対にアドルノが期待するのは、社会批判という思考の営為と精神的経験という出来事が「全く同じ」になることである。ここに、「社会批判＝自己反省」という思考の営為と経験との一致というアドルノの期待を認めることができるだろう。この内実を明らかにするために、まずアドルノの社会批判の手法から確認したい。

(1)　社会批判の方法

　アメリカからの帰国当初は社会心理学的な調査研究に複数関与し、経験調査的な社会心理学者としての自負もあったアドルノであるが、1950 年代後半から調査研究に対する疑念を強めていき [Vgl. Demirović 1999: 747 ff =

2011 (vol. 4): 109-131]、ハーバーマスとともにポパーやアルバートと論戦を繰り広げた実証主義論争では [Vgl. PdS]、反省的な契機を備えるという自らの社会哲学的な批判を解釈 (Deutung) と呼ぶにいたった [GS 8: 315 = 41][3]。だがアドルノが自らの手法を方法論として体系的に提示しなかったこともあり、その手法は「芸術と哲学によって感覚をとぎすませた自己批判的な教養人の経験知に沈滞」しているともいわれた [ヴィガースハウス 1998: 179]。しかし、社会学者エファーマン (Ulrich Oevermann) は、「事柄に即すこと (Sachhaltigkeit)」を主眼に据えることで、アドルノの社会批判を客観的解釈学 (objektive Hermeneutik) という社会学の手法として基礎づけることができるとする [Oevermann 1983]。アドルノ自身の言葉を離れて、まずはエファーマンの客観的解釈学を参照しながら、彼の社会批判が必ずしも困難なものではないことをまず確認しよう。

　彼のいう客観的解釈学とは、抽象的な概念を先行させることなく、ある具体的な社会的な事柄 (Sache: 事象) を端緒として、社会の構造性を明らかにしていくことをめざすものである。その手順は次のとおりである。まず、ある一個の具体的な事柄をとりあげたうえで、歴史的背景なども考慮しつつ、その事柄が成立しうる多様な状況や潜勢的可能性を思考実験によって再構成する。続いてこの思考実験のいくつかの結果をそれぞれ比較対照することで、この事柄の構造的な特性を特定する。そしてこの構造的特性を、この事柄が最初に置かれていたコンテクストと比較し、最終的には他の事柄でも妥当するか否かを検討する、というものである [Oevermann 1983: 236 f.]。

　この客観的解釈学が「事柄に即すこと」を掲げるのは、いわゆる実証主義的社会学に対する批判に基づいている。ある具体的な個別の事柄をとりあげそこから論を展開する場合、その事柄を語る言語は、整合的で首尾一貫した「理論的概念性」のレベルにまで達しているわけではない [Oevermann 1983: 236]。実証主義的社会学であれば、その事柄を整合的に語るために、類似の事柄を挙げたうえでその相違点を確定し定義を行うという論理的操作が求められる。その結果として、抽象的で包括的な理論的概念が事柄に対して優位に立ち、事柄はこの概念を検証するための事例あるいはサンプルとみなされ

る。それに対して客観的解釈学は、ひとつの事柄から様々な思考実験によって連想を広げ、その事柄を成立させうる多様な状況を再構成する。そのため客観的解釈学は、実証主義的な論理的操作によって見逃されるものを扱うことが可能であり、ある一個の概念をその意味の歴史的変遷からとらえたり、また概念と事柄の実態が乖離している場合にはその乖離そのものを問題とすることができるとされる。「事柄に即すこと」とは抽象的で包括的な理論的概念を優先させるのではなく、その事柄の具体性と個別性にふさわしい言語を用いながら社会の構造性やその実態を思考実験によって明らかにしていくことといえよう。

　ところでエファーマンは、客観的解釈学は事柄の実態と概念との乖離を問題にできるため、この乖離を解消する実践の可能性を拓くものだとも述べている。たとえばテレビ番組の出演者が視聴者に「今晩は（Guten Abend）」と挨拶する場面である。挨拶は直接向き合う一対一の相互行為性の構造によって成り立つものであるが、テレビ番組では一方向的な情報伝達しか行われず、ここに乖離が認められる。エファーマンは客観的解釈学の帰結として、この乖離に気づいた視聴者がテレビのスイッチを切るなどの実践に開かれるという[Oevermann 1983: 274]。

　こうした客観的解釈学は、統計調査などを必要とせず、日常的な言語を駆使するにとどまり、日常的な思考のあり方に近い[Oevermann 1983: 273]。もちろん歴史の知識などがある程度必要とはされるが、専門的な科学的方法に頼ることはなく比較的容易である点でも、アドルノの社会批判の手法を一般化したものとしてとらえられるだろう。

(2)　社会批判を支えるアドルノの社会観と言語観

　ところで、社会を対象としたものに限らずアドルノの批判の叙述は、定義されず素朴にしか理解できない言葉を最初に提示しながら、叙述が進行するなかで、多様な含意や歴史的な背景が参照されていき、様々な意味が言葉に込められていく。そのためアドルノの叙述には、言葉の意味が撞着し文脈の断絶をおこしている箇所が散見される。この撞着や断絶がアドルノの難解さ

の主な原因であるが、しかしこれこそが「社会批判＝自己反省」の経験的な
契機となる。それをアドルノの社会観と言語観の双方から確認してみたい。

社会観

　アドルノは一方で同時代の社会を合理性に貫かれた機能連関としてとらえ
ており、それを社会編成化された社会（vergesellschaftete Gesellschaft）と呼んで
いる［NS IV 15: 57］[4]。これはとりわけ社会的諸関係における交換価値の支配、
交換原理（Tauschprinzip）の徹底という後期資本主義の帰結だとされ、たとえ
ば人々の合理的な意識や行為、また人々や物事の画一性も、この交換原理の
帰結とみなされる[5]。この限りにおいて、たとえばアドルノがパーソンズ
（Talcott Parsons）やポパーらに認めた実証主義的な社会学が[6]、論理整合的に
社会を理解可能だとすることにも一定の正当性がある。「社会の中で客観的
な基準を与えている交換という事態（Sachverhalt）そのものが、たとえ抽象的
ではあっても、その事態の客観性に従う一つの行為を含意している限りにお
いて、理解は可能である」［GS 8: 296 = 23］。しかし他方で、アドルノはこのよ
うな合理性にとどまらない社会の別の側面にも注意を促している。それは社
会が矛盾を孕みながら自己準拠的に駆動し存続する動的な側面である。交換
原理が徹底する歴史的経過のなかで、「個人と社会とは、根本的に区別でき
ないものではあるが、歴史的に分離した」［GS 8: 297 = 25］、つまり社会は独自
の客観的自立性を帯びるようになり、また個人もそこから隔たり孤立化さ
れ[7]、社会は生きる個々人に対して圧倒的な強制（Zwang）となったとアドル
ノはとらえる［GS 8: 12］[8]。そして今や「個人と社会の関係は矛盾に満ちる」。
「なぜなら、複数の個人から成り立っているはずの社会は、個々人に何かを
約束することも拒否し、またなぜ社会がそもそもひとつにまとまっているの
か説明することも拒否する一方で、それぞれが孤立している個々人の無制限
な利害関心（Interessen）もまた、社会全体の利害関心の形成を禁止している
からである」［GS 8: 297 = 25 f.］。個人と社会との間にアドルノが認めた非合理
的な拮抗関係（Antagonismus）は社会のいたるところに認められるが、しかし
科学を絶対視しながら道具として扱う実証主義的社会学にとっては理解の埒

外である [GS 8: 300 = 28]。アドルノは、社会を対象化したうえで論理整合的に理解を行う —— これは社会から隔てられ孤立しながら社会に自発的に適応する個人の姿に重ねられる —— のではなく、理解可能な合理性と強制的で矛盾に満ちた非合理性との双方が錯綜する社会を、その内側から描き出すことに、社会批判の課題を見出したのだった。

言語観

ところでアドルノは社会批判の言語について次のように述べている。「言語は、その内部でのみ有効性を持つ運用規則を備えたものだとする科学的な前提からすれば、確かに自給自足的なものである。しかし他方で、言語は現実の内部にある一契機つまり社会的事実でもある」[GS 8: 301 = 28-29]。「言語の形式が事態へとより厳密に密着すればするほど、それは単なる意味作用 (Signifikation) よりも高く聳え立ち、何か表現のようなものに似てくる」[GS 8: 318 = 45]。「内在批判 (immanente Kritik) はただ単に純粋論理的なものではなく、常に内容的でもあり、概念と事柄との対決なのである」[GS 8: 304 = 31]。これらの引用にうかがえるように、アドルノにおいて批判の言語は社会を代理＝表象する (repräsentieren) 透明な記号にとどまらず、それ自体として物的なもののようにとらえられている。

社会批判の言語にとどまらず、アドルノは言語一般に二つの性質を認めている[9]。ひとつは合理性・論理性・記号性・意思疎通性・概念性・透明性を含意した伝達 (Kommunikation) 性である。もうひとつは身振り・感覚性・意味を欠いたもの・模倣・謎めいたもの・物質性・動物めいたものの現れという表現 (Ausdruck) 性である。伝達性は、概念の定義や論理の一貫性、そして得られた知の有用性といった点で、とりわけ科学や技術において支配的だとされる。伝達性に基づく言語観は、科学的な思考に典型的であるが、概念を定義し、自らが用いる言語に首尾一貫性を与え、それによって語る主体と語られる客体とを各々の同一性へと分離したうえで主客の一致という同一性を確立することによって、科学的な真理性を保持しようとするものである。これは概念 (Begriff) が「把捉する (begreifen)」という動詞に由来するように、言

語そのものに内在する不可避な性質であるが、自然支配の原理に基づく言語そのものの災いであるとアドルノはいう [GS 6: 22 = 18]。そこでアドルノは、伝達性の災いを完全には逃れられないとしながらも、言語の表現性に依拠することで、「概念が、切り刻まれ調整済みのものとしての概念を超え出て、そうすることで概念なきものへと達する」可能性 [GS 6: 21 = 16]、すなわち自然支配とはまた別の可能性が拓かれるという。表現性は、元来言語に伴いながら、近現代において顧みられることが乏しくなった性質であり、たとえば西洋芸術においてはマラルメ（Stéphane Mallarmé）やホフマンスタール（Hugo von Hofmannsthal）の詩、カフカの文学、あるいはクレー（Paul Klee）の絵画や偶然性を構成原理とする芸術作品などに残存している[10]。こうした表現性の前提には、「概念の内容は概念にとって内在的で精神的であるが、同時に存在的でもあり、つまり概念を超越してもいる」とアドルノが述べるように[GS 6: 112 = 130]、記号的には把捉できない過剰（Mehr）を言語は伴っており、それが言語を言語たらしめているという思想がある[11]。そしてこの過剰を言語の表現性によって明らかにするために、議論の首尾一貫性などによって測られる同一性ではなく、言葉の配置の適切さによって語られたものの真理性を測る布置連関（Konstellation）として、叙述は進められるべきだとアドルノはいう[12]。「言語が本質的に言語として現れ、叙述（Darstellung）となるところでは、言語はその叙述で用いられる諸概念を定義しない。言語は複数の概念をひとつの事象の周りに結集させ、概念相互の関係によって客観性を定める。〔中略〕概念が内部から切り離してしまった過剰、概念がそうありたいと願いながらそうあることができない過剰は、布置連関によって外から表象するしかない」[GS 6: 165 = 199]。こうした布置連関によって、「認識されるべき事柄のまわりに様々な概念が集められると、それによってこれらの概念は潜勢的に事柄の内面を規定することになり、思考が必然的に自分の内から排除したものを、思考しつつ獲得することになる」[GS 6 : 164 = 199]。

アドルノの哲学、社会批判、芸術論にも共通して見られるこうした叙述は、個々の言葉の用法の一貫性のないまま、言葉同士が矛盾しせめぎ合う拮抗関係を織りなすこととなるが [GS 6: 21 ff. = 16-18]、アドルノはここに、表

現される事柄そのものの拮抗関係の似姿を認めるのである。「言語において哲学はその事柄と単に意味的な関係以外の仕方で関わっている。似たものが似たものを認識しうるのは、ただ言語としてのみである」[GS 6: 66 = 73]。

そもそも言語と対象の一致という哲学的要請にとって、言語の表現的性質は不可欠なものであった。古代ギリシャ哲学のロゴスもそうであるが、真理を説く哲学のテクストとは真理そのものの表現でもあった。そしてロゴスの表現においては、叙述の対象であるロゴスが整合的であるがゆえに、整合的な言語が用いられていたのだった。[13]したがって、社会批判の対象となる事柄が一貫して整合論理的に成り立っているならば、それを叙述する言語の用法も整合論理的であってよい。しかし現在の整合的な論理の前提にある「思考の運びにおける連続性の要求は、すでにその傾向において、対象における整合性や対象自体の調和をはじめから在るものと決めてかかっている」とアドルノは批判する [GS 11: 24 = 32]。アドルノからすれば、社会批判が扱う事柄が拮抗的で矛盾を孕み、単一の概念によって把捉しえないものである以上 [GS 6: 21 f. = 16-18]、拮抗的で矛盾を孕んだ言語の用法を採用し、言語を事柄の似姿とする叙述がふさわしいといえるのである。

アドルノはこのような表現的な言語の用法について、用いられる言葉に定義という論理的操作を施さないまま、言葉を「委細かまわず、そのまま導入する」と述べているが [GS 11: 20 = 25]、ここで重要なのは叙述の進行であろう。「委細かまわず、そのまま導入」された言葉は、その端緒においては一般的な了解を暗黙のまま踏襲することになる。しかし批判の叙述を進めていくなかで、歴史的な検討を含む多様な状況の再構成を試みると、ある言葉に伴う複数の意味の錯綜、あるいは叙述の撞着や断絶が次第に露わになる。この錯綜・撞着・断絶そのものを、アドルノは語られる対象である事柄の拮抗・矛盾の表現として評価しながら、その叙述がより適切な事柄の表現となるべく進められることを求めるのである。このような言語の用法は、あるキーワード（Stichwort）を端緒にするアドルノの叙述において顕著である。[14]ある具体的で個別的な一個のキーワードを定義することもなく端緒に据えるアドルノの叙述は、諸概念の布置連関によってキーワードの対象としての事柄を

描き出すが、そこでの断絶や撞着は事柄の似姿であるとされる。そしてこの断絶や撞着は、キーワードの一般了解を崩壊に導く。叙述の端緒において自明であったキーワードは、叙述の過程で生じた言語の撞着と断絶の中で、その自明性を失っていくのである。

(3) 批判的思考の経験

それでは、このような知的営為は、それを遂行する主体とどのような関係を結ぶだろうか。この知的営為の中で生じることをアドルノはどのように考えていたのだろうか。

ここでまず想起されるのは、アドルノが教育論の中で繰り返し言及し、本論でもすでに指摘してきた、社会心理学的な意味での無意識の意識化という作用である。社会的強制からの漠然とした不安を言語によって意識化することで、その抑圧からの解放という効果がここでは期待される。またアドルノよりもエファーマンによって明確に提示された実践への開放性も重要である。確かに知としての社会批判それ自体は概念と事柄との乖離を提示するにとどまるが、この乖離を認識した主体は、この乖離を解消する可能性を志向し、それをめざした実践を行うことができる。しかし、アドルノの言語観をふまえるならば、そこにいたるまでの叙述あるいは批判的思考のプロセスにも注目できる。アドルノは、このプロセスの中で起きることを非同一性（Nichtidentität）の経験と呼び、[15]哲学的主著とされる『否定弁証法』においてその洞察を明らかにしていた。この内容を確認することで、哲学的な用語が駆使されているアドルノの経験概念が、本節でこれまで論じてきた社会批判と多くの共通点を有していることや、社会批判が自己省察と結びつけられながら経験と呼ばれる理由も明らかになるだろう。

非同一性の意識

アドルノは『否定弁証法』のある注釈の中で、近世哲学史の根幹となった同一性（Identität）の意味について、(1) 個人の意識の同一性、(2) 理性を賦与された存在者にとってのルールである論理的普遍性としての思考、(3) 思考

対象に備わる自己同一性、(4) 認識論的な主観と客観との合致、があるとしている [GS 6: 145 f. Anm. = 173-174]。この同一性は、合理性や首尾一貫性、あるいは個人の自己意識や集団の統御など、現代における思考や社会の様々なレベルで —— たとえば文化産業の画一化された製品やステレオタイプを内面化した人間における認識や反応の形式にいたるまで —— 威力を持っているとアドルノはみる。そして同一性の徹底と非同一性の抹殺の実践が「アウシュヴィッツ」であるとして、アドルノは「純粋な同一性は死であるという哲学命題の正しさをアウシュヴィッツは証明している」と述べる [GS 6: 355 = 439-440]。だが他方で、対象の多様性を捨象することで対象を把捉する概念の働きがそうであるように、同一性とは我々の思考にすでに内在したものでもあり、我々の言語的な営為における基本的な前提でもある。「同一性の仮象はその純粋形態における思考そのものに内在している。思考するということとは同一化することである」[GS 6: 17 = 10]。

　自らに内在し「アウシュヴィッツ」の根本原理ともいえる同一性を、はたして思考は問題としうるのか —— このアポリアを解決するためにアドルノが注目したのが同一性の限界に対する意識、非同一性（Nichtidentität）の意識である。「対象は概念に吸収されるものではない」という概念の限界に対する反省が [GS 6: 16 = 10]、同一性を脱しながら対象を描き出そうとする弁証法（Dialektik）的な思考を方向づけていく。「弁証法とは首尾一貫した非同一性の意識である。〔中略〕思想を弁証法へ駆り立てるのは、思想の不可避的な不十分さであり、その思考している対象への思想の負い目（Schuld: 罪責）である」[GS 6: 17 = 11]。

　また、このような否定的な弁証法について『否定弁証法』の第2章「概念とカテゴリー」では次のように述べられている。まず「弁証法とは、哲学の行動様式としては、狡智（List）というかつての啓蒙の媒体（Medium）を使って、パラドクスの結び目を解く（entwirren）試みである」[GS 6: 144 f. = 172]。また思考主体の側からは「弁証法とは、その主観的な面からいえば、思考の形式がその対象をもはや不変かつ自己同一的なものにしないような仕方で思考する、ということに尽きる」とされ [GS 6: 157 = 188]、思考の客体の側から

は「弁証法とは、客観的には、同一性の強制を、その内部で蓄積され様々に対象化したものたちの中で凝固しているエネルギーによって粉砕することを意味する」とされる [GS 6: 159 = 192]。社会的現状における同一性の強制の中にあっても、思考の主体の側にも客体の側にも同一性に回収されないその外部があり、それは同一性にとってパラドクスあるいは矛盾として現れるため、それを導きとする弁証法をアドルノは提唱しているのである。

アドルノのヘーゲル解釈

アドルノはこうした非同一性の意識に導かれた思考の先駆者としてヘーゲルを挙げている。『三つのヘーゲル研究』においてアドルノは、ヘーゲル哲学に「事柄そのものを言葉として言い表そうとする経験」を認めていた [GS 5: 345 = 214]。ヘーゲル自身が「意識の経験の学 (Wissenschaft der Erfahrung des Bewusstseins)」と呼んだ『精神現象学 (Pänomenologie des Geistes)』(1807 年) において典型的であるが、ヘーゲルは素朴な直接性 (Unmittelbarkeit) を出発点としながら、その進行において断絶も矛盾も辞さず、その止揚 (Aufhebung) へと叙述を進める。いわば断絶と矛盾は叙述の進行の動因となっているのである。こうしたヘーゲルの叙述にアドルノは「精神的経験の連続性と断続性とが織りなすリズム」[GS 5: 342 = 208]、あるいは「扱う内容がプロセスであるなら、自分〔哲学の遂行主体としてのヘーゲル哲学〕も不断の生成状態において言い表そうとする」傾向を認める [GS 5: 353 = 230]。こうしたヘーゲル解釈がアドルノ自身の思想を代弁するものであることは容易に見て取れよう。

またアドルノの経験概念は、ヘーゲルの媒介 (Vermittlung) 概念に多くを負っている。社会批判の経験をアドルノは普遍的媒介としての拮抗的な全体性 (antagonistische Totalität) の経験というが [GS 5: 316 = 151]、これは「社会的労働と無関係に独立しているものは何ひとつ存在しないという経験」である [GS 5: 308 = 134][16]。またこの媒介の連関が明らかとなることによって、批判的思考の主体の側も、社会という客体の側や他の人々との媒介的な関係にあることを経験するにいたるとされる。「個々の人間を政治的人間（ゾーオン・ポリティコン）としてとらえ、また主観的意識のカテゴリーを潜在的に社会的な

カテゴリーとしてとらえる思考は、たとえ心ならずにではあれ、個人を実体化する類の経験概念に固執し続けることはない。経験がある程度進むと、それは他の全ての人々の経験と相互に依存しあっていることを意識するようになり、単なる個人的経験の中にとどまっていた自分を振り返り訂正する。ヘーゲル哲学はこの事実を書き留めたのだった」[GS 5: 303 f. = 126]。この批判的思考の客体それ自体の内部の媒介、思考の客体と主体の媒介、ある主体と他の主体との媒介を辿り明らかにすることの中に、アドルノはヘーゲルと同様の経験を認めていた。

　しかし最終的にアドルノはヘーゲルと袂を分かつ。それはヘーゲル哲学が「同一性と非同一性の同一性」という『大論理学』の有名な定式に帰着することにアドルノは問題を認めるからである[GS 6: 19 = 13]。「純粋な同一性は死」であり無であることを証明した「アウシュヴィッツ」の時代が永遠に続く苦悩ではないことを示し、またハイデガーのように存在という同一的なものによって恒久不変なものを求めるのでもなく [Vgl. GS 6: 69 ff. = 76-119]、あくまで非同一性の意識を貫くことで、アドルノは「こうでなく違った事態にならねばならない (es soll anders sein)」可能性を表現することをめざしている [GS 6: 374 = 467]。

　なお、アドルノとヘーゲルの言語観の違いとして、アドルノがヘーゲルに「言語に対する敵意」を認めていたことにも注目してよいだろう [Vgl. GS 5: 353 f. = 230-234]。拮抗的な全体性の止揚をヘーゲルは予言したが [Vgl. GS 6: 148 = 176]、ヘーゲル哲学は上位概念と下位概念の区別を暗黙の裡に導入し、前者によって後者が処理されるプロセスを描き出した結果、その叙述は予定調和的な予言になったとアドルノは批判する [GS 6: 175 = 212-213]。それに対してアドルノが提唱するのは、批判的思考で用いる諸概念に上位／下位の区分を導入することなく、個々の言葉を並列的に用いることであった。ここに布置連関（＝星座）的な叙述の徹底というアドルノの意図を読み取ることができるだろう。[17]

批判的思考に伴う感覚と洗練

ところでアドルノは、媒介を辿る思考の中で生まれる感覚についても言及しているが、それはヘーゲル哲学に従えば、素朴な直接性（Unmittelbarkeit：媒介されていないこと）から媒介を経て再び直接性にいたるものということができる[18]。アドルノは、社会的現状の中で無力化された人々の感覚を批判しながら、それを超え出て直接的な感覚性がめざされるべきとして、次のように述べている。「哲学には素朴であることが不可欠です。ただし、それは不安のない幼稚な意識という意味ではありません。どの程度まで事物に対して再び直接的に関わることができるか、そして、ある現象の中から開かれ現れ出るものを看取する力が、〔社会という〕人々を拘束する集合的なメカニズムによって無力化されていないか、という意味においてです」[PT 1: 207 f.]。この新たな直接性としての感覚は「めまい（Schwindel）」と形容される。「認識は、それが実を結ぶためには、果てしなく対象の内におのれを失う。それによって引き起こされるめまいこそ真理の指数である」[GS 6: 43 = 44]。この「めまい」を伴いながら、「事物においてなにものかを知覚し、それが閃くのを見出す」ことがめざされる [PT 1: 208]。

それではこうした直接的な感覚を伴う批判的思考は、どのような能力ないし特性によって可能となるだろうか。それはアドルノのいう自発的受動性（spontane Rezeptivität）と洗練（Differenziertheit: 細やかさ・繊細さ）に認めることができよう。「自発的受動性」という概念はアドルノがヘーゲル哲学の分析のためにフッサールから借用したものであるが [GS 5: 256 = 24]、事柄を思考し経験しようとする能動的な自発性、そしてその中で「おのれを失う」ような受動性によって織りなされるプロセスである。そしてこのプロセスの複雑さに耐えるには、諸々の差異（Differenz）を看過しない細やかさが必要だとされる。「事柄において、また事柄の概念において、極めて些細で概念をすり抜けるものを見分けられる人こそ、洗練されている（differenziert）といえる。極めて些細なものにまで到達するのは、こうした洗練だけである。洗練されてあれという要請、つまり客観を経験する能力をもてという要請のうちに――洗練されているということは主観的な反応形式にまでなった客観の経

験である —— 認識のミメーシス（Mimesis：模倣）的契機、つまり認識するものと認識されるものとの親和性（Wahlverwandtschaft）の契機は隠れ家を見出すのだ」[GS 6: 55 = 59]。

　以上のような経験をめぐるアドルノの思想は、比較的平易なエファーマンの客観的解釈学へ裏付けを与えるとともに、アドルノの経験概念のさらなる射程も示している。アドルノのいう批判的思考とその叙述をあわせて批判的認識と呼ぶなら、その認識と経験とは、その進行の中で互いを駆動させていく類のものであって、どちらかが先と後の一方向的な関係にとどまるものでない。その相互的な関係の中で社会批判と自己省察は両立するにいたるのであって、つまり社会批判と自己省察は経験によって媒介されるのである。

　またこうした「社会批判＝自己省察」は、日常の中でそのつど始められるものであり、同じ事柄に対する批判も、新たな知見を得る前と後では経験も叙述も異なってくるだろう。知識の蓄積よりもそのつどの経験にアドルノは意味を認めているため、経験や叙述の真理性は、科学的な論理性などの同一性や、あるいは何らかの能力の不可逆的な高まりよりも、最終的には主体にとっての真正性（Authentizität）によって確かめられる。この点で、特に美的経験との近接性を認めることができるだろう。

　ところで、ここまでの議論は「社会批判＝自己省察」を中心に哲学的思考に伴う経験を扱ってきたが、アドルノの経験概念は文化や芸術の享受にも及んでいる。続いては文化的経験をめぐるアドルノの洞察を取り上げたい。

第3節　文化産業の中での経験 —— テレビ・メディア批判を手がかりとして

(1)　経験の喪失の現状

　『啓蒙の弁証法』においてアドルノとホルクハイマーは、人類がその誕生から戦争や「アウシュヴィッツ」を宿命づけられていたかのように歴史哲学を展開しながら、その現代的帰結を象徴するものとして文化産業に一章を充

てていた[19][GS 3: 141 ff. = 183-261]。「文化」と「産業」という対極に位置するは
ずの二つの言葉を結びつけたこの概念は[Vgl. 細見 1996: 314-315]、文化的・芸
術的作品を商品として生産・流通・消費させる産業領域を指しながら、画一
化への社会的強制と、それを甘受する準備態勢を備えた現代人の意識への批
判も含意している。かつて手仕事によって生産され人間の精神性の具体化し
たものとしてとらえられた文化的作品（Kulturgut：文化財）は画一的な商品に
取って代わられ、それが大量生産され交換原理に従って流通・消費されてい
る。映画やテレビ、商業出版や大衆音楽においては、容易に理解され受け手
の共感を得やすい（微妙な差異を含んだ）ステレオタイプの反復によって、かわ
り映えのしない商品が提供され続ける。さらにアドルノによれば、文化産業
は人々の無意識に直接的に働きかけることで、現代社会への人々の適応に寄
与する。

　第2章で確認したように、アドルノは無意識の抑圧とそれを強いる社会シ
ステムを意識化することが重要だとしたが、それを阻むのも文化産業であ
る。現状に疑問を抱く前に、与えられた状況に反射的に適応していく行動様
式が現代社会では広く要求され、工場では与えられた仕事を素早く反射的に
処理し続けることが求められるように、文化産業の供給するステレオタイプ
に対して受け手はステレオタイプな感覚的反応を繰り返すことに自己満足す
る。また文化産業の商品は、現状の労働者の余暇のスタイルにふさわしく、
適度な幻想を含んでいたり、集中した鑑賞ではなく発散手段として消費され
たりする。アドルノによれば現代社会は様々な権力が交叉しており、人々が
それを自覚する契機は社会の様々な場面にあふれているにもかかわらず、文
化産業はそうした社会の拮抗的全体を夢物語によって覆い隠したり、社会的
強制によって蓄積された無意識のエネルギーを発散させたりすることで、現
状を相対化する批判的な距離の獲得を妨げるイデオロギー的な機能を担う。
「フロイトによれば、欲動の諸傾向の抑圧が完了することはなく、そのため
〔社会的強制によって〕意識に立ち昇ることが許されていないもの〔現状への
怒りのエネルギーなど〕を無意識に抑留するためには、個人の無意識的な心
的エネルギーの持続的な浪費が必要となる。個人の欲動のエコノミーを管理

するこのシジフォスのような〔終わりなき〕徒労は、今日では〈社会化〉されているように思われる。すなわち、この徒労は今や文化産業の諸制度が一手に担っており、この諸制度とその背後にある強力な利害関心に貢献しているのである」[GS 10-2: 508 = 87]。この「徒労」を強いるものとしてアドルノが批判するのがテレビである。

(2) アドルノのテレビ批判

アドルノはアメリカへの亡命からドイツへの帰還と前後して「テレビジョン序説」(1953 年)、「イデオロギーとしてのテレビジョン」(1953 年)、「悲観主義者が答える (Die Schwartzseher antwortet)」(1954 年) などテレビを題材とした小論を発表しているほか、1963 年には一連の教育論に連なるベッカーとカーデルバッハとの対談「テレビと教養」を行っている。まずはテレビに対するアドルノの批判的な見解から確認したい。

アメリカでは 1940 年代後半にテレビが一般家庭にも爆発的に普及し、[20] テレビを囲んで家族が団欒する姿も珍しいものではなくなっていたが、アドルノはこのようなテレビの身近さと家族の姿を批判する。所有欲という大衆の欲望によって普及したテレビであるが、今やそれを見る以外になすすべを知らぬ家族は、テレビを囲むことでつかの間の共同体の構成員の感覚を得る一方、「人と人との間、人と物との間の真の疎外」の「隠蔽」を看過する [GS 10-2: 512. = 92]。またテレビをめぐる大衆の所有欲は、テレビの画面の小ささとも関わっている。映画との決定的な違いである画面の小ささによって、番組の登場人物も小さく映される。そのため登場人物への感情移入は妨げられ、まるで登場人物を意のままにできる玩具や財産であるかのように視聴者は優越感をもって視聴することが可能になる [GS 10-2: 509 = 88]。またテレビは映画とは異なり、視聴するための労力も金銭も不要であり、夜は電燈の下、昼は窓が開けられたままで視聴される。そこに芸術作品が伴っていた祭祀性・神秘性はなく、大衆の日常に溶け込む結果、視聴者の「リアリティとイメージとの間の境界が意識にとってあいまいとなる」[GS 10-2: 511 = 91]。この日常との近さによって、視聴者は番組の細部にばかりリアリズムを要求するよ

うになるため、かえって現代社会の様々な矛盾という社会的な現実が看過されるとアドルノはいう [EzM: 60 = 84-85]。テレビ番組の制作条件についていえば、アメリカではスポンサーが番組制作に深く関与し、またひとつの番組の時間は 15 分から 30 分という短い時間が基準となっていたため、短い時間と印象的な映像で多くの視聴者を獲得できる番組が主流であった。容易な理解を拒み視聴者に集中を強いる番組ではなく、すでに視聴者が暗黙に了解しているストーリーの展開や教訓をなぞり、反射的な感情的反応を視聴者から引き出し続けるような番組が主流となる。さらにアドルノによれば、映画が伝えるメッセージが一義的であるのとは異なり、テレビドラマにおけるステレオタイプは隠されたメッセージも伝えており [GS 10-2: 520 = 104]、その多くは現状の変革を無意識的に断念させ、現状への適応を促すものとなっている。テレビドラマ以外の番組でも、ドキュメント番組ではカメラワークによる印象のコントロール [GS 20-1: 339]、オーケストラの番組では指揮者の大げさなパフォーマンスや [GS 19: 560 = 310]、主旋律を大きな音で編集する音響技師 [GS 19: 560 f. = 310-311]、また芸術祭の中継などではそこに参加できる特権階層とその「おこぼれ」に与る大衆という図式に [GS 19: 565 f. = 319-320]、アドルノは同根の問題を認めている。

(3) テレビをめぐる啓蒙

それでは、この状況を抜け出す可能性はどこに認められるか。アドルノは古きよき時代として過去を称揚したり、あるいは文化産業を拒絶した生活を勧めたりはしていない。テレビを見ないことで知識人ぶるナルシシズムや、テレビを見ないことで大衆文化とは無縁でいられるという誤った現状認識などは「脆弱な自我」の虜とみなされよう。アドルノがまず求めるのは啓蒙としての教育である。

最初にテレビを制作する側への啓蒙についてみてみよう。アドルノは、スポンサーに主導権を握られている番組制作の当事者自身が、自らの番組の腐敗ぶりをすでに薄々感じているため、テレビのイデオロギーを立証し自覚へと導く理論を制作者たちに提供することが有効だと述べる [GS 10-2: 530 ff. =

122-124]。特にこのような理論を提供するものとして、社会学者や心理学者、教育学者などの批判的な専門家たちを構成員とするテレビ機関の組織化をアドルノは提言しており［GS 20-1: 346 f.］、ステレオタイプやテレビのイデオロギー的機能がそこで調査・分析され、その成果が発信されることで、制作者たちもイデオロギーを避けようとするだろうと期待している。また制作者自身にも自らの専門性をもとにした批判的な意識を持つことが期待される。「批判的で自立的で、しばしば反体制的な人々がテレビのプログラムの組織化に協力することで、特殊な人間関係と専門的な権限を基礎としながら、ある程度は現状を乗り越えることができるでしょう」［EzM: 56 = 79-80］。ここで興味深いのは、社会の合理化の一環である分業化と専門化を否定することなく、経験の喪失を脱する展望をアドルノが示していることである。合理化による合理化の克服という弁証法的な論理をここに認めることができよう。ただし、こうした体制が実現しやすいテレビ制作の環境として、経済性の論理から比較的自由であることが不可欠だともアドルノは認識しており、経済的利益が直接的に番組制作を左右しない公営放送だけの当時のドイツの状況を評価している［GS 10-2: 530 = 122］。

　しかしアドルノは視聴者の側により大きな希望を委ねていたように思われる。ここでアドルノが期待を寄せるのが教育である。「視聴者の要求は可能なのか（Kann das Publikum wollen?）」（1963 年）と題された小論では、テレビ視聴者がテレビの制作サイドに対して「正しいもの」を要求するためには、視聴者自身が、「正しいもの」を求めようとする自己を貫くことと、文化産業に常にすでにからめ取られそうになる自己に立ち向かうこととの両方が必要になると述べ、そのためには時間をかけた教育が必要になるという［GS 20-1: 346］。さらに対談「テレビと教養」では、「イデオロギーとしてのテレビの罠にはまらないようにテレビを視る」ための教育実践をアドルノは提案している［EzM: 54 = 77］。アドルノは「イデオロギーとしてのテレビ」が、特定の価値が肯定的であるかのように押し付け、テレビの内容に意識が支配された結果として視聴者も自らの現実への注意を逸らすと批判したうえで、その問題を視聴者自身が考えて判断することとともに、イデオロギーへの対策として

テレビの見方を指導することが必要であると論じている［EzM:: 55 = 77-78］。こうしたテレビのイデオロギーの技法と内容を教えることをアドルノは予防接種（Schutzimpfung/Impfung）と呼ぶ［EzM: 55 = 78; GS 10-2: 531 = 121; Vgl. GS 20-1: 346］。すでに見たように、アドルノは講演「過去の克服とは何か」でプロパガンダの詐術の啓蒙もまた予防接種と呼んでいたが［EzM: 27 = 34］、テレビの教育においても同じような啓蒙が求められている。「〔テレビ番組の中で〕常に繰り返される少数のアイデアやトリックを支えているイデオロギーを、はっきりと低俗的に提示してやるならば、それに言いくるめられることに対する公共的な嫌悪感が形成されるだろう」［GS 10-2: 531 = 121］。たとえば公民教育の授業（staatsbürgerliches Unterricht）において、テレビ番組での家族の描かれ方を極端な演出によっていろいろと提示しながら、それが番組の中でどのような意味を持っているか気づかせることもアドルノは有効であるとしている［GS 20-1: 346］。「正しい番組の選び方」といったレベルではなく、よりミニマムにテレビ番組の個々の場面で、そのイデオロギー的特性やステレオタイプを見通す力がここでは求められている。またアドルノは映画について、教師が生徒に商業映画を見せながら、そこに潜む「ペテンと嘘」を教えることが有効だとも述べているが［EzM: 145 = 204-205］、このような啓蒙はテレビの場合にも可能であろう。こうした啓蒙は、第3章で扱った啓蒙としての教育に通じるものである。

（4）　メディアとしてのテレビの可能性

　ただしアドルノは文化産業を象徴するテレビを批判しながらも、テレビというメディア固有の特性をふまえながら、文化産業を内在的に超える可能性も示唆していた。まずはテレビに対するアドルノの肯定的な見解を確認しよう。彼がテレビを批判しながらもテレビに無縁な生活を推奨していないことはすでに言及したが、テレビによる啓蒙それ自体は評価しており、たとえば恋愛ドラマに登場する女性に憧れて恋愛のマナーを学ぶのはよしとしている［EzM: 57 f. = 81-82］。アドルノがテレビをイデオロギー的というのは、あくまでテレビの映す「健全な暮らし」が現実的なお手本として受け取られ、それ

さえ実現すれば社会的な問題は解消するかのようなイメージを無意識的に人々に根付かせるところにある。したがって、情報提供の装置としてテレビを授業で活用することにもアドルノは好意的である。たとえば物理学の授業などで優れた教師の授業録画を用いれば、「生徒の集中したテレビ視聴によって、技術的にも質的にもたいへん改善された授業を行える可能性があります」と認め [EzM: 65 = 90]、また法案の可決の過程について教師が長々と話すよりも国会中継をわが身の問題として見ることのほうが政治的判断の学習に有効であるとも述べている [EzM: 54 = 76]。さらに、強制収容所での暴力の担い手がもっぱら地方出身の若者であったと指摘しつつ、権威主義が未だに多く残存する地方にあっては、教師による直接的な教育よりもテレビ放送を用いた授業にこうした問題の克服される可能性があるとしている [EzM: 94= 132]。

また視聴者を多くは獲得できない前衛的な番組の存在にもアドルノは希望を見ている。ハンブルクのラジオ放送局において、聴取率をほとんど顧慮せず時間をかけて制作された前衛的なクラシック音楽の番組が多くの聴取者を形成したことを例に挙げながら、同様のテレビ番組が一種の「避難所」として組まれ、大衆向けの番組との共同企画などが行われればよいのではないかとアドルノは提案している [EzM: 66 f. = 92-93]。

ただしアドルノは、ある内容を効果的・合理的・経済的に拡散させる手段にすぎず、内容とは無関係な透明な媒体であるとみなすテレビ理解にとどまってはいない。テレビのまた別の側面、すなわち不透明で物的なメディアという側面にもアドルノの洞察は及んでいる[22]。たとえば、アドルノはテレビのリアルな声と映像に出てくる人間の小ささの不均衡に注目し、この不均衡によってテレビで提供されるリアリティへの疑念が生まれ、現実への批判的な意識につながる可能性があるとも指摘する。ただし、その可能性にアドルノは懐疑的で、かえってテレビに対する倒錯した狂信性も危惧してはいる [GS 10-1: 510 = 89]。

しかしメディアとしてのテレビと、そのプログラムの内容 ——「番組」という言葉がこれから述べる「芸術作品」という内容になじまないため、ここ

134

からはあえてテレビ・プログラムと呼びたい——との相乗効果について、アドルノは次のように述べている。

　テレビという技術的な手段は新しいものです。しかし、これまでの内容や様式、そしてそこから生まれているものは伝統的なままです。したがってテレビには、それにふさわしい内容を発見し、独自の内容を持った放送を行うという課題があります。〔中略〕テレビの情報を伝え記録する要素の意味、リアリズムに対してモンタージュと異化が持つ意味、研究と番組制作の相互作用の意味、いわゆる学校の閉鎖性が崩壊することの意味、一般的な放送と特殊なプログラムを持つ放送の意味——これらは全て革新的であるはずです。この点において、テレビ・メディアに特有の社会性とテクノロジーとが一致するように私は思えます。旧来の文化財をテレビ放送がコピーしたり補足したりすることは、内容的にも形式的にもテレビ・メディアの革新性に対する逆行でしかありません。この革新に、わたしはひとつの基準、テレビのめざすべき指針を認めています。テレビは教養（Bildung）の概念にとどまることなく、それを超えて発展していかなければなりません [EzM: 68 = 94-95]。

　アドルノは、テレビというメディアの特性を突き詰めたテレビ・プログラムが創造されることによって、テレビ・プログラムが単なる情報提供や教養としての位置づけを超える可能性を示唆しているのである。

　それでは、このようなテレビ・プログラムの例をアドルノはどのように語っているだろうか。テレビでの音楽番組について語ったある対談において、アドルノは優れた伝統的音楽作品の鑑賞には視覚的なものは邪魔になるという見解を示しながらも、作曲家ベルクのオペラ作品「ヴォツェック（Wozzeck）」の映画化の構想が、可動式のマイクロフォンの利用によって主声部を「立体的に提示」しようとするものであった点で評価している [GS 19: 560 = 308-309]。それでは映画ではなくテレビについてはどうかというと、アドルノはかなり悲観的ではあるが[23]、ベケットの戯曲に対して肯定的な評価

も語っている。「まず技術的にテレビのことをよく理解し、ベケットの作品のような素晴らしいドラマが複数のメディアに特に合っていることに気づき、さらにベケットの『クラップの最後のテープ（Das letzte Band）』が聴覚的かつ視覚的にも実際に番組に値するほどのエネルギーを持っていることに気づく人々が、テレビの領域に必要です」[EzM: 56 = 80]。ただし『クラップの最後のテープ』に関するこれ以上の批評をアドルノは行っていないため、ここではあえてアドルノを離れてベケットの別のテレビ・プログラムをひとつ取り上げてみたい。ポストモダンの思想家として知られるドゥルーズ（Gilles Deleuze）の批評によると、ベケットのテレビ・プログラム「クワッド（Quad）」や「幽霊トリオ（Trio du fantôme）」は、テレビのカメラ・ワークや空間概念を駆使することで、視聴者にテレビの空間的特性の自覚を促しながら、反復が延々と続く現代社会への批判をも促すものとなっている［ドゥルーズ／ベケット 1994]。[24]アドルノがこの作品を批評したならば、おそらく同様の批評を行っただろう。

　アドルノは文化産業を代表するテレビに対しても、悪しき現状とは異なるものの萌芽を読み取ろうとしていた。その情報提供の機能の可能性を訴えるにとどまらず、映画やラジオとは異なるテレビ固有の特性を活かした番組・プログラムの制作も示唆していた。現代社会の合理化の問題を批判しながらも、その合理化の産物である分業化と専門化そしてテレビの技術をさらに押し進めることによって、合理化の問題が克服される展望をアドルノは描こうとしていたのではないだろうか。つけ加えると、ここまでのテレビに対する洞察をふまえてみれば、本章の第1節で扱った不透明で物的で謎めいた言語の表現性をめぐるアドルノの言語観もまた、メディアとしての言語という観点によるものだったということができる。アドルノのメディアへの洞察は、メディアの固有性を先鋭化させることでそのメディアの罪責を贖うという弁証法的な論理に支えられており、ここに単なる悲観主義者ではない彼の一面を見て取ることができるのではないだろうか。

　ところで、ここでアドルノが想定したのは芸術的なテレビ・プログラムであった。アドルノの芸術論はその内容もそこで高く評価される作品も含めて

難解で知られるが、次節ではその芸術経験について取り上げてみよう。

第4節　西洋近代芸術としての音楽の経験とその教育

(1) 西洋近代の芸術理論

まずはアドルノ特有の芸術論の概観を確認しておきたい。アドルノの芸術論は、作品をその制作者の意図や才能あるいは状況に還元しがちな制作美学や、受容者の多様な解釈を容認する受容美学とは一線を画している。それは西洋近代芸術の全体、つまり芸術というジャンルの誕生から20世紀の芸術の「危機」が語られる彼の同時代までの歴史や、個々の作品を扱う批評、そして芸術と社会との関係を扱う芸術社会学をも横断する包括的な芸術論である。

西洋近代の芸術史

アドルノによれば西洋近代芸術は宗教的価値や装飾的価値に還元されない独自のジャンルとして自律を果たした後、社会的進歩と歩調を合わせるかのようにその材料・素材が多様化し、その処理方法も高度化する一方で、録[25]音技術の発展や音楽を嗜む階層の拡大などによって社会におけるその受容のあり方も変化した。社会に対する芸術というジャンルの自律的でも他律的でもあるこの関係をアドルノは次のように述べる。「芸術史に一義的構造を与えることは不可能であり、進歩をめぐる全ての議論は、存在しているともいえるし存在していないともいえる〔両義性の〕宿命を負っている。その原因は、芸術の自律性 —— 社会的に決定されたものを芸術は含んではいるが —— と社会性という二重性にある」[GS 7: 312 f. = 358]。西洋近代芸術は、社会の「モナド」として内部に社会的なものを含みながらも独自の存在である[26]ため、個々の芸術作品に社会的なものを読み取ることが可能であるが、[27]それに尽きないものもまた見出されるのである。

とりわけ文化産業が全盛の時代を迎えた現代にあって、芸術は難解さの度合いを強めているが、これは近代芸術が自己反省の運動——とりわけ過去の作品とは異なるものを新たに生み出そうとする前衛性をめざす運動——の果てに、芸術の個々のジャンルだけでなく[28]、芸術そのものの前提を掘り崩すまでにいたった結果だとアドルノは分析する。そして今や「芸術に関することで自明なことは、もはや何一つないことが自明になった」とされる[GS 7: 9 = 7]。

このように社会的なものを含みながら難解さを増してきた芸術について、アドルノは芸術の言語的性格という観点、すなわち本章第1節でも取り上げた伝達性と表現性という二つの側面の緊張関係という観点からも説明している[29]。芸術というジャンルの自律化以降、一方では、作品制作における素材の自由な処理と体系的な構築が進展し、その結果として何かを伝達することが芸術によってより効果的に可能になった。それは制作の主体が素材という客体を意のままに操作するという点で、芸術における自然支配と呼べるものである。だが他方で、そうした支配によって見事な作品を制作していたベートーヴェンやゲーテは、晩年には不可解で理解困難な作品を制作していくにいたった。こうした彼らの「晩年様式」が先取りしていたように[GS 17: 13 f. = 15-21; GS 11: 129 ff. = 155-168]、芸術史においてもやがて謎めいた表現としての作品が登場するようになる[30]。そしてアドルノの同時代の前衛芸術は、継承された伝統や素材ひいてはジャンルそのものを否定することで作品を意味づけるものとなった。西洋近代芸術の歴史は、伝達性の徹底による表現性の逆説的な現れ、あるいは（素材としての）自然支配の徹底によって逆説的に（不可解で支配に収まりがたい）自然の表現が現れてきたプロセスとして理解されるのである。

「力の場」としての芸術作品

アドルノはしばしば芸術作品を「力の場」と形容する[31]。この言葉は、個々の芸術作品を成立させようとする主体と素材という客体——ただしこの素材＝客体が複数であることに留意しておきたい——との緊張関係が作品に

凝集していることを表している。作品を制作する主体は、素材の統御という自然支配の原理に従って制作しようとする。だが他方で制作主体は、客体である様々な素材の宿す諸々の諸傾向（Regungen）との対決を強いられ、その傾向を受けとめながら、作品としての統一性を与えざるをえない。素材が成立した歴史的背景、主体に対する個々の素材の抵抗、素材同士が起こす齟齬といった素材の諸傾向は、社会のプロセスと連動しながら芸術作品を成り立たせているとアドルノはいう。「素材の単なる自己運動と思われているものも、実は社会のプロセスと同じ起源を持ち、幾度も社会のプロセスの痕跡を交えながら現実社会の進行と同じ方向で進行している。〔中略〕作曲家における素材との対決は、社会との対決でもある」[GS 12: 38 = 48-49]。

このような芸術作品は伝達性と表現性の緊張関係によって成立していると言い換えることもできるだろう。「どんな音楽もそうであるが、新しい音楽は構築的な要素とミメーシス的な要素との緊張の場なのであって、そのどちらか一方になってしまうことは、他の音楽と同様にほとんどないのである」[GS 14: 338 = 288]。ここでいう「構築的」は伝達性、「ミメーシス」は表現性に関わるものとしてとらえてよい。また社会との関係についていえば、芸術作品は「モナド」として同時代の社会の緊張関係の縮図でもあることから、作品は社会の表現でありながら社会に対する批判的機能を担い、[32]さらに芸術作品が素材の傾向をひとつの作品の中で纏め上げている点で異質なものの共存というユートピアを暗示しているとされる[33]。伝達性と表現性の緊張関係は、芸術作品の内在的な原理であるとともに社会的な意義の源泉でもある。

(2) 芸術経験における理解と謎

以上のような芸術観から、アドルノは芸術作品の緊張関係を追構成するかのような、正確な理解を求める。「芸術作品を理解するとは、諸概念へと翻訳することではなく、〔中略〕作品に内在する運動の中に身を置くことである。その固有の論理に従ってもう一度耳によって作曲され、目によって描かれ、言語感覚によって唱和されるとき、はじめて作品は理解されるといってよいかもしれない」[GS 11: 433 = 144]。こうした理解は、単なる楽曲の受動的

第4章 経験への教育　139

な享受とは異なり、集中して作品を聴取しようとする高度な能動性を必要とする。

　だがアドルノは、そうした聴取に成功したとしても、感性的な充足（Wohlgefälliges）と理解が十全に一致した究極の芸術経験というものに疑念を示している。その理由としてはまず、現在の芸術作品に関しては、感性的充足とは程遠い感覚を与えるものや多義的なものが登場し、極めて難解になったこと自体に認められよう。また文化産業が全盛の時代にあって、ステレオタイプ的な享受に親しんだ人々には、その難解さに拍車がかかることもあるだろう。だが過去の芸術作品に関しても、過去に成立した作品は現在とは理解の地平が大きく異なり、その同時代のように十全に経験することはできない。これをアドルノは現在の視座からの作品内容の「瓦解（Zerfall）」と形容する。[34] したがって芸術作品はいわば外側から理解するしかないのだが、そこで手がかりとなるのが芸術作品の形式である。アドルノによれば、かつて作品制作のうえで慣習的に踏襲されてきたにすぎなかった形式は、近代芸術の制作において作品を構成する原理となり、やがて芸術の自己反省の運動の中で制作の素材になるにいたった。ただし芸術の制作において形式は必ずしも意識化されておらず、「作品の中に閉じ込められ」ていた形式を当時の受容者も自ずと受け止めていた［GS 17: 53］。しかし、そうした地平が失われた現代にあって過去の作品を受容するには、形式を意識化し手がかりとするしかない。それをアドルノは、作品に内在する「形式が解放されて出現してくる」［GS 7: 433 = 61］、あるいは「作品の功績、つまり作品の形式水準、作品の内的構造といったものは、素材が古びるか、または作品の前面としての最も目立つ特徴に向けられる意識が鈍るとき、はじめて明瞭なものとなるのが常なのだ」［GS 7: 291 = 333］と述べている。作品を構成する形式を、時に制作者を含めた当時の人々以上に明瞭に意識することで、過去の作品であってもその理解は深まり、場合によっては独創的で大胆な作品の翻案も可能となる。[35] しかしそれでも、作品の中心には「謎」が残るとアドルノはいう。「作品の謎特性（Rätselcharakter）は作品の非合理性というよりも、むしろ作品の合理性を前提としている」とアドルノは述べるが［GS 7: 181 = 206］、これは作

品の構造が伝えるものを突き詰めた先に、表現として残る謎といってよいだ
ろう。「この本質的な謎はごく透徹した芸術経験を通して、はじめて繰り返
し明瞭なものとなる」[GS 7: 183 = 208]。作品の形式を手がかりとした丹念な
追構成によって謎の輪郭が「明瞭」になる知的かつ感性的な出来事にアドル
ノは芸術経験を認めたのだった。

(3) 音楽の特性とその経験

ところでアドルノが諸芸術の中でも音楽に特権性を認めていたことはよく
知られている。これは「音楽に特有の謎特性」への着目によるところが大き
い [GS 18: 152]。「完全な謎であるとともに完全に明白でもある音楽は、他の
芸術をしのぐ典型的な芸術と見なすことができる」[GS 7: 185 = 209]。音楽は
他の芸術や文学とは異なり、物質的な作品ではなく、視覚や概念によって何
かを再提示する伝達的なものでもないため、人によってはそこから何ものも
受け取らない。鳴り響いては消えていく音の継起が、先行する音と後続する
音との連関によって作品となる、最も先鋭的な時間芸術である。そこからア
ドルノは、「他の芸術的媒体とは異なり、音楽の本質は一義的には提示でき
ず、また感受する主体に対して同一的な強制力を持っていない」として [GS
18: 152]、その伝達性ではなく表現性を高く評価する。[36]「音楽において重要な
のは意義ではなく身振りである。音楽が言語であるというとき、音楽は、音
楽史における譜面と同様に、身振りの沈殿した言語から現れたものである」
[GS 18: 154]。

こうした音楽作品を経験するために、アドルノは構造的聴取（strukturelles
Hören）が必要であるとしている [GS 15: 245 ff. Vgl. GS 14: 181 f. = 23-25]。ここで
いう構造とは、先ほど触れた芸術作品の形式といえるだろう。ただしそれ
は、たとえばソナタ形式などの知識を楽曲にただ当てはめることではない。
楽曲の進行に身を委ねながら、先行する部分を記憶しつつ後続する部分を予
測するという緊張の中で楽曲を追構成的に聴取し、結果としてたとえばソナ
タ形式を聴き取ることが重要になる。聴取者による追構成という能動性は、
伝統的な作品の聴取だけでなく、アドルノが高く評価した新音楽（Neue

Musik) の聴取においても重視される[37]。バッハ（Johann Sebastian Bach）に始まり中期ベートーヴェンを頂点とする作品には[38]、展開（Durchführung）もしくは発展（Entwicklung）という諸契機の有機的な連関があり、それは調性に慣れ親しんだ同時代の聴取者にとっては容易に理解可能なうえ、その連関の全体性は直接的に感性的な充足を生むものであった。だが、新音楽の楽曲においては容易に連関を聴取できないため、単なる非連続的な音の羅列としてしか聞こえず、感性的充足も成立しないことがしばしばである。そこで聴取の能動的な構成力がいっそう必要になる。新音楽の作品にあっても、音楽である以上は諸契機の何らかの有意味な連関がある。楽曲の進行において「現在のもの」が「先行するもの」や「後続するもの」と結びうる連関、あるいは同時的に生じる和声や多声の連関を、聴取者が演奏するかのように能動的に聴取することで、楽曲の全体が明らかとなり、またその美を —— かつての楽曲と聴取の間に成立した充足感とは異なり瞬間的なものではあるが —— 経験できるというのである [GS 15: 246 f.]。

(4) アドルノの音楽教育論

アドルノの音楽教育に関する発言には、青年音楽運動の流れを汲んだ音楽教育への批判が一貫している [Vgl. Hodek 1977; 庄野 1988; 長谷川 2005; 上野 2017][39]。第二次世界大戦以前もそれ以後も、ドイツにあっては子どもの恣意に委ねられた「自由な演奏」が音楽教育の主流であった。しかしアドルノは、あくまで構造的聴取へ接近する教育を重視していた。音楽教育論においてまずアドルノが語っているのは、楽曲の有機的連関の聴取にある。「あるベートーヴェンの楽曲の完全な形が突然閃くやいなや、一瞬のうちにまるでピントが合ったように全体を思い浮かべることができたピアノの生徒は、〔中略〕全人教育の卒業生の誰よりも芸術についてはよく知っている」[GS 14: 119 = 212]。それを学ぶための楽曲としては、「バッハから調性音楽の末期までの、重要だが技術的に難しすぎない作品」が望ましいとされる [GS 14: 124 = 220]。現代の状況下では、調性は大人だけでなく子どもにとっても「自然」なものであるため[40]、調性に則っていれば極度に子ども向けの楽曲である必

要はない。そしてレコードなどを利用して、「重要な転回点と発展部分でちょっとした説明をささやいてもらいながら曲を繰り返して聴く」ことで[GS 14: 125 f. = 222]、子どもは楽曲の全体性と美に接近する。あるいは逆に、楽曲の全体性から出発して部分を展開してもよい [GS 14: 125 = 221]。部分と全体という楽曲の構造を、その時間芸術としての進行に従って経験させることが音楽教育において重要となる。

このような音楽教育は、子どもにとって難易度が高いものに思われるかもしれない。しかしアドルノは、「『難しすぎる』という悲鳴はタブーと禁止に対する反動形成にすぎない。洗練（Differenzieren：差異化）の可能性、質的多様（qualitativ Verschiedenes）を知覚する可能性は、子どもたちがミメーシスの財産として受け継いでいる。しかし大人たちは子どもたちに分別を植え付けて矯正してしまうのだ」と述べている [GS 14: 117 = 208]。そのため、「『難しすぎる』作品を授業で扱っても、生徒たちに経験をもたらすことに教師が成功すれば何の問題もない」[GS 14: 125 = 221]。ただし、たとえば幼児が口ずさんでいる民族歌謡に根本動機の反復と変奏という構造があることに気づかせたり、あるいは楽曲の進行にコメントを加えながらその動的構造を理解させるランニング・コメントを取り入れたりするなど、教師の側が音楽の「専門用語」を読み解いて子どもに沿ったものにしていく工夫も求められる [GS 15: 169]。それによって「耳が開く（die Ohren aufgehen）」瞬間の喜びを提供することを [GS 14: 116 = 206][41]、アドルノは音楽教育に期待するのである。

ただし、以上のアドルノの音楽教育論の主題には回収されないものについてもここで言及しておきたい。第一に、「モナド」としての楽曲が含んでいる社会的なものについてである。アドルノは論文「音楽教育によせて」の最後で次のように述べている。「真の音楽教育とは、つまるところ、芸術音楽の中に、その時代と結びつきながら現れてきたものを理解することにほかならない」[GS 14: 126 = 223]。いわゆる歴史的・社会的背景をふまえた作品理解が求められるのだが、この背景をいかに教えるか、アドルノは音楽教育論の中では全く論じていない。しかし彼は論文「現代における哲学と音楽の関係について」では、ある音楽作品の中にその歴史性を読み取るすべとして哲学

第 4 章　経験への教育　143

を要請していた。アドルノはベートーヴェンの楽曲とヘーゲル論理学には歴史的な布置連関に根差した親縁性（Verwandtschaft）があるとして、次のように述べる。「音楽の客観性に対する哲学の位置、つまり音楽から聴き手に発せられる謎の問いに対して概念をもって回答しようとする試みは、こうした布置連関をその内奥にいたるまで、技術的行動様式だけでなく音楽的特徴においても、規定することを求める」[GS 18: 159]。たとえベートーヴェンの楽曲の構造的聴取から感性的充足を得たとしても、その充足は当時の高揚感に満ちたブルジョア階級の聴取と一致することはない。アドルノの求める音楽経験においては、楽曲の構造的聴取とともに、その楽曲の社会的な媒介連関を辿る思考が求められる。本章第 1 節で扱った「社会批判 = 自己省察」と芸術経験とが結びつく可能性をここに認めるならば、たとえば子どもとともに楽曲を聴きながら当時の時代について話したり、同時代の別の文学作品を教えるなど、大人による教育の余地はあるといえよう。

　第二に、聴取をめぐる環境の問題である。アドルノは現代社会において構造的聴取が極めて困難になったことをはっきりと認識していた。構造的聴取を不要とする音楽が文化産業によって提供され、それに馴致された聴衆が形成されているという現状にもその原因を求めることができるが、それだけではない。アドルノは自らの幼少期、大人たちの演奏する室内楽に寝室で耳をそばだてた「無意識の知覚」によって「深く音楽の核心に入っていった」経験を述懐しながら [GS 14: 125 = 223]、「そのような音楽的教養は自ずと前衛的な音楽に到達する」と述べる一方で、この音楽的教養が失われてしまった現在では、レコードによる室内楽の演奏や新たな音楽教材が求められると述べている [GS 14: 125 f. = 222-223]。だが他方で、対談「教育 —— 何のために」では、全く同じ経験を語りながら、次のように述べている。「非随意的な想起（unwillkürliche Erinnerung）、あるいはそもそも非随意的なもの（Unwillkürliches）にかかわる敏感な〔深い心理的な〕層については、制度化という経験領域での対象化が困難です。〔中略〕このような経験を、改めて整備されたプロセスによって与えようとしても、本当にこのプロセスが経験の層の深みに届くものでしょうか。私にはその疑いを払拭することができません」[EzM: 112 =

157]。大人の意図しなかった経験、暗い寝室のドアの向こう側から音が聴こ
えてくる時間の経験、そしてその後の音楽経験の礎となった経験——そう
した経験をレコードや教材によって補完することは可能だろうか。むしろア
ドルノは、それらの意義は認めつつも、十全に補いうるという過信は教育の
傲慢であると批判するのではないだろうか。なぜならば、自然支配の一種と
しての子どもの教育に対する警告とともに、子どもの経験能力への高い評価
と期待もアドルノには認められるからである。「人の注意をまず非本質的な
ものに向け、次に本質的なものへ導いてやるということが、教育的配慮とし
てそもそも存在しうること自体、私には考えられないことである。非本質的
なものにばかり注意が向かうと、いつしかそれが習慣となり、本質的なもの
を全く経験できなくなる。間違ったものから次第に正しいものへと移行して
ゆくような、そのような漸次的な馴化のプロセスが芸術において問題になる
とは、私にはとても思えない。芸術経験において認められるのは質的な跳躍
なのであって、そんな曖昧模糊としたプロセスなどではないのだから」[GS
19: 567 = 322-323]。教育はこの「質的な跳躍」を約束することはできない。「質
的な跳躍」の可能性は子どもの側に見出される。

第5節　子どもの経験の可能性

　『ミニマ・モラリア』はエッセイ集ということもあるだろうが、子どもに
対するアドルノの様々な洞察と期待をうかがわせるものとなっている。いく
つか取り上げてみよう。子どもは性に関する迂遠な言い回しや断片的な観察
から正しい性の観念を収斂させる [GS 4: 53 = 56]。等価交換の商品世界とは異
質な絶対的個別性を玩具や動物に認める子どもは、その経験の中で「正しい
生活のための無意識的なレッスン」に従事している [GS 4: 259 ff. = 358-360]。
待ちわびた遠来の宿泊客を自宅に迎えた瞬間、今の自宅が終の棲家でないこ
とを知り、彼方の幸福への憧憬を覚えた子どもは、「大人になってもそうし
た期待を忘れない」[GS 4: 202 ff. = 271-273]。——こうしたアドルノの洞察と

期待は、否定的な現状を脱する潜勢力を子どもに認め、大人にもその記憶を喚起しようとしているかのようである。

『否定弁証法』の最終章「形而上学についての考察」では、「そもそもアウシュヴィッツ以後に生きることができるか」という絶望的な現状認識の中で、なおも現状の外部を希求する契機となる形而上学的経験（metaphysische Erfahrung）の問題が扱われているが [GS 6: 355 = 440]、ここでもアドルノは子どもに言及しながら議論を進めている。アドルノによれば、腐臭に惹かれる子どもは、文明的な教育に抑圧されたものに惹かれているのであって、それは否定的な現状の認識とそれがどこへ向かうのかという関心に通じる [GS 6: 359 = 445-446]。自分の街が大好きで、その魅力はその街にしかないと思い込む子どもの絶対的に個別的な幸福の経験は、確かに客観的とは言いがたいが、しかしその後の生と現状がこの経験から遠ざかっても、その遠さゆえに、今の生と現状を超えた何ものかを意識するための礎となる [GS 6: 366 ff. = 456-460]。こうした経験は、永遠の苦悩を強いるかのような現状のなかでも、それが変わりうることに気づかされる移ろい（Vergängnis）の認識に通じる [GS 6: 353 = 436]。この認識とともに、「人間的なものとの共感を通じた、主体の内なる自然の自己省察」を伴う、「自らの自然性の経験の中で自然を超え出る」ことにアドルノは現代的な形而上学的経験の希望を見出すのである [GS 6: 389 = 488-489]。アドルノにとって子どもの経験は、同様の経験をもたらす「偉大な芸術作品」などとともに [GS 6: 389 = 489][44]、「アウシュヴィッツ以後」の絶望的な現状認識を脱する契機として位置づけられているのである。

さらに遺著『美の理論』では、崇高（Erhabenes）と自然美（Naturschönheit）そして人為としての芸術作品をめぐる議論において、子どもは美的経験の重要なモデルとなっている。周知のようにカントは『判断力批判（Kritik der Urteilskraft）』（1790 年）において自然に圧倒されながらそれに対峙する精神に崇高感情を認めたが [KGS V: 244 ff. = 144-307]、アドルノはこのカントの洞察に、自然を美として意識し経験するようになった当時の人々の意識を読み取る [GS 7: 109 = 119-120]。だがカント以後、自然はもはや人為と見極めがたく

混淆し、また主体の側も自然に対峙する力を失ったが [GS 7: 293 ff. = 335-339]、それでも「伝統的な美の理念として唯一残された崇高」の可能性は芸術作品に遺されているとアドルノはいう [GS 7: 293 f. = 336]。すなわち、自然と人為の混淆と緊張を先鋭化させた芸術作品、とりわけ移ろいを最も的確に表現する音楽作品と、それに「抵抗」的に対峙する「自己の自然性についての人間の自己意識」としての崇高の経験に、アドルノは現代における希望を見出すのである [GS 7: 295 = 337]。そして、こうした現代の自然と人為との混淆を前にした美的経験のモデルとして、アドルノは子どもの経験を語るのである。「自然美がそのイデオロギー的な視座に背を向け、人為との関係の中へと救出されるためには、美的態度の前提として、子ども期における自然美との親密さ（Vertrautheit）が必要なのかもしれない」[GS 7: 109 = 119]。子どものこの「親密さ」は、たとえば次のようなかたちで認められる。「複雑で多層的なマーラーの音楽をほとんど正確には理解しないような子どもたちでさえ、思い違いかもしれないが、〈私は楽しく緑の森を歩いた〉という歌の心の痛みを、大人たちよりもよく理解したのだった」[GS 13: 204 f. = 76-77]。構造的聴取ではなく誤った聴取によってかもしれないが、前衛的で複雑なマーラー（Gustav Mahler）の楽曲から、「楽しく」と歌う「心の痛み」のニュアンスを経験できる —— このようにアドルノは子どもに美的経験のモデルを認めるのである[45]。

　ところで、この経験は子どもにのみ許されているのではないかという疑問も浮かぶだろう。しかしアドルノは、人間の「心的諸傾向は、模倣、遊戯（Spiel）、そして別のものになりたいという願望（Andersseinwollen）のようなものを常に伴っている」とも述べている[GS 4: 174 = 232]。アドルノの音楽教育論の「洗練の可能性、質的多様を知覚する可能性は、子どもたちがミメーシスの遺産として受け継いでいる」という部分をふまえて [GS 14: 117 = 208]、この心的傾向をここではミメーシス的傾向と呼んでおきたい。アドルノは、人間は誰もがミメーシス的傾向を有しているととらえており、「ごっこ遊び」のような子どもの日常だけでなく、フロイト的な自我形成観の前提にある（男児における父親との）同一化、さらにはユダヤ人のステレオタイプを誇張的に

第4章　経験への教育　**147**

真似ながら嘲笑する反ユダヤ主義者にも認められるとしている [GS 3: 204 ff. = 283-312]。その一方で、ミメーシス的傾向は自己保存を脅かすものでもあるため、その理性的な抑圧が必要になる側面もある（ただし第3章第2節で確認したように、その理性的なものもミメーシス的傾向の産物である）。つまりアドルノはミメーシス的傾向と理性的なものとの不可分で入り組んだ関係を念頭に置いたうえで、現状における両者の悪しき共犯関係を告発し、その関係の組み替えを求めていたのは確かである[46]。ただし、子どもから大人への成長におけるその望ましいあり方をアドルノは一般化して体系的に描くことはなかった。たとえば彼の精神分析的な昇華（Sublimierung）の概念を手がかりにして、それを再構成することも可能ではあろうが [Vgl. Whitebook 1995]、しかしここでは、これまでの議論と同様、悪しき社会的強制の告発に比重を置いたアドルノの意図に従って、この強制の除去に彼の期待をまずは読み取ることにしたい。すなわち、現状を支配する悪しき社会的強制が緩和されれば、ミメーシス的傾向は少なくとも攻撃性を緩めるのではないか、そして理性的なものとの悪しき共犯関係に囚われないですむのではないか、という期待である。ユダヤ人のステレオタイプを真似て嘲笑する反ユダヤ主義者のように、野蛮へ奉仕するミメーシス的傾向を備えた大人さえ、現状の社会的強制が緩和され他律の回避がなされるならば、子どもの経験に近づくことが可能だとアドルノは考えていたように思われる。

　それでは、このような子ども理解と大人理解から、どのような展望が導かれるだろうか。子どもに関していえば、まずは経験能力が保持されるための教育が求められよう。第2章の結論をふまえると、ミメーシス的傾向の全体的な抑圧が経験の喪失に通じるため、まずは抑圧の軽減ないしいくつかの抑圧の除去は必要となる。また経験の機会の提供を含めた教育の実践についていえば、そこで意図されるべきは経験能力の擁護であろう。たとえば、構造的聴取とそれに伴う哲学をめざす教育は、無知で無能な子どもへの教育ではなく、すでに「質的な跳躍」を果たした子どもの経験に後から輪郭を与えること、あるいはいつか訪れるかもしれない「質的な跳躍」のために輪郭を提供することとしての教育である。他方で大人に関していえば、子どもの経験

は、遠くはあるが無縁とはいえない目標である。「芸術作品の理想的な知覚とは、媒介されたものが直接的なものとなるような場としての知覚である。すなわち素朴さとは根源ではなく目標なのである」[GS 7: 502 = 147]。大人にとっての構造的聴取とそれに伴う哲学は、子どもの経験にいつかたどり着くための迂回路といえよう。

　しかしこうした経験は個人的な芸術経験に限られる必要はない。子どもと大人の「不透明な間」で、社会批判と自己省察をつなぐ認識とその経験が結晶することもある。次の『ミニマ・モラリア』の一節は、子どもにおける「社会批判＝自己省察」の経験を最も的確に描きながら、子どもと大人の「不透明な間」での経験をも示唆しているように思われる。

　　幼い私が、薄手の貧しい身なりの雪掻き人夫をはじめて見た時のことだ。不思議に思った私の問いかけに母は「あの人たちはお仕事がないから、ご飯が食べられるように雪かきをさせてもらっているの」と答えた。私は、「あの人たちが雪掻きしなければいけないのは当たり前のことなんだね」と憤然と言い放ちながら、取り乱し泣き出したのだった [GS 4: 217 = 295]。

　目にした光景と母の言葉、そして自らが発したあまりに残酷な言葉は、幼いアドルノに憤激と涙をもたらした。この経験はその後のアドルノの社会批判と自己省察の礎となり、ここで想起されるにいたったのだろう。他方で、アドルノの言葉と涙を前にして、彼の母の立場にある読者は、それを無視することも寄り添うこともできる。「世の中はそんなものだ」と突き放すか、心を砕いた言葉をかけながら手を差し伸べるか、「社会批判＝自己省察」へと協働するか。子どもと大人の間のこうした経験が、対等な社会の主体として連帯する契機になるのかもしれない。

　本章はモレンハウアーの議論を手がかりとして始められたが、彼のアドルノ評価はその芸術経験に焦点を当てるものだった。それに対して本章では、経験概念が登場する多様な文脈を視野に入れることで、消え去りつつも全く

失われてはいない経験の契機の「遍在」を示そうとした。アドルノは社会と個人、思考主体とその言葉、文化産業とその受け手、芸術作品と鑑賞者などの「不透明な間」に経験の契機を見た。同一的な思考や社会の中での非同一性の経験、言語やテレビといった透明なメディアの只中に現れる不透明性、社会に他律的でもあり自律的でもある謎としての芸術（そして最も先鋭的な謎である音楽）、そしてそこでの不安や苦痛や涙、遠いものへの憧憬、絶望の中での形而上学的な希望、自然と人為の混淆に対峙する抵抗 —— 崇高と自律が「抵抗」に収斂するのは偶然ではない —— の一切は、この「不透明な間」を可能にする「余分の要素」であったといえよう。そして、子どもには大人よりも優れた経験能力が認められるため、「経験への教育」とは、経験能力を子どもに与えることではなく、社会的現状の中で脅かされている子どもの経験能力を尊重し保持するための寄与ということができる。[47]他方で、大人にとって経験は課題であり、子どもの経験能力が目標となるが、そこに近づくためには洗練と「痛みを伴う認識の労苦」が求められよう［EzM: 22 = 29］。そしてアドルノの思想はここにとどまらず、この不均衡な大人と子どもの「不透明な間」にも経験が生まれる可能性をも示唆するものでもあった。大人と子どもの不均衡な「不透明な間」を契機として、経験を互いに／共に果たすことにもまた「経験への教育」の可能性を認めることができるだろう。

注

1　ただし、たとえばカントの『純粋理性批判』において「経験とは経験的認識（empirische Erkenntnis）、つまり諸知覚（Wahrnehmungen）を通じてひとつの客体（Objekt）を規定する認識である」と述べられているように［KGS B: 218］、経験を認識とみなす理解は哲学においてむしろ一般的なものである。

2　アドルノが文化産業の趨勢の中で西洋近代芸術とりわけクラシック音楽の特権性を認めていたことは、数多くの先行研究が前提とするところであり、日本の教育学の先行研究である今井康雄と池田全之もこの前提からアドルノを論じている［今井 1998; 池田 2015］。他方でアドルノにおける芸術経験と社会認識との相互媒介という視点もまた先行研究によって指摘されている［Vgl. 龍村 1992; 小山 2014］。

3　アドルノ自身が自らの方法を「解釈」と呼ぶ用例は、最初期の「哲学のアクチュアリティ」にも登場する［GS 1: 334 = 18］。しかしたとえば『否定弁証法』などでこの言葉がほとんど登場していないことも考えると、この言葉がアドルノの思想の根幹を表現

するものかどうか、より詳細な検討が必要だろう。

4 この訳語と解釈については表弘一郎の研究を参照した [表 2013]。

5 この点については、ゾーン＝レーテル（Alfred Sohn-Rethel）のアドルノへの影響が大きい [Hörisch 1996; 仲正 1999]。

6 ポパーが実証主義的な社会学者であるかどうかには議論の余地があるが、少なくともポパーの発言のいくつかに、アドルノはそうした傾向を認めていた [PdS]。またパーソンズの社会学に対するアドルノの批判としては、たとえば「社会学と心理学の関係について」の前半部分に詳しい [Vgl. GS 8: 43 ff.]。

7 この個人の孤立化については、アリストテレス（Aristoteles）やスコラ哲学で知られる個体化の原理（principium individuationis）という言葉を用いながらアドルノは説明している [GS 6: 218 = 265-266]。1939 年のホルクハイマーとの討論では、経験の多様性を中心化する統一の契機として、所有の概念と結びつけられている [HGS 12: 436 ff.]。また 1953 年の「個人と組織（Individuum und Organisation）」では、封建制から自由な商品経済への移行により、自己責任や義務の遂行、自己充足といった人間学的概念が登場し、他方で権威を内面化した人間形成も強化されたという [GS 8: 450]。さらに最晩年の論文「主観と客観について（Zu Subjekt und Objekt）」（1969 年）では、人類の自己保存の副産物として語られる。「人類は突然変異によって個人を生むことができた。それは、個人を生むことで、つまり生物学的特性に依存した個体化によって、自己を再生産するためであった」[GS 10-2: 757= 224]。

8 これはデュルケム（Émile Durkheim）の社会学の方法論として知られる「社会的事実を一個の物のように扱わねばならない」という命題に対して向けられた言葉である。「社会があらゆる個人に対して、最初に非同一的なものとして、『強制』としてぶつかってくる、というところでデュルケムは話を止めてしまった」[GS 8: 12]。ここで社会に対して「非同一性」が看取されている点は、本節の後半での考察と無関係ではない。

9 これに似た区分は、様々な文脈で、様々な言葉を用いてアドルノの著作に登場するが、ここでは「諸前提（Voraussetzungen）」（1961 年）の対比に基づいた [GS 11: 434 f. = 146-150]。なお音楽に関して論じている「現代における哲学と音楽の関係について（Über das gegenwärtige Verhältnis von Philosophie und Musik）」（1953 年）にも同様の対比が登場する [GS 18: 161]。

10 ここで表現性について補足すると、伝達が前提とする表象 = 代理的提示（Repräsentation）とは異なり、「意味されるものと意味するものの一致」ということもできる。たとえば苦痛の叫びは叫びによって苦痛を伝えようとするものというよりも、苦痛と叫びが一体となっているといえる。太古の舞踏は神そのものとなって踊るものといえる。アドルノの芸術論は、こうした「一致」に焦点をあてて、ミメーシスや名前の議論を展開している。なお、ここでマラルメなどの名が挙がる理由は、注 30 を参照のこと。

11 なお、この過剰は二重の意味で解釈される必要があるとグラウナーは述べている。「一方では、これは『非同一的なもの』、つまり『その同一化に対する事象固有の同一

性』である。また他方では、これは個に『沈殿した歴史』、そしてアドルノが個の歴史的生成存在・社会的媒介存在に『内在する普遍性』と呼んだものを表象している」[Glauner 1997: 198]。アドルノの非同一性の概念は、前者のような言語の伝達性の不完全さとともに、後者のような「いつか現状が変わるかもしれない」という希望が個物に宿るという否定神学的側面からも理解されよう。

12 このような言葉の指示作用あるいは概念性に対抗するためには、むしろ言葉の「概念的な意味に解消されない、それでいて微妙な必然性によって言葉につながっている観念連合（Assoziationen）」が大きな役割を果たすともいわれる [GS 11: 437 = 149]。

13 なお、こうしたロゴス批判を含めて、アドルノの言語観と理論をとらえたものとして、ホーヘンダールの研究を挙げることができる [Hohendahl 1995]。

14 アドルノはその名も『キーワード（Stichwort）』と題した著作の序文で次のように述べている。「この『キーワード』というタイトルが喚起するのは、経験の統一性によって布置連関へと収斂するものを非体系的・非連続的に表現する形式としての百科全書的形式である」[GS 10-2: 598 = 5]。

15 アドルノの「非同一性」に関する解釈は様々あるが、ここでは非同一性を「非同一的なもの」という具体的な個物を想定した属性ではなく同一性の限界概念とみなすティーエンの研究を参照した [Thyen 1989]。

16 アドルノは『三つのヘーゲル研究』の別の箇所でも同様にこう述べている。「世界が一つの体系を形作るという場合、世界がそうなるのは、ほかでもなく社会的労働が完結した普遍性を有しているからである。実際、この社会的労働は根源的な媒介作用である。かつて労働は人間と自然との媒介であった。しかし今の社会的労働は、自分の外部に何ものも存在してはならない、そうした外部を想起することも認めないという、自覚的に存在する（fürsichseiend）精神の中での媒介である。こうして、あらゆるものが労働を通じて人間の前に現象するということになる」[GS 5: 272 = 57-58]。

　　ただし、ここで労働概念が用いられているのは、ヘーゲル自身が労働概念を重視していることをふまえてのことであって、本節の文脈では交換原理ひいては同一性と読み替えることも可能である。

17 この点をベンヤミンとの関係から検討した先行研究として、たとえばローズのものが参考になる [Rose 1978: 11-26]。なお、アドルノ自身が布置連関的な叙述の意義を最も先鋭的に提示しているもののひとつとして、ヘルダーリン論が挙げられる [GS 11: 447 ff. Vgl. 仲正 2012]。

18 こうした直接性と媒介との関係という観点からアドルノの経験概念を解釈したものとして、ポングラーツの研究が挙げられる [Pongratz 1986]。

19 『啓蒙の弁証法』において文化産業の概念は、この著作の成立経緯からして、アドルノが主導権をもって提唱したといわれている [Vgl. HGS 5: 423 ff.]。

20 1949年には放送局数は50局、受像機の所有世帯数は94万世帯、生産台数も416万台となった [猪瀬 1994: 182]。

21 「イデオロギーとしてのテレビジョン」で挙げられているものは、たとえば貧しくても陽気であればよいというメッセージ [GS 10-2: 520 f. = 105]、思いがけなく財産が

手に入ることの否定 [GS 10-2: 521 = 105-106]、全体主義体制の悪しき原因を政治家の性格的欠陥であると思い込ませること [GS 10-2: 522 f. = 108-109]、ある個人の変化とは実は元来生まれ持ったものの発露にすぎない [GS 10-2: 527 = 112-114]、といったメッセージである。

22 ここであえて「媒体」ではなく「メディア」としているのは、アドルノの友人にして師でもあるベンヤミンの教育思想を再構成する際に、こうした不透明で物的なメディアの概念に注目した今井康雄の議論に依拠している [今井 1998]。物的で不透明なメディアが経験と呼びうるものの契機となることへの洞察は、ベンヤミンとアドルノの両者に共通している。

23 アドルノは「当該メディアから、それにしかなしえない固有の、別の可能性を引き出して発展させるということを彼ら〔文化産業に従事する人々〕はしない」と批判しながら [GS 19: 563 = 315]、シュトックハウゼン (Karlheinz Stockhausen) やカーゲル (Mauricio Kagel)、リゲティ (György Ligeti) らの試みは「自律的な絶対音楽でもあり、同時に視覚的なものを不可欠とするような音楽」のヒントとなりうるものの、文化産業の圧倒的な現状にあっては「焼け石に水」ではないかとも危惧している [GS 19: 563 ff. =315-318]。

24 たとえば「クワッド」は、舞台上に描かれた正方形とその対角線の線上を四人の人物が規則正しく、互いにぶつからないよう移動する様子を映したテレビ・プログラムである。この作品では複数のカメラの視点が何度も切り替えられる一方、人物の動きは単調である。映画よりも正方形に近い画面を持つテレビの特性や、単調さを忌避する多くのテレビ番組と大きく異なるため高い異化効果が期待できるといった点で、このテレビ・プログラムは映画よりもテレビにふさわしいように思われる。

25 アドルノのいう素材 (Material) とは、作品を制作するための材料 (Stoff) だけでなく、制作の際に駆使される形式も含まれる。つまり「言葉や色や音など、様々に結びつき、様々なやり方で全体を作るべく発展してきたもの、そして芸術家の前に姿を現し、芸術家が決断しなければならないものの全て」である [GS 7: 222 = 252]。その例として、ウィーン古典派を扱ったアドルノの音楽論の場合では調性、音階、転調などのほか、ロンドやソナタなどの形式、さらに慣用的な構成要素などが挙げられる [ヴィガースハウス 1998: 204]。

26 芸術の自律化と社会との関係および「モナド」の概念の解釈はツェンクの研究を参照した [Zenck 1977: 260 ff.]。またアドルノの「モナド」概念については、たとえば『美の理論』の「モナドとしての芸術作品と内在分析」の節が参考になる [GS 7: 268 f. = 303-310]。

27 ここでの「認識」の含意は多様である。アドルノは芸術一般を全て肯定的に評価するわけでなく、たとえば『新音楽の哲学』では、ストラヴィンスキー (Igor Strawinsky) の音楽にはファシズムとの親和性を認めて批判し、それと対比しながらシェーンベルクには一定の社会批判的な意義を認めている。その点でアドルノが芸術作品に認める社会的な意義は、作品によって異なっているといえる。また芸術作品のどこに社会的なものを認めるかという点では、特にその構成に注目している。たとえば「リ

アリズム芸術」を称揚するルカーチを批判した「無理強いされた和解（Erpreßte Versöhnung）」（1958 年）では、次のように述べられている。「芸術が現実を認識するのは、写真的な模写や「遠近法的」な模写によってではない。芸術は、現実の経験の形態がヴェールに包んでいるものを、その自律的な構成（Konstitution）によって露わにする（aussprechen: はっきり語る）ことで、現実を認識する」[GS 11: 264 ＝ 328]。

28　たとえば「現代における哲学と音楽の関係について」では「音楽をそれ特有のカテゴリーで特徴付けることが不可能」になったといい [GS 18: 152]、「音楽と絵画の関係について（Über einige Relationen zwischen Musik und Malerei）」（1965 年）では音楽と絵画の接近が述べられている [GS 16: 628 ff.]。

29　アドルノが音楽の言語的性格を明確に示したものとしては、たとえば「音楽、言語、そして現在の作曲におけるその関係（Musik, Sprache und ihr Verhältnis im gegenwärtigen Komponieren）」（1956 年）の冒頭が挙げられる。ここでは、「音楽は言語的である。音楽のイディオムとか音楽の語調（Tonfall: イントネーション）という表現は決してメタファーではない。しかし音楽は言語ではない。音楽における言語との類似性は、内的なものに通じると同時に、あいまいなものにも通じている。音楽を言葉どおりに言語として受け止める人は、過ちを犯すことになる」と述べられている [GS 16: 649]。なお、こうしたアドルノの芸術論における「言語」概念に注目する先行研究としては、その芸術論全体を扱ったもの（たとえば古典的なものとして知られるツェンクの研究 [Zenck 1977] やリントナーとリュトケらの研究 [Lindner/Lüdke 1980]）よりも、アドルノの音楽論のみを扱ったものにおいて関心が集まっていたように思われる（たとえばパディソン [Paddison 1993] の研究やクラインとマーンコプフらの研究 [Klein/Mahnkopf 1998]）。なお龍村あや子の研究 [龍村 1992] も芸術と哲学の関係という主題からアドルノの「言語」概念へのアプローチを提示している点で興味深い。

30　この謎は、芸術の表現性が徹底されることで露わになったといえる。たとえばマラルメ、ホフマンスタール、クレーはいずれも作者としての主体の「死」の感覚から、言葉や色彩自身が作品を創造するという原理に従っていた。言葉や色彩を伝達のために操作するのではなく、言葉や色彩そのものが表現と化すという企図を彼らに認めることができる。

31　たとえば「あらゆる芸術は力の場である」という言葉が『美の理論』や論文「アルノルト・シェーンベルク 1874-1951 年（Arnold Schönberg 1874-1951）」（1952 年）に登場する。[GS 7: 307 ＝ 352; GS 10-1: 173 ＝ 252]。また「形式としてのエッセー（Der Essay als Form）」（1958 年）においても「力の場」を表現する叙述形式としてのエッセーの意義を論じている [GS 11: 12 ＝ 17]。

32　たとえば社会的な矛盾という問題も、その時代の音楽作品に内在するとされる。「どの音楽の中にも、それもその音楽の語る語法よりも音楽に内在する構造の中にこそ、矛盾した社会が全体として表現されている」[GS 14: 251 ＝ 139]。

33　このアドルノが芸術作品に認めるユートピア的契機についてはアドルノの思想におけるその比重の移行も先行研究によって指摘されている。すなわち、アドルノ自身が

154

「和解」からやがて「崇高」へとその可能性を認める比重を移したといわれている [Bauer, J. 1995; Welsch 1990]。1950 年代までのアドルノは、諸々の素材の傾向を受けとめながらそれを作品という統一体へと纏め上げる美的主体に主体―客体の和解のモデルを認めていた。しかし 60 年代において、アドルノは「芸術作品の最も核心にある最も危険に満ちているが最も実り豊かな矛盾は、芸術作品とは和解をはかることによって非和解的であり、また芸術作品の構成的な和解不可能性が自分自身の和解を妨げることにある」とも述べている [GS 7: 283 f. = 325]。この言葉は晩年のベートーヴェンやゲーテ、ヴェーベルン（Anton Webern）、ジョイス（James Joyce）、ベケットらの作品にふさわしい。彼らの作品は「構築的なものとミメーシス的なものとの隔絶」を表現しており [GS 7: 180 = 204]、その隔絶において芸術作品は「伝統的な美的理念として残されたただ一つの理念、すなわち崇高の理念」を [GS 7: 293 f. = 336]、「むき出しで仮象を欠く否定性」として提示する [GS 7: 296 = 339]。非人間的で否定的な作品は、逆説的に否定的な現状の外部を暗示するのである。「未だ唯一可能な未知をめざす芸術」において、その現状の外部である未知は「あたかも無に向かって沈み込んでいるかのように幕で隠されている。その姿を進歩的な芸術作品は記述しているのである」[GS 11: 606 = 368]。

34 ここは主に「夜の音楽（Nachtmusik）」（1929 年）（『楽興の時』所収）[GS 17: 52 ff. = 75-86]、および 1963 年の『忠実なコレペティトール』を参照した [GS 15: 157 ff.]。

35 たとえば「バッハをその愛好者たちから守る」（1951 年）においてアドルノは、当時の懐古趣味的なバッハの流行を批判する。たとえばバッハの時代の楽器は確かにクレッシェンドを響かせられなかったが、その作品の「内在的本質」に従うならば、クレッシェンドを避けるべきではないとする [GS 10-1: 144 ff = 207]。このようなバッハ解釈から、たとえばヴェーベルンによる大胆なバッハ作品の編曲を評価している [GS 10-1: 151 = 217]。

36 なお音楽の表現性に関して、アドルノはその宗教的起源から神学的なものの契機を読み込んでいる。「意味作用を持つ言語に対して、音楽は、全く異なる類型に属する言語である。その類型においては、神学的な視点がある。音楽が語ることは、その言明（Aussage）において規定されていると同時に隠されてもいる。その理念は、神の名の形象（Gestalt）である。それは脱神話化された祈り（Gebet）であり、作用（Einwirken）の魔術から解き放たれている」[GS 16: 650]。

37 大文字の「新音楽（Neue Musik）」は最近の音楽（neue Musik）というわけではなく、アドルノの同時代の作曲家シェーンベルクやストラヴィンスキー、ベルク、ヴェーベルンなどの楽曲に代表される、20 世紀前半の前衛音楽の総称である。調性をはじめとした伝統的な作曲の前提からは距離がとられ、無調性もしくは 12 音技法などが駆使される。

38 アドルノはバッハ以前の音楽やいわゆる民族音楽について、ほとんど言及していない。ここで挙げている音楽家は、カントやヘーゲルのような近代的市民性の頂点を象徴するものとして挙がっている。

39 アドルノの批判の妥当性を詳細に検討したものとして小山英恵の研究などがある [小

山 2014]。

40 ここでの「自然」とは、人間が生来的に有するという意味ではない。現代という状況下ではいわゆるクラシック音楽に限らずポピュラー音楽も含めた調性音楽が巷にあふれており、子どもであってもこうした状況に無縁ではない。現代に生きる子どもにとって調性が近いものであるという意味で「自然」といわれている。いわば音楽における「第二の自然」ということができる。

41 上野仁はこの言葉に注目してアドルノの音楽教育論を論じている［上野 2017］。

42 なお当時のブルジョアの高揚感に対するアドルノの理解は、第 3 章第 4 節におけるアドルノのカント解釈にも見出されたものである。アドルノはカントからヘーゲルにいたるドイツ観念論の最盛期にブルジョア階級の勝利を認め、その同時代の作品にも同様のものを読み取っていた。とりわけヘーゲルとベートーヴェンの共通性については、アドルノの遺稿集『ベートーヴェン（Beethoven）』に詳しい［NS I 1］。

43 文化産業に馴致された音楽の状況全般に関する批判的なアドルノの姿勢は、『社会研究誌』に最初に寄稿した 1932 年の論文「音楽の社会的状況によせて」から一貫している［GS 18: 729 ff. = 8-112］。また『音楽社会学序説』によると、次のような聴取類型が趨勢となっているとアドルノは述べている［GS 14: 178 ff. = 18-51］。
教養消費者：楽曲そのものよりも作曲者のエピソードに関心を寄せて事情通を気取り、またコンサートホールに足を向けるなどの消費にも熱心で、物象化の虜になっている。
情緒的聴取者：社会的威力の下にある自らの情緒が解放される点にのみ関心を寄せており、直情径行的な故に操られやすい。
ルサンチマン型聴取者：現代の音楽文化に否定的で、起源として位置づけられる音楽（バッハあるいは民俗的な音楽）を称揚するが、むしろ好事家集団の集団性と規律性を求める傾向にある。青年運動と連動した青年音楽愛好運動にも認められ、「権威に縛られた性格」に通じるところがある。
ジャズのエキスパートとそのファン：「正統な音楽文化」への反感と集団性志向をルサンチマン型聴取者と共有している。
娯楽的な聴取者：現代社会の大多数を占めており、文化産業にとって最も好都合で現実の支配機構に従順な、「大量生産の音楽」がただ鳴っていることに満足するだけにとどまる。
音楽に対して無関心な者、非音楽的な者、音楽嫌いな者：もとより音楽に疎遠な環境に育った場合もあれば、音楽が身近でありながら厳格な父親の存在によって極端な現実主義者となった場合もあり、研究がこれから必要である。

44 形而上学的な希望を宿した「偉大な芸術作品」について、アドルノは『否定弁証法』のこの箇所では「ベートーヴェンの作品のいくつかの瞬間」と述べるにとどまっているが、ここで想定されていたのはピアノソナタ「告別（Les Adieux）」第 1 楽章の終局であったように思われる［Vgl. GS 18: 156］。

45 アドルノの子ども観の全体像については、森田伸子の論稿を参照されたい［森田 2017］。

46 このようなミメーシス理解は、この概念に着目する先行研究においても少なからず踏襲されている［Vgl. Gebauer/Wulf 1992; 今井 1998; Honneth 2005b; 池田 2015; 徳永 2015］。

47 こうした子どもの能力の維持をめぐって、アドルノから「保護」という言葉を参照しながら議論を展開したものとして山名淳の研究がある［山名 2015b］。

第5章

自己形成の時間意識
—— 人間形成における自律と経験の意味

第1節　Bildung概念とその時間意識の問題圏

　これまで、アドルノの思想の全体と教育論とを相互に参照しながら、主体の営為としての自律と経験に寄せるアドルノの期待を明らかにしてきたが、この営為は主体の人生の連続性にどのように位置づけられるだろうか。知の蓄積や能力の増強は、過去から未来を一方向的にプラスに描き出す点で、主体の人生の連続性に容易に結びつくが、それとは一線を画す自律と経験の営為は、時間の連続性を前提とした人間形成にとってどのような意味があるだろうか。ショックに立ち止まり過去を振り返ることや、知によって未知へと自らが駆り立てられることなど、客観的に流れる時間と異なる主体の時間意識によって人生が豊かになる局面は決して少なくない。アドルノのいう自律や経験の営為もまた、時間的連続性をもつ主体の人間形成においていかに位置づくか、あるいはいかに主体が自己の時間的連続性において個々の営為を結びつけようと志向し自己を形成するか、人間形成論という観点から問うことができるだろう。

　ここで「人間形成」と表現したのはドイツ語のBildungである[1]。この言葉は英語にも翻訳が難しいことで知られ [Vgl. Løvlie/Standish 2002]、日本語では「陶冶」「教養」「人間形成」とも訳され極めて多義的であるが [Vgl. 山名 2015a]、近年の教育学では「人間形成」という意味が重視されているように思われる。日本語の「教育」を直接に想起させるErziehungより教育者の作為性が強調される場合もあれば、その反対に自己が自己を形成していくという

意味が強調される場合もあり、さらには大人の意図的な行為に限らず広く環境との相互作用によって主体が自ずと形成されることを指す場合もある。他方で「教養」という訳からもうかがえるように、個人史には還元されない人類の歴史の次元も Bildung 概念は指し示している。たとえば個と普遍の相互作用に Bildung を見出したフンボルト（Wilhelm von Humboldt）においては、個人による普遍の内面化とは人類の歴史を引き受けることであり［櫻井 2000: 84-88］、そこから個の完成、個と個の調和、そして個と全体の調和的発展が期待されていた。このように Bildung 概念は、個人史と人類史とが相互に織りなしながら発展的に調和するダイナミズムを含意するものであった［Vgl. 三輪 1994］。

　だが近年の教育学では、こうした古典的な Bildung 理解には容易に回収されない美的なものの意義を議論しようとする動向も看取される。たとえば前章の冒頭で取り上げたモレンハウアーの Bildung 概念の分析、あるいは近年の教育学における美的経験への関心の高まりである。とりわけ、「束の間の一瞬に閃く現在のアクチュアリティの賛美」といわれるように［野平 1997: 129］、個人の側における美的経験そのものの瞬間性・垂直性に注目が集まっている。この関心の背景には、大量殺人や環境問題といった現代の問題を科学技術の発展の帰結としてとらえる問題意識が認められる。発展的な人類史のヴィジョンに支えられて合理化を進めた人類と社会の歴史を相対化するものとして、個人の美的経験の瞬間性・垂直性がそれ自体として積極的に評価されるわけである［Vgl. 野平 1997: 128-129］。ただし、この美的経験がどのようなかたちで個人の成長・発達に回収されるのか、また回収されないならばどのような意味を担うのか、そして人類の歴史や社会との関係はどのように論じうるのか——美的経験自体を教育に導入することに意味を見出す芸術教育や環境教育の議論が進む一方で［Vgl. Ehrenspeck 1996: 256 ff.］、こうした原理的な考察の余地は未だに残されているだろう。

　また日本の教育学では、このような議論の地平を開いたものとして「変容」の概念が知られている。矢野智司は『自己変容という物語』において、従来の発達の論理には回収されがたい「体験」の時間的垂直性に注目し、そ

こで生じる「変容」それ自体の豊かさを提示しようとした［矢野 2000］。また今井康雄のベンヤミン研究は［今井 1998］、変容という言葉こそ用いてはいないが、想起（Erinnerung: 今井の翻訳では「回想」）の瞬間が「アイデンティティの裏をかきつつ自らを構成」する自己変容の契機となることに注目している［今井 1998: 239］。彼らの論じる体験ないし経験の瞬間性・垂直性は、個人の人生や文化伝達や世代間の歴史的関係も視野に入れた Bildung の展望を拓いている。

　この展望のもとで、自己形成の主体における時間意識の連続性を改めてとらえようとするならば、発達的な時間意識との相違が問題になるだろう。物理学などで論じられる時間とは一線を画したいわゆる主観的な時間意識の問題は、アウグスティヌス（Aurelius Augustinus）からフッサールやベルクソン（Henri Bergson）などによって論じられてきた。しかし人間形成論において支配的だったのは、客観的な時間意識を克服する発達的な時間意識であった。簡略化を恐れずにいえば、客観的な時間意識が直線的で等間隔に区切られた「過去―現在―未来」の直線上に主体の連続性を見出すものであるのに対して、発達的な時間意識とは、そうした直線的な連続性を前提としながらも、そこに時に介入する非連続性を克服することで過去よりも高次の段階の未来を招来させるという、過去と未来を能動的に連続させる時間意識である。この時間意識は古典的な Bildung 概念から現代の人間形成観にもしばしば見出され、この時間意識に従えば、非連続性ゆえに評価された美的経験も発達の論理に回収することになりかねない。発達的時間意識とも客観的時間意識とも異なる連続的な主観的時間意識を明らかにすることで、人間形成における瞬間性を後続するプロセスに一義的に回収することなく論じることはできないだろうか。

　このような問題関心から、本章では連続的な主観的時間意識をめぐるアドルノの思想を明らかにし、それを人間形成論的に再構成したい。時間をめぐる彼の発言には、客観的時間意識や発達的な時間意識にとどまらない主観的時間意識の連続性への洞察がうかがえるのだが、それがとりわけ際立つのが音楽をめぐる時間の議論である。さらに、そこには「自我」「無意識」「想起」

といった人間形成論にも用いられる用語がしばしばアナロジカルに登場している。このアナロジーは必ずしも突飛なものではない。自己形成の主体が定位するのは、過ぎ去った過去と未知の未来の間にある現在である。音楽作品もまた、すでに演奏された部分と未だ演奏されていない部分との間にある現在、楽曲の進行の途中にある現在に定位せざるをえない。時間的進行を不可欠の条件としている点では自己形成と音楽作品は共通している。また、ある楽曲が単なる複数の音の継起ではなく一個の作品と呼べるのは、「時間的進行との弁証法的対決」があるからだとアドルノは述べている［GS 12: 171 = 232］。バッハ以降の「偉大な」音楽作品は、客観的時間における音の羅列ではなく、先行する部分と後続する部分との連関が時間の進行とともに露わになる――聴取者の立場でいえば楽曲の進行の只中で連関が聴取される――ものであったとアドルノは理解している［Vgl.: Kaehler 1998］。ここでいう作[5]品の諸部分を個人の経験に、作品の全体を個人の自己形成に比すことは容易であろう。常に現在であることを逃れられない時間的進行の中で、過去と未来の連関が常に問題になる音楽作品と自己形成の共通性、これがアドルノの音楽論に人間形成論的な用語が登場する理由だと考えられる。さらに、このアナロジーは歴史にも応用可能である。一人の個人も同時代の人々もまた現在に定位せざるをえず、また時間意識の連続性は過去の諸々と未知の未来と[6]の連関を可能にする。これは個々の芸術作品のみならず自律化した西洋近代芸術の歴史的な自己理解、そして人類の歴史に関してもいえることであろ[7]う。したがって本章では、個々の音楽作品、音楽史、個人の自己形成、人類史に通底するものとして、Bildung の時間意識の連続性をめぐるアドルノの思想を再構成したい。それによって時間の進行の只中にある現在から過去と未来との連関を問い、個々の経験や営為といった諸部分の連関を問い、個人とそれを超えた全体との連関を問うてみたい。[8]

　ところで、様々な領域にわたるアドルノの業績の中心には時間概念があるといわれるが［Kappner 1984: 286］、時間意識をめぐるアドルノの思想を扱う先行研究は、彼のモダニズム芸術観に焦点を当てるものが多い。既存のもの[9]を拒絶しながら新しさを求め続ける「特異体質」的なモダニズム芸術の行動

様式は［Kappner 1984: 55］、過去の拒絶と未知の未来への志向とのダイナミズムという点で、自己外化の瞬間をたえず志向し続ける終わりなきプロセスとしての人間形成観を示唆するものである［Vgl. Schäfer 1992: 244; 今井 1998: 188］[10]。確かにアドルノはこうした西洋近代芸術の時間意識を「絶対的モデルネの時間意識」と呼び評価している［GS 7: 286 = 328］。

　だが、「絶対的モデルネ」の時間意識に焦点を当てることで、かえってとらえがたくなる、もうひとつの時間意識もアドルノの思想には見出される。それは中期ベートーヴェンから当時のアドルノにとってモダニズムの範であったシェーンベルクまでのモデルネの潮流とは別に、アドルノが後期ベートーヴェンからマーラー、ベルクの潮流に見出していた「叙事詩（Epik）」の時間意識である［Vgl. 龍村 1994］[11]。絶対的な新しさを追求する前者に対し、後者は破綻、断続性、終わりなき移行といった言葉で形容されるが[12]、そうした音楽作品にアドルノは評価されるべきもうひとつの時間意識を見出していた。

　本章ではこのアドルノの二つの時間意識論を再構成し、その自己形成論としての意義を明らかにする。最初に次節では、個人の発達や個人と社会の調和的発展という近代的人間形成観を支える時間意識をアドルノがどのようにとらえていたかを確認し、続いてそれが成立しがたくなった現代の時間意識に対するアドルノの批判を取り上げる（第2節）。続いて、現代の時間意識とは異なる時間意識として、アドルノが西洋近代芸術の運動に見出した絶対的モデルネの時間意識とその人間形成論的な含意を確認する（第3節）。さらに、時間意識が駆動する重要な契機としてアドルノが注目した過去の想起（Erinnerung）への洞察を確認し、それに開かれた時間意識として叙事詩的時間意識とそこから導き出される人間形成論的な含意を明らかにする（第4節）。最終的には、アドルノの二つの時間意識論が、それぞれが排除しあうことなく、自己形成のダイナミズムを提示しようとするものであり、かつこれまで確認してきた自律概念と経験概念の人間形成論的な意義を示すものであることを示したい（第5節）。

第 2 節 人間形成をめぐる時間意識の変容

(1) 近代の人間形成論と教養小説的時間意識

近代の人間形成論のモデルとしてよく取り上げられるのがヘーゲルの弁証法の思想である。鈴木晶子によれば、「自己の同一を求めて動く人間の運動」が「過去という全体へと累積されていく出来事の原理の中に回収」されるダイナミズムにおいて、ヘーゲル弁証法に「近代における成長発達の物語」の「ひとつの完成」を見出すことができる [鈴木 1997: 270]。認識・実践の対象＝客体との媒介的な関係において主体の変容の運動が生まれ、この運動の中で自己の同一性が非同一性に晒され危機に陥るが、その危機は克服され高次の自己の同一性へと回収される —— ヘーゲルの用語を用いることで、近代的な人間形成論のプロセスはこのように形容できる。そしてここに確認できるのが、現在を仲立ちとしながら過去から未来へと一方向的に結ばれた時間軸である。この時間軸は等間隔に区切られた直線を描くものではなく、何らかの危機的な断絶の瞬間を孕んではいるが、しかし先行する過去の出来事はやがて未来のものによって発展的に回収される点では、過去から現在、そして未来へと一方向的に向かう時間軸によって支えられている。そして人間形成の終着点から個々の危機的な瞬間を振り返るならば、それは完成された終着にいたるダイナミズムの一契機であったとみなされる。つまりこのような人間形成観は、「先行するものと後続するものとが結びつけられ、それによって様々な時間の断面の同時性がひとつの機能的な時間の連続へともたらされる」という、発展の「継起的な時間の原理」に則りながら [Zimmermann 1989: 85]、最終な同一性に終着するのである。このような人間形成の時間意識を、ここでは今井康雄に倣い教養小説 (Bildungsroman) 的時間意識と呼んでおきたい [今井 1998: 231]。

ただし、周知のようにヘーゲルにおけるこのような時間意識は、単なる個人の人間形成的な次元にとどまるものではなかった。「哲学的な教養小説」

とも評されるヘーゲルの『精神現象学』においては、よく知られる「自己意識」の章で、個人のレベルにとどまっていた自己意識がやがて自らとは異なる他者の自己意識に出会い、そこから「異なった、自分だけで存在する自己意識という形での、ふたつの自己意識の対立が、完全に自由であり、独立でありながらも、両者が、すなわち、われわれである我と、我であるわれわれとの両者が一つであるという、この絶対的実体」としての「精神」が形作られる [HGW 9: 108 = 218]。このはるか先の絶対精神を終着点とした「意識の経験」のプロセスは、個人のレベルにとどまることなく、人類史の次元でも展開されることで、個人と人類の精神史の究極的な同一性に向かうものとなっている。[13]

　アドルノもまた、このようなヘーゲル哲学の時間意識を意識していた。たとえば次のようなヘーゲルへの言及は、精神と世界経験との相互関係によって動的に駆動する時間意識に注目したものといえよう。「ヘーゲル哲学においては、〔中略〕自分の世界経験の内部で世界を解釈しつつ精神をとらえるとともに、また精神の運動の内部でこの経験は構成されるのである」[GS 5: 297 = 87]。しかし教養小説的な時間意識の分析は、ヘーゲル哲学と同時代の中期ベートーヴェンの作品解釈にも認めることができる。アドルノによれば、中期ベートーヴェンの交響曲は「発達＝発展（Entwicklung）」の時間意識に貫かれている [Vgl. 龍村 1989; Kaehler 1998]。そもそも音楽は先行する部分と後続する部分との不可逆的関係としての継起を前提とする芸術である。だが中期ベートーヴェンの交響曲には、先行するものの矛盾がダイナミズムを生み、それによって後続するものが必然的結果として現れるという作品の構成が認められる。つまり前提であるはずの継起は作品内部の矛盾によって生じる自己生成的なダイナミズムにとって代わられている。また超越論的には後続するものがなくなるという意味でしかない継起の終わりは、ベートーヴェンにあってはダイナミズムを経た矛盾の止揚つまり全体性の実現として、迎えるべくして迎えられたフィナーレとなる。つまりベートーヴェンの交響曲は、自己生成するダイナミズムと全体性実現のフィナーレによって、超越論的な時間的継起を克服しているのだ。

こうした「対立のなかで運動する統一」である弁証法的ダイナミズムによっ
て［NS I 1: 35 = 20］、自己生成的で完結した調和的全体性が中期ベートーヴェ
ンの交響曲では実現されているとアドルノは分析するわけだが、こうした分
析は教養小説的時間意識のダイナミズムをより明瞭なものにしているだろ
う。たとえば人間形成における生き生きとした時間というものについて、こ
うした教養小説的時間意識は「諸契機の矛盾によって引き出されるダイナミ
ズムであって、客観的時間の克服である」という解釈を下すことができるの
であり、単なる情報の蓄積しか測り得ない客観的時間意識との差異化が可能
になる。さらにそのフィナーレは、あらゆる諸部分が有機的に結びつき動態
的に全体性を実現していった帰結であり、知性も感性も総合した真の統一で
ある。個人の人生も（そして人類の歴史も）そうした終局によって完結するもの
であれば、全てが報われる救済と結びつくであろう。

だが、こうした時間意識は、今や成立しがたいとアドルノはとらえる。ブ
ルジョア階級の隆盛を色濃く刻印したこうした時間意識に代わり、経験の喪
失の時代に合致した客観的な時間意識の支配をアドルノは現代に認める。

(2)　現代の趨勢となった客観的時間意識

現代の時間意識に対するアドルノの批判を明らかにする端緒として、まず
はアドルノの Bildung 概念の批判を確認しておきたい。教育学においても人
間形成論の古典として広く知られる彼の論文「半教養の理論」において、ア
ドルノは教養(Bildung)を個人の摂取した文化ととらえたうえで、その歴史的・
社会的な変容に着目している。この批判は『啓蒙の弁証法』などを貫くアド
ルノの主題「主体性の原史」と同様の論理構成によって展開されている。

アドルノによれば、ブルジョアの隆盛の時代、シラー（Friedrich von
Schiller）など限られた思想にではあるが、自然の馴致と自然の救済という
Bildung の二つの契機の均衡が認められた。「哲学的な Bildung の理念はか
つて、自然存在を生かしつつ、これに形態を与えようとするものだった。そ
の意図するところは、動物的な人間同士を互いの適応によって馴致すること
と、人間の作った移ろいやすい秩序の圧力に抗して自然的なものを救うこと

の、両面にまたがっていた」[GS 8: 95 = 213]。しかし市民社会は革命の失敗という理念と現実との乖離を当初から孕んでおり、やがてこの乖離は露わになった。文化と教養は（特にドイツにおいて）現実と乖離した自己充足的で高邁な自己理解にとどまり、他方で動物的な人間の馴致という Bildung の契機は、社会への適応の強制として全体化したとされる。「適応は支配の進展の図式そのものである。人間は自己保存のために自己を消去し、人間は自らを自然に同化し、ひたすら現存するものに対して自己を制約することで、現存するものを統制する能力を与えられてきた。〔中略〕人間が自己保存のために自己を消去し、自然を真似るプロセスにおいて、人間の考えていたものとは反対のもの、すなわち非人間的な自然状態が現れる」[GS 8: 96 = 215- 216]。「適応が人間に強いる圧力によって、まさにそれが形を与えたつもりになっている形を成さぬもの、すなわち攻撃本能が、人間の心の中で恒久化されるのだ」[GS 8: 95 = 214]。それに応じて教養は、わかりやすさ、交換原理に貫かれた社会における流通、人間の選別、そしてナルシシズムの供給などに適合した半教養（Halbbildung：半可通）と化した —— このようにアドルノは主体性の原史を教養に認め、そして「自らの必然的に変わり果てた姿である半教養への批判的な自己反省という形でしか、今日の教養は生き残る可能性を持っていないのである」と述べる [GS 8: 121 = 249]。第 3 章で確認した「啓蒙による啓蒙の救済」と同様の期待をここにも認めることができる。

　ところで、この「半教養の理論」では、半教養人の経験と時間意識について次のように述べられている。

　　経験とは意識の連続性であり、それは今ここにないものが持続する基盤であり、また習熟と連想（Übung und Assoziation）によって個人に伝統が根付く基盤でもある。それが現代では、点のような相互に無関係な情報に取って代わられているのだが、これは次の瞬間には別の情報によって抹消されるような交換可能でその場限りのものでしかない。持続時（temps durée）という、ある程度それ自体が一貫した生活と結びついたものは一つの判断に帰結するはずであるが、それに取って代わるのが、判断を欠いた

「確認 (Das ist: 現状の追認)」である。〔中略〕半教養は時間が苦手である (eine Schwäche zur Zeit)。かつての教養がめざした経験内容の意識内での総合 (Synthesis) は、想起 (Erinnerung) を通してのみ達成されるのだが、半教養はそうした想起が苦手なのである [GS 8: 116 = 241][14]。

それでは、「時間が苦手」な現代人の時間意識を、アドルノはどのようにとらえているだろうか。

『ミニマ・モラリア』の一節で、アドルノは機械化の進んだ戦場の最前線の人々は、戦争の経験をほとんど語ることができないと述べている。五感が麻痺するほどの戦火のために、彼らは「いつ果てるともないショックの連続」と「ショックの合間にある麻痺した空隙」しか感じられなくなっている[GS 4: 60 = 67]。だが、この現象は戦場の最前線の人にとどまらず、戦後の人々にも広がっている。大都市に生きる人間の状況を「急激なショックと急速な忘却の間で、非連続という時間の経験がもはやできなくなる状態」にあるとアドルノは表現する [GS 10-1: 50 = 66]。これは反射的な単純作業を強いる工場労働や、刺激的な広告塔の氾濫などを想定した言葉だと思われるが、急激なショックの連続によって以前には自明であったはずの時間の連続性は寸断されてしまったがために、その連続性が断絶するという非連続性の意識もあわせて失われたとアドルノは分析している。

こうした状況にあっては「空間的」とも「年代記的・物理学的」とも形容される客観的時間意識が支配的となる [GS 6: 20 = 15][15]。それは直線的で等間隔に区切られた抽象的な時間軸によって成立しており、連続と非連続によって動態的に織りなされていたかつての生き生きとした主観的時間意識とは全く異なる、ダイナミズムの欠落した時間意識である。一方で、持続という意味での連続性を等間隔に寸断するこの時間意識は、個々のショックの断続性を反映したものといえる。他方で、この時間意識の主体は、個々のショックのうちから任意のものを概念化し、他のものを忘却しながら、連続的だが抽象的な時間軸に位置づけることで、ショックから距離を取りながら上位の支配的な視座を獲得する。しかし客観的時間意識とそれを支配する視座は、

ショックに対する防衛機制の産物でしかなく、ショックを馴致していると自負しながらその実は状況への単なる適応でしかない。こうした人間をアドルノは次のように批判している。「掛け値のない親切心だとか、ヒステリックな怒りの発作などといった様々の性格上の特性が意図的に操られ、挙げ句の果てにその場の状況に応じて自在に発動される仕掛けができあがる。〔中略〕無制限に自我の言いなりになる特性は、同時に自我から疎外されており、完全に受け身であるために自我を養う力も失っているのだ」[GS 4: 263 = 363-364]。ここでは、この特性がいつ獲得され、他の特性とどのような関係を持ち、現在の自己を形成するにいたったのかといった問いが、もはや無意味なものとなる。特性 A と特性 B は互いに無縁で、獲得される順序が逆になろうとも、それを支配する自我にとっては何の問題もない。他方で社会的適応にしか自我の拠り所が見出せないため、社会が求める反射的特性はできるだけ早く多く獲得されるのが望ましい。将来出会いうるショックも、こうした自我の目には反射的特性を獲得するための契機としてしか映らない。ショックに動じることなく支配者として君臨する自我は、反射的特性の一覧表である自らの年代記の直線性のみに、変わらぬ己の連続的な同一性を見出す。こうした意識は、たとえば帰国後のアドルノが出会った平凡なドイツ人の言葉にも認められよう。アメリカ占領軍に運転手として雇われていた彼は、アドルノをからかって交番に突き出された際、こういったのだった。「ご存知ですか、昨日は私達はナチだった。今日はアメリカ軍だ。そして明日はコミュニストだ」と [GS 20-1: 380]。

　こうした現代の人々の時間意識は、変容の概念とも人間形成の概念とも遠く隔たっているだろう。また Bildung 概念が含意した個人と全体との調和という主題に関しても、もはや悪しき現状への適応として実現されているとアドルノは批判する。ヘーゲルの描き出した「未開人からヒューマニティへと通じる普遍史」は、今や「『石斧から水爆へ』と通じる普遍史」としての相貌を露わにし、「自然支配から人間の支配へと進み、最後に人間の内的自然の支配にまでいたる」その Bildung の帰結として、「永続的破局」としての現在があるとアドルノは批判している [GS 6: 314 = 388]。

アドルノにとって現代社会の趨勢は、現在を仲立ちとした過去と未来の発展的な連続性を欠いた時代である。いわば過去も未来もない、「単なる今という抽象的な点」としての現在が永続的に続いていく［GS 11: 69＝75］、そのような時間意識が浸透した時代である。ヘーゲルの哲学が個人史と人類史がダイナミックに良化し全体性を実現することを予言したのに対して、アドルノはダイナミズムを欠いたまま個人の適応と社会の強制によって全体性が実現しつつあると現状をとらえていたのだった。

第3節　絶対的モデルネの時間意識

このような客観的時間意識の浸透の中で、アドルノは西洋近代芸術に内在する時間意識に可能性を認めた。ここではまず、アドルノがモダニズムと呼ぶ18世紀から同時代までの芸術の傾向に認めていた時間意識を確認したい。

アドルノにとって時間意識に関連する現代の問題は、個人史においても人類史においても端的にいえば忘却にあった。しかしこの忘却に抗うすべとして、単なる過去の保持は有効でないとアドルノはとらえている。「経験とは、伝統と未知のものへの開かれた憧憬との統一であろう。だが、経験の可能性そのものが危機に瀕している。〔中略〕歴史的な意識の連続性が断ち切られると、文化は骨董品のような文化財と時局性の両極に分解する。前者が必ずしもイデオロギー的な目的に合わせて仕立てられたものではないのに対して、後者には想起が欠落しているため、現状と対決する場であっても反射的に現状に味方できる用意を整えている」［GS 11: 69＝75-76］。

それに対してアドルノが評価するのが、モダニズム芸術の傾向である。それは、過去の作品とは異なるオリジナルな作品を創造しようとする傾向であり、伝統から身を引き離し新たなものへと向かおうとする傾向、オリジナリティの希求である。「モダニズムは、未だ存在することがなかったものを語ることはできないが、永遠に同一のものにとどまるという恥辱を避けるために、未だ存在することがなかったものを求めることを余儀なくされる」［GS 7:

第5章　自己形成の時間意識　169

40 = 41]。だが、オリジナリティを求めるには、過去の作品を全て知ること、伝統に通暁することが必要となる。そこでは素材としての「事物、言葉、色彩、音」も、それが継承されたものである以上、伝統から身を引き離すために、批判的に洞察されることとなる。このような意味においてモダニズム芸術とは「最も進歩した意識の芸術であり、そこでは、最も前衛的で最も繊細な経験を伴った、最も前衛的で最も繊細な行動様式がとられる」[GS 7: 57 = 55]。

　ここでのモダニズムが伝統に対してとる態度は、反発（Abstoß）ということができるだろう。「本当をいえば、伝統は直接それ自身のアンチテーゼの中にこそ生き延びている。いいかえれば、反発される場合にこそ伝統は生きているのだ」[GS 14: 138 = 245]。伝統とは異なるオリジナリティの追求は、伝統を学ぶことから始められなければならない。その意味で「反発される場合にこそ伝統は生きている」とアドルノはいうのである。このようなモダニズムの傾向をアドルノは詩人ランボー（Arthur Rimbaud）の言葉「絶対的にモデルネでなければならない（il faut être absolument moderne）」というメッセージに象徴させたのだった [GS 7: 286 = 328]。

　ところで、反発という斥力によって伝統と関係を結ぶ時間意識は、現代の趨勢である客観的で静的な時間意識とは異なり、その過去―現在―未来の関係のダイナミズムを喚起する点ではヘーゲル的で中期ベートーヴェン的な教養小説的時間意識と共通する。しかし教養小説的時間意識が、不可逆的で一方向的な過去―現在―未来の関係を不可欠とするのに対して、絶対的モデルネの時間意識はあくまで現在を出発点とする。点としての現在が連続するような時間意識に支えられた現代の状況下にあって、過去も未来も意識にとって全く疎遠なものであり、点としての現在が時間意識の端緒とならざるをえないからである。そこでまず絶対的モデルネの時間意識は、現在から過去をまず振り返ったうえで、過去と現在と未来が同一的な連続性となることに警戒の意識を持つ。そのうえで、過去とは異なる新たなものへの飛躍として未来を志向することになる。ここに連続性と非連続性の絡み合う過去と現在と未来の関係が成立する。ただし、過去も現在も、未来によって発展的に回収

されるわけではない。モダニズムにおいて新たなものもいずれ過去となり、やはりそこから身を引き離すべき対象となる。そのため、この運動は終着点に到達することにではなく、伝統から断絶していく運動それ自体に意義を有することになり、未来に全体性という終着点を持つ目的論的な教養小説的時間意識とは異なり、常に新しいものを求め続ける終わりなき運動となる[16]。

　ところでアドルノ自身、絶対的モデルネの時間意識を次のように人間形成の局面に例えていた。ここから自己形成の時間意識を導き出すことも可能であろう。「〔伝統への反発の動因となる〕伝統のものへ不満の中には、伝統のものが自ら謳っていながら未だ果たせていない約束を履行しようとする意志が働いている。これはあたかも、父親との同一化によって一人前の自我となり、同一化の過程において良心を作り上げた息子が、父親たちの世界はふれまわっている規範を自ら踏みにじっているのだと気づいた途端に、良心の矛先を父親に向けるのに似ている」[GS 7: 57 = 55]。ここで絶対的モデルネの斥力は、父親の権威から身を引き離すというフロイト的な自我形成観の局面に例えられている。ただし、この言葉をそのまま受け取ることはできない。第2章で見たように、こうした自我形成を自明として期待できた時代の終焉をアドルノは理解していた。自律にいたるための不可避の障壁であったこの父親の権威は今や全体的な社会的強制に取って代わられたからこそ、アドルノは自律と経験を目標ではなく日々の営為に認めたのではなかっただろうか。すなわち、絶対的モデルネの時間意識は、父親の復権とその権威への反抗にではなく、アドルノが求めるこの現代的な自律と経験、すなわち経験の喪失と他律の日常から身を引き離す営為に場を移したと考えるべきであるように思われる。ここにおける絶対的モデルネの時間意識は、現状とは異なる未知を志向し、自己の現状からの離脱を駆動させる時間意識である[17]。それはまた、客観的時間意識に支配された「永続的破局」の静的な現状に抵抗する、動態的な時間意識でもある。

　さらに、ある自律ないし経験の只中での自己離脱ではなく、複数の自律や経験の営為を支える人生の連続性にこの自己離脱を位置づけるなら、絶対的モデルネの時間意識は、ある特異な自己形成観に帰着するように思われる。

第5章　自己形成の時間意識　171

前章でヘーゲル由来のアドルノの経験概念を検討した際、同一性に回収されない非同一性を常に志向し続けることがアドルノの要請であったことを確認したが、それが非同一的な自己を志向するという自己形成観としてより先鋭化させるなら、それは己の過去から身を引き離し続ける自己形成観、たとえば新たなオリジナリティを備えた自己を常に創出するというダンディズムに接近するだろう。[18] ダンディズムの始祖とされる英国人ブランメル（George Bryan Brummell）は [Vgl. カラシュス 1980]、周囲に媚びることなくオリジナルなファッションに身を包み、奇異の眼差しが羨望に変わり周囲が真似を始めるとすかさず別のファッションを選んでいた。アドルノは彼を論じてはいないが、自己の人生を芸術として生き続けようとするダンディズムの意志は、ここでいう絶対的モデルネに通じるところがある。

第4節　叙事詩的時間意識とその人間形成論的射程

(1)　意図せざる過去の想起

　他方でアドルノは、過去が現在に現れる想起という出来事に関心を寄せ、過去の記憶と現在の主体との関係をより詳細に考察しようとしていた。すでに前章でも見たように、アドルノは自分の子どもの頃の幸福な思い出をしばしば振り返っていた [Vgl. Pabst 2003]。ある講演ではお気に入りだったある小道について語り [GS 18: 695 ff.]、哲学的主著『否定弁証法（Negative Dialektik）』（1966 年）では別荘のあった南独オーデンヴァルトの地名への幸福感を語った [GS 6: 366 = 456]。ただしアドルノは幸福な思い出に人間の本来的自然としての「原初的で素朴な前個人主義的段階」を担う役割を与えていない。[19] 小道にせよオッターバッハという地名にせよ、別の子どもであれば別のものを気に入ることになるであろうし、そうした意味でこの小道とこの地名が選ばれたのは偶然的で個別的なものである。こうした偶然性・個別性を帯びた思い出をかけがえのないものとして意識できることに、アドルノは幸福な思い出の

意義をまずは認めていた。

　また、過去が非意図的に想起された際の衝撃にもアドルノは注目している[20]。アドルノによれば想起は無意識に宿るものの突然の回帰である。「伝統は意図的には呼び出せない。これは伝統とは忘れられたものの回帰（Wiederkehr eines Vergessenen）であるというフロイトの偉大な洞察と一致する。忘れられたものは、意図的な想起の眼光の下には現れず、非随意的な記憶（unwillkürliches Gedächtnis）の中にのみ宿っているのである」[GS 14: 132 = 235]。そのために想起は現在を流動化し、現状を支配する客観的時間意識を相対化する契機となる[21]。だが、連続性の時間意識という本書の関心から注意すべきなのは、幸福な思い出がショックを伴いながら垂直的に想起されたとしても、この思い出が現在からはなおも遠く離れているという距離感に、アドルノが言及している点である。「マーラーの音楽は、子どもの頃の記憶の痕跡のなかにユートピアをしっかりと持っている。その痕跡はあたかも、ただそれだけのために人生は生きる価値があるのだというかのようだ。だが、この幸福が失われたものであり、失われたものとしてはじめて幸福となること、またその幸福はかつて決してそうではなかったものであること、そうした意識もやはり彼にとっては真正なものであった」[GS 13: 287 = 185]。「幸福というのは、形而上学的経験のなかでも、空しい願望にとどまらない唯一の経験である。だが、そうした幸福は対象の内奥を与えてはくれるが、それは同時にその対象から離れ去ったものとしてである」[GS 6: 367 = 457]。近寄るとその姿をかき消す虹のような、想起にともなうこの距離感は、一方で想起によるショックが現在を流動化させる作用の力を減じてしまうだろう[22]。だが、こうした距離感によって、連続的でもあり非連続的でもある主体の時間意識が駆動する。過去の子ども時代の自分は、自分にとって同一でもあり非同一でもある。子どもの頃の記憶は、とりわけ幸福の記憶は、その想起の主体にとって連続的でもあり非連続的でもあるからである。「年配の者は実際、ある程度意識的に生きていた幼い頃を振り返りながら、遠くなった自分の過去をはっきりと想起する。子ども期のことを忘れてしまい、なかったも同然であるとしても、過去は〔カントのいう意識の〕統一の基礎となっている。しかし、

たとえ子ども期のことがなかったも同然の景色の中で、想起される私、その人がかつてそれであり、かつ潜在的にはやがてその人自身になるその私は、同時に他人、見知らぬ人、離れて観察されるものとなっている。こうした同一性と非同一性のアンビバレンツは、同一性をめぐる論理学的問題構成の中にもある」[GS 6: 157 = 188]。

　ここで生じる過去と現在と未来との関係を確認しよう。まず、幸福な過去の光が現在に逆照射してくるかのように、現在は否定的なものとして照らしだされ、[23]現在に対する批判的意識が喚起される。ただしここでの現在への批判とは、自己を取り囲む現状批判だけではなく、現在の自己に対する批判をも含んでいる。この自己批判の契機を欠いたまま幸福な想起にとどまっていることを、アドルノは現状への屈服として強く非難する[GS 6: 367 = 457]。続いて、この思い出が、他の人と完全に共有することは不可能な、想起の主体自身に限られたものであるがために、ここで過去の自己と現在の自己との連続性の意識が喚起される。この連続性は、過去から現在に向かって首尾一貫して持続的に意識され続けたり、あるいは客観的時間によって事後的に確認されるような、そうした直線的な連続性ではない。想起された過去が他人と共有することができないという意味で、現在の自己から遡及的に成立するものである。さらにこの過去と現在との延長線上に、決して統一的・目的論的なものではないが、未来という方向性も開けてくる[Vgl. Specht 1981: 76 ff.]。

　このような連続性の意識は、想起の瞬間まで意識されることがなかったうえに、偶然的な2つの時点の間で瞬間的に結ばれ、茫漠とした未来を喚起するだけのものであるがゆえに、あまりに脆弱なものではある。だが、こうした脆弱な連続性の意識が、客観的時間意識や教養小説的時間意識とも異なる、叙事詩的時間意識を可能にする。

(2)　叙事詩的時間意識

　叙事詩的時間意識に関するアドルノの洞察は、ベルク論とマーラー論、そして多くのメモが残されたベートーヴェン研究の遺稿にうかがえる[NS I 1]。[24]
　まず叙事詩という概念について確認しよう。文学論においてアドルノはホ

メロス（Homer）やカフカ、ジョイスなどのテクストをこの概念で形容している［GS 11: 34 ff. = 34-41; GS 11: 41 ff. = 42-51］。アドルノのいう叙事詩とは、語り手の内的独白とは異なり語られる事柄のほうが優位であるため、そのテクストは語り手の主観的操作の産物ともいえる物語の首尾一貫性や完結性が欠如したテクストである。そして言語の伝達性ではなく表現性によって、語られる事柄の錯綜性を模倣することで、錯綜した文体をとる。このような語り手の同一性に還元されない非同一性への志向によって、錯綜・破綻の様相を見せる芸術作品を、アドルノは叙事詩的と形容する。

　ところで、このような叙事詩的なものが時間意識として最も如実になるのは音楽である。文字テクストに関してもアドルノはいくらか時間意識に関する発言を行っていたが［Vgl. GS 11: 38 = 38-39］、他の芸術作品はもちろんのこと、読者が途中で前のページを読み直すことができる文学とも異なり、時間の継起から決して逃れられない点で、音楽は最も時間芸術と呼ぶにふさわしいからである。

　アドルノによれば、ベートーヴェンは教養小説的時間意識に支えられた中期に比べ、後期になるとある事柄を音楽によって描く標題音楽に近づいており、そこには中期にはみられなかった破綻が見出される［NS I 1: 135 ff. = 141-143］。描くべき対象を持たない自己生成的な純粋音楽であった中期の楽曲とは異なり、後期の楽曲の破綻は現代の状況の破綻を先取りしたものだとされる。[25]　そしてマーラーなどの叙事詩的な音楽作品もまた現代社会の錯綜・破綻を反映するものと評価されるのである。またアドルノによれば、こうした錯綜・破綻を反映した音楽作品はたとえばストラヴィンスキーにも見出されるが、しかしその楽曲は錯綜・破綻の羅列となっており客観的時間意識の虜であることをうかがわせる。それに対してアドルノは、客観的時間意識の趨勢による教養小説的時間意識の崩壊を受け止めながら、なおも楽曲のダイナミックな進行という能動的な連続性を志向している点でマーラーの作品を高く評価するのである。現状とは無縁であるかのような自己生成的な純粋音楽でもなく、また客観的な時間意識への屈服でもなく、客観的時間意識の趨勢を引き受けつつも、教養小説的時間意識とは異なる形で、楽曲の進行の中で

第5章　自己形成の時間意識　　175

継起する諸部分が関連しあうことで時間の連続性が能動的に構成される
——このような時間意識をアドルノはマーラーに認めたのだった。[26]

　以下ではアドルノのマーラー論を中心に、叙事詩的時間意識について具体的に論じよう。

　マーラーの作品には、中期ベートーヴェンの交響曲にみられるような完結した全体性をうかがうことはできない。客観的時間を克服するダイナミズムを欠いており、またその当然の帰結として全体性の実現される瞬間としてのフィナーレを聴き取ることもできない。マーラーの作品が、中期ベートーヴェンの作品のような楽曲に慣れた耳にとって不可解に響くのは、こうした欠如によるものである。だが他方で、客観的時間に従って単調に刻まれたリズムに慣れた耳にも、マーラーの作品はやはり不可解に響く。なぜならマーラーの作品は客観的時間意識に基づいているわけでもないからである。マーラーの作品には、急激な中断やテンポの思いがけない冗長さなどがあり、客観的時間意識によっては汲み尽くすことができないものがある。

　だが作品の途中で、現在のある断片がすでに演奏されたある断片と思いがけなく接点をもって聴き取れることがある。「予め予期できないもの、偶然的なものが、思いがけずに形式、すなわち常に全く他なるものの原理となる」［GS 13: 225 = 104］。またこうした契機は、音の響きだけでなく中断や冗長なテンポなどの次元においても現れ、それらが作品にとって欠かせないものだと理解できる瞬間がある。ただし、それはより大きな全体性に向かうダイナミズムの契機となることはない。また過去のものと現在のものとが、たとえほとんど同一なものの回帰として理解されかねないほど似通っていたとしても、作品の進行が介在することで、同一のものとして聴き取ることがほとんど不可能な場合もある。このようなマーラーの特徴をふまえながら、作品の進行において「複数のイメージが様々な色をみせつつ自在に変化して互いに関係し合う」ために［GS 13: 196 = 65］、「次々と生起し、互いに本質的に関係し合いながら互いを際だたせるような出来事からなる時間の連続」をアドルノはマーラーの作品に認めるのである［GS 13: 226 = 105］。ただし、マーラーによる作品の構成は、その作品の進行が終わりを迎えても、やはり多義性を

許容し続けるものである点は看過されてはならないだろう。ある作品に登場する主題間の関係と作品の終わりについて、アドルノはこう述べている。「どの主題も肯定的・一義的にそこにあるのではなく、どの主題も完全に決定的に終わることはない。主題は時間の流れのなかで浮かび上がってはまた消え去るのだが、その時間の連続性とはまた、拘束されない主題の性格と逸脱の論理的徹底そのものとによって形成されていく」[GS 13: 235 = 117]。

　以上のようなアドルノの言葉から、叙事詩性の特徴を次のようにまとめることができよう。作品全体の構成についていえば、多義性を含みつつ互いの個別性を際だたせ合うものとして諸断片が位置づけられているために、いわゆる布置連関として作品が構成されている。そして、中断や緩やかさなどの断片的な時間的な出来事も、こうした布置連関に貢献している。中断が断片同士の個別性を際だたせることもあれば、中断それ自体が断片として他の断片と相互に個別性を際だたせ合うこともある。

　また、作品の時間的進行については次の三点が指摘できる。まず、首尾一貫した論理に全体が貫かれていないために、作品の時間的進行の只中では、断片同士の時間的な距離が重要なものとなる。先行する断片と後続する断片との関係は、その時間的進行における隔たりによって強まりもすれば弱まりもする。時にはあまりに隔たっているために関係が顕在化しないこともあるだろう。続いて、作品の進行のなかで登場した先行する断片は後続する断片によって一義的に規定されるわけではなく、作品が進行する限り新たに現れる後続の断片によって、新たな意味を担う可能性に晒されている。断片Aと断片Bとが関係を結び意味を規定し合ったとしても、それは断片Cが現れることで変化しうる。そして最後に、時間的な出来事も含めた諸断片が様々な関係を結びつつ進行する、その進行の全体こそが大きな連続性としてとらえられる。それはいかなる外からの論理によっても回収されない連続性であり、いわば諸断片の関係によって緩やかに結ばれた全体であるが、こうした全体はフィナーレによって成就し静止するのではなく、あくまで時間の連続性の中でのみ現れる。一義的な時間意識によって汲み尽くすことができず、にもかかわらず時間の連続性なしには成立し得ない、そうした能動的な

第5章　自己形成の時間意識　177

時間意識に貫かれている —— アドルノはこのようにマーラーの作品を解釈したのだった。

（3）　叙事詩的連続性への志向

　以上のような叙事詩的な時間意識は、現代社会の拮抗関係を反映したものであると同時に [GS 13: 307 ff. = 212-215]、出来事の織物ともいえる個人と人類双方の歴史のモデルとなりうる時間意識でもある。ただし、過去と自己形成の主体との関係は、ダンディズムのような過去からの離脱としての自己形成とみなすよりも、想起される過去のありかとしての無意識に関するアドルノの洞察が参照されてよいだろう [GS 8: 60 f.]。アドルノによれば、個人の無意識は、現状に追従する意識に後れを取っており、そのため無意識には人類と個人の双方の歴史における「取り残し」が沈殿している。「無意識と意識の非同時性は、それ自体が矛盾に満ちた社会の発展のスティグマである。無意識には、主体における取り残し、つまり進歩と啓蒙の代償となったものが沈殿している」[GS 8: 61]。子どもの頃からそれと知らず無意識に沈殿した個人史[27]と人類史の残滓には、個人的な幸福の約束の思い出や人類史的な太古の恐怖も宿っている[28]。しかしこの記憶は意図的に呼び出すことはできない、尽きせぬ源泉である。こうした人類史を随伴した個人史の無意識的な記憶が、思いがけず意識に立ち上ることを、アドルノは「非随意的な想起」と呼んでいた[29]。この忘却され無意識に沈殿した諸々が想起によって駆動していく時間意識をアドルノはマーラーの作品に認めながら、そこに救済（Rettung）を読み取る [Vgl. GS 13: 189 = 55]。

　無意識にとどまるわけでも意識によって理解し尽くされるものではない次元、意識と無意識の両者を貫く想起のメカニズムをふまえるなら、叙事詩的時間意識は意識と無意識を貫いた個人の人間形成の全体に見出されるといえよう[30]。むろんそこでの構成は、客観的時間意識のような年代記的な進行ではなく、教養小説的時間意識のような上昇的なダイナミズムでもない、フィナーレを求めることなく忘却したものがそのつど救済され続ける進行である。さらにここで、想起そのものにおいてある時点での過去と現在（そして茫

漠たる未来）の脆弱な連続性としか意識できなかったものが、実は意識と無意識を貫く大きな叙事詩的連続性に支えられていることに気づくなら、また新たな自己形成の視野が開ける。過去と現在の関係としては、過去の様々な出来事を様々な関係のもとに読み取りながら、解読され尽くすことのない叙事詩的連続性として自己の歩みを振り返ることが可能になる。これは「若い頃に、生の約束、あるいは期待される幸福として知覚された無限に多くのものが、年を取ると想起を通じて、本当はそうした約束の瞬間のひとつひとつが生そのものであったのだと認識される」というアドルノの言葉に通じるものであろう［GS 6: 294 = 195］。個性際だつ出来事のひとつひとつが相俟って現在の自己へとつながっているが、それを一義的に汲み尽くす論理は存在しない。むしろ汲み尽くすことができないという点に自らの生の豊穣を読み取ることができる。また未来に関していえば、先行する忘却されたものを喚起しつつ多様な関係の可能性を拓くものとして、未来の出来事を位置づけることができる。現在のものと未知のものとの関係、過去のものと未知のものとの関係、未知のもの同士の関係——叙事詩的連続性においては、互いに際だたせ合う関係の構築が志向され続けることとなる。ただし、この志向は過去の全てを総合するものではなく、叙事詩的な連続性の次元からいえば、むしろ先行するものを忘却から救済すること、先行するものの無限の多様性を開くことに、後続するものである未来の出来事は意味を有している。過去・現在・未来の出来事が布置連関（星座）として重層的に関係を組み替え続けること、そこに叙事詩的時間意識の開放的な連続性が見出されるのである。

　ただし叙事詩的連続性の次元の危機もまたアドルノの念頭にはあった。本章の第1節で確認したように、刺激的なショックや情報の氾濫によって忘却が強いられ、反射的な反応の素早さが求められ、「意識と無意識において技術が果たしている役割」は極めて大きい［EzM: 114 = 159］。しかし、だからこそ、個人とそれが宿した無意識にアドルノは注目し、技術によって汲み尽くされないものの潜勢力を認めようとしたのだともいえる。この潜勢力は、過去の経験を喚起する新たな経験へと開かれつつ自己の連続性を確認すること、つまり自己の叙事詩的連続性の次元が開かれる可能性としてとらえられ

る。もはや想起し得なくなる前に、新たな経験によって過去の経験を喚起し続けること、あるいは過去の出来事と同一で反射的に対応できると錯覚しかねない事柄にも、叙事詩的連続性の次元における自己の継起という視点から、過去の出来事との小さな差異を見出していこうとすること —— 現代にあって自己の叙事詩的連続性という時間意識は、こうした自己形成の展望を描いているのである。

第5節　自律と経験による自己形成の可能性

　これまで、アドルノが可能性を認めた二つの時間意識に注目し、人間形成論という観点から再構成してきたが、二つの時間意識の関係はどのようなものだろうか。さしあたり、自律には絶対的モデルネの時間意識が、経験には叙事詩的時間意識が、それぞれ関連が深いということもできるだろう。「他律の回避」をめざす自律は現状への反発という絶対的モデルネの時間意識と、また非随意的な想起など意図せざるものの経験は叙事詩的時間意識と、それぞれ結びつくことは容易に見て取れる。しかし、こうした単純な区分はアドルノの望むところではないように思われる。絶対的モデルネの典型をアドルノはシェーンベルクに見出していたが、アドルノは過去への反発だけでなく過去への愛もシェーンベルクに認めていた。「正しく伝えられた過去はその正反対のもの、すなわち意識のもっとも進歩的な形姿（Gestalt）に止揚されるだろう。進歩した意識が確かな力を備え、後からやってくる情報に否認されることを恐れないですむならば、この進歩した意識は過去を愛する自由を持つことになるだろう」[GS 11: 70 = 76]。むしろアドルノにとっては、二つの時間意識を厳密に区分することよりも、客観的時間意識に貫かれた現状を動態化させる主体の時間意識として双方を評価することのほうが重要であったように思われる。すなわち、過去とも未来とも断絶した点としての現在において、しかも教養小説的時間意識が社会的条件としても極めて困難となった現在において、どのように動態的な時間意識を見出せるかという問題関心

がまずあり、二つの時間意識が駆動することで、教養小説的な時間意識とは異なる形をとりながらも、伝統や過去への関係、そして未知の未来への関係が現在において結ばれることに期待していたのではないだろうか。

また、ここには、個と全体との調和的発展という古典的な Bildung 概念の変奏を認めることができよう。「永続的破局」と化した社会とそれに適応する点としての個人という静的な現状に対して、この二つの時間意識は動態的に介入する。現在に定位しながら、個人的な過去だけでなく無意識的な歴史との関係に開かれつつ、絶対的モデルネの時間意識は現状からの離脱を志向し、また叙事詩的時間意識は開放的な布置連関を志向する。こうした時間意識に支えられた自己形成の志向には、個人の現在を出発点としながらも、そこから静的な現状を超えた外部を志向する動態性が認められよう。そしてこうした個人の存在は、静的な現状に動態性を呼び込み、現状以上の全体の理念に訴えるものということができる。ここには、古典的な Bildung 概念とは異なる布置連関によって、個人と全体の動態的な関係という Bildung の主題がなおも保たれている。ここにアドルノは現代的な Bildung の可能性を認めたといってもおそらく過言ではないだろう。

最後に、本章で得たアドルノの Bildung 観を以前の章にさかのぼりながら関連付け、三点ほど指摘しておきたい。第一に、第4章の最後に扱った、子どもと大人の関係についてである。大人にとって過去の自分としての子どもは、他者である子どもよりも、時間意識を駆動させるものとして特権的なものである。過去の自分としての子どもは目の前の子どもよりも遠い存在でありながら、しかしそれは今の自分を構成するものでもある点で、同一的でもあり非同一的でもある。過去といかに向き合い、どのように未来を志向するか、自らの子どもの頃の経験はその契機として現在に動態的に介入するものといえる。

第二に、第3章で扱った自律概念の自己形成観への射程である。アドルノのいう自律は教育や自己形成の長期的な目標にはなりがたい。ただ、社会への適応とは異なる個人の姿を言い表そうとして、アドルノはゲーテが友人の芸術家を評した「彼は自らを独自の存在に育て上げた（sich zur Originalität heranbilden)」という言葉を引いていた［EzM: 118 = 164］。この「自らを独自の存在に育て上げる」こそ、短期的な営為としてではなく長期的な人間の生きる姿としての自律を端的に表現したアドルノの数少ない言葉である。だが、「独自の存在」に比重を置くと、アドルノの含意を見誤ることになる。芸術作品とも同様、自己をゼロから創り上げることは不可能であり、またそうした自負に対しては ―― この言葉は友人本人の自負ではなく他人であるゲーテが評したものであったことも重要であろう ―― ナルシシズムの虜とアドルノは批判する。したがって、アドルノの含意は「育て上げる」に比重が置かれなければならない。この「育て上げる」の動因となるのが、本章で扱った二つの時間意識である。アドルノが芸術作品に認めていたのと同様に、社会的なものに貫かれながらも、意識に上らぬ個人と人類の過去と未知の未来を志向することの間で自らの生の時間が駆動すること ―― これまでの考察をふまえるなら、逆説的であるが、こうした開かれた生を生きることが、「自己を独自の存在に育て上げる」ことになるように思われる。

そして最後に、第2章で留保していた「強靭な自我」の問題である。アドルノは「脆弱な自我」を自我形成の失敗ととらえながら、現代において有効な自我形成のモデルを提示しなかった。現代社会においては起こるべくして起きたものとみなしているかのようなその論調は、「強靭な自我」の可能性に対する諦念にも見える。だが、もしも「強靭な自我」と呼べるものがあるとすれば、本章までで論じてきた自己形成の姿に認められよう。

　　事柄への美的な外化（Entäußerung）である芸術作品には、脆弱で適応的な自我ではなく、強靭な自我が必要である。自律的な自我だけが、自らに批判的に立ち向かい、幻想に囚われた自らを突破する力を持つのである［GS 7: 178 = 198］。

精神分析の言語に従えば、解放された作品における表現〔本書でいう表現性〕と構成〔制作主体の側の伝達性・概念性〕の関係は、〔無意識の〕エスと自我のそれに類しているといえる。新しい芸術はフロイトとともに、

エスのあるところに自我が成立しなければならないと語る。盲目的で、自分自身を衰弱させ、自然に囚われた関係を無限に繰り返す自然支配という罪から自我が癒えるためには、内的自然であるエスを自我によって支配することでそれを果たすことはできない。エスと和解し、エスの欲するところへ、意識的に、自由の立場から自我が随伴しなければならない。欲動を抑圧するのではなく、それを直視する者、欲動に暴力を加えたり、暴力としての欲動に屈服することなく、それを充足させる者こそ、正しい人間の名に値する。今日においては、正しい芸術作品の自由と必然性に対する模範的なあり方も、そのようなものでなければならない [GS 11: 444 = 157]。

　ここでは、アドルノが評価する同時代の前衛芸術と自己形成とが同じ論理で語られている。忘却に抗い過去に随伴し、現在を批判的に駆動し、新たな未来を求めることは、アドルノにとって芸術にも人間の生にも等しく求めうるものだったといえよう。

注
1　本章での Bildung に関連する用語の区別については、以下の通りとしている。①成長し育ち変容する主体の視座に立つ Bildung を「自己形成」とする。②教育する側と成長する側との立場を明確に区別する必要がない場合は「人間形成」とする。一般名詞としての Bildungstheorie の訳語としても「人間形成論」を充てる。③個人によって習得された文化としての Bildung に限って「教養」とする。④個人と人類の発展プロセスを同時に含意する場合は、適当な日本語がないため、そのまま Bildung と表記する。なお Bildung の訳語として「陶冶」がよく知られるが、本章では回避している。
2　Erinnerung の訳語として、本書では「想起」を用いている。アドルノの Erinnerung の文脈においては、「主体が意識的に過去の記憶を思い出す」という観点だけでなく、記憶それ自体が現れ出て来る非随意性もまた重視されている。ただし、その詳細については注 29 も参照されたい。
3　こうした非連続性を自己の成熟という連続性に回収する論理は、生の非連続性に着目したボルノウにもうかがうことができる [Vgl. 井谷 2013]。
4　この問題関心に通じるものとして、ライフサイクルをめぐる田中毎実の研究や西平直の研究を挙げることができよう [田中 2003 ほか; 西平 1993 ほか]。この章で解明する連続性の次元は、ライフサイクルの概念には収まらないものであるように思われる

第 5 章　自己形成の時間意識　**183**

が、しかし鈴木忠と西平直の創発性をめぐる議論などは［鈴木・西平 2014］、本章に近い問題を発達の文脈で扱っているといえるだろう。

5　この連関の現れの聴取こそ、第 4 章第 4 節 (3) で言及した構造的聴取である。

6　ここで先述したアドルノのヘーゲル評価を想起してよいだろう（第 4 章第 2 節 (3)）。アドルノがヘーゲル『精神現象学』を個人と人類史を貫く「意識の経験の学」として高く評価した背景には、現在に定位しながらいかに過去を振り返りいかに未来を志向するか、という時間意識の連続性への着目があったといえる。

7　ただし、人類を一個の大きな主体に見立てる発想をアドルノに認めることはできない。たとえばフロイトとの争点としても知られるユング（Carl Gustav Jung）の集合的無意識の概念に関して、アドルノはその実体視を批判しており、「パリ —— 19 世紀の首都」として知られるベンヤミンの原稿にそれがうかがえると彼に警告を発していた［ABB: 138 ff. = 113-128］。ただしベンヤミンとユングの集合的無意識の概念が異なることは、1950 年に執筆した「ベンヤミンの特徴を描く（Charakteristik Walter Benjamins）」で言及している［GS 10-1: 248 f. = 394-395］。

8　この構造的な共通性ゆえに、音楽作品に内在する時間意識の分析に際してアドルノが「主体」「回想」「エス」「超自我」などの人間形成論的なレトリックを用いたともいえるだろう。たとえばこうしたレトリックを駆使しながら「忘れられたものの回帰」、連続的な時間意識が喚起される「時間の現前」としてアドルノは「伝統」を論じている［Vgl. GS 14: 127 ff. = 225- 254］。

9　こうした先行研究の代表的なものとしては、カップナーの大著［Kappner 1984］が挙げられよう。また日本の教育学におけるアドルノ研究の嚆矢である今井康雄の研究もカップナーのこの部分に依拠している［今井 1991; 今井 1998: 167-201］。

10　ここでのシェーファーの論点自体は、現状に対する批判意識の終わりなきプロセス性にあるが、アドルノ流の批判が瞬間的に開示されるものであることを考慮するなら、この「終わりなきプロセス」としての人間形成観は、瞬間性を永遠に志向しつづける点で「特異体質」的な行動様式と共通の時間意識を有しているといえるだろう。なお、アドルノの思想における瞬間の概念を概括的に論じたものとしてはツィンマーマンの研究を参照のこと［Zimmermann 1989］。

11　カップナーは時間意識に関するアドルノの言葉を分析するなかでマーラーにも言及しているが、彼の分析は瞬間性の問題に集約している点で本章とは関心を異にしている［Kappner 1984: 286-297］。

12　『美の理論』にはあまり登場しないマーラーとベルクに対するアドルノの分析に、現代的なアクチュアリティを見出したものとして、ゾイボルトの論文がある［Seubold 1998］。

13　こうした思想は、生の危機という非連続性から「普遍的な教訓」が引き出されて経験が成就し［Bollnow 1983: 228］、人は完成に向かう連続性に立ち返ることができるというボルノウの論理にも認められる。

14　なお、社会におけるこうした時間意識の批判は、「社会学のカテゴリーとしての静学と動学（Über Statik und Dynamik als soziologische Kategorien）」でも展開されてい

る。「合理性は、伝統的な社会的諸形式を粉砕する傾向によって定義づけられる。〔中略〕合理性はかつてその力の源泉であったムネモシュネ（Mnemosyne: 記憶）の力をますます失っている。〔中略〕封建的な伝統主義が徹底した市民的合理性と対立した結果、最終的には想起、時間、記憶（Gedächtnis）が、非合理な担保とみなされ、市民社会の進歩によって清算されるにいたる。これは工業生産の様式とともに進歩した合理化の結果であり、この生産様式は、他の手工業的なものの残滓とともに、長年蓄積された実質的な経験の手本（Muster）である修業時代（Lehrzeit）というカテゴリーを、もはや不要だと切り捨てるのである」[GS 8: 230 = 316-317]。

15 こうした時間意識を「客観的」と形容しうるアドルノなりの根拠のひとつとして、第4章の第1節で確認したように、彼が交換原理の徹底した社会として同時代の状況を——旧来の下部構造決定論にたつマルクス主義者ほどではないにせよ——認めていたことが挙げられよう。アドルノに従うなら、労働の労働時間による計測に代表されるように、「年代記的・物理学的」な時間意識は、等価交換の原理ひいては物象化の徹底に端を発する現代社会の趨勢であるといえるからである。

16 なお、こうした論理の背後には、やはり川村二郎が「ユートピアは実現されないからこそユートピアだ。理想は現実から隔絶しているからこそ理想だ」と指摘するアドルノの芸術観があることは否めないだろう［川村 1991: 192］。これは本書の第3章で扱った「理念としての自律」の問題にも通底している。

17 このような自己形成観は、カップナーの研究（特に第1部）と今井康雄の研究が明らかにしたものである［Kappner 1984; 今井 1998］。今井はヘーゲルと同様の外化（Entäußerung）をアドルノの経験概念に読み取りながら、アドルノが「外化を、同一性へと螺旋的に還帰するための一過程としてではなく、むしろ逆に、そうした螺旋的昇天を阻む対抗錘として位置づけ」ていると指摘する［今井 1998: 188］。

18 鈴木晶子はアドルノの自己形成的な思想を「自己の制作としての発達はアドルノにおいて、未来の自己の模倣だと言い換えることもできるだろう」と端的に再構成している［鈴木 2006: 192］。ここでは特に出典は挙げられていないが、アドルノの時間意識論としてはカップナーと今井と前提を共有しており、ダンディズム的な自己形成観に通じると思われる。

19 アドルノはこれをドイツ青年運動の影響下に勃興した「共同体音楽」などに見出し批判している［GS 18: 751 = 51］。

20 想起をめぐるベンヤミンとアドルノの思想の共通性に注目しつつ、『否定弁証法』を中心にアドルノの思想を検討したものとしては、たとえばピーシャとツェドラーの先行研究がある［Piecha/Zedler1984］。

21 たとえば龍村あや子によれば、アドルノはマーラーの作品における「突破」の契機を、現状を支配する時間意識や旧来の芸術作品を支える時間意識を打ち壊す瞬間としてとらえている［龍村 1994: 220］。なお、こうした想起の衝撃力を指摘した人物としてはベンヤミンがよく知られる。今井は「アイデンティティの裏をかきつつ自らを構成」する契機として、想起（Erinnerung: 今井は「回想」と訳す）によって喚起される「垂直的現前の時間意識」の人間形成論的意義を見出している［今井 1998: 239］。アドル

ノの想起の概念がベンヤミンの影響下にあることは確かであり、想起／回想が主観的時間の次元を拓く点には両者の共通点が見出されるとの指摘もある［Vgl. Specht 1981: 57 ff.］。ただし、想起／回想において決定的な役割を果たす「アウラ」の現代的意義に関する両者の見解のずれや、アドルノ自身の思想の変化など［Vgl. Specht 1981: 153］、検討すべき点も少なくない。

22　前注のベンヤミンとアドルノの相違点についていえば、この想起のショックに可能性を認めたベンヤミンに比べて、アドルノは連続性に固執していたということはできるだろう。それは後に検討するように、時間芸術としての音楽がアドルノの芸術観のモデルとなっていたこととおそらく無縁ではない。

23　なお、「光そのものではなく、光に照らし出されたものを見るべく定められ――」というゲーテの言葉をアドルノは「形式としてのエッセー」の冒頭に掲げている［GS 11: 9 = 3］。

24　このベートーヴェンに関する著作は、アドルノの残した膨大な遺稿を、ティーデマン（Rolf Tiedemann）が中心となって編集したものである。ここでは、叙事詩的時間という概念が後期ベートーヴェンの作品の多くにうかがえるものとして、中期ベートーヴェンの作品における交響曲的時間（本書でいう教養小説的時間）の概念に対置させられている［NS I 1］。

25　ここには社会の「モナド」としての芸術作品というアドルノの芸術作品観が前提にある。「真正な」芸術作品は、制作者の意図を超えて同時代の社会状況を反映するといわれる［GS 14: 413 = 409］。

26　たとえば次のような部分が参照されよう。「作曲上の主体は、マーラーにおいては子どもの心理層に固着するのではなく、それを非神話化するために中に取り込む。イデオロギーに堕した音楽文化の破壊の後に、その破片や記憶の断片から、第二の全体性が形成される。彼の中では、主体の構成的な力が、芸術がそれに対して反抗を企てるが根絶はしない文化を再び回帰させる」［GS 13: 188 f. = 55］。これは作曲者としてのマーラーについて述べた部分ではあるが、次段落の引用からもうかがえるように、「破片や記憶の断片から、第二の全体性が形成される」というのは、楽曲そのものの進行だけでなく主体の自己形成のプロセスとしてもとらえることが可能だと思われる。

27　たとえば「無意識の無時間性というフロイト自身の説とは反対に、具体的な歴史的諸要素は、子ども期の経験にも入り込んでいる」といわれる［GS 8: 75］。

28　たとえばフロイトの注目したオイディプス（エディプス）の父親殺しも個人の無意識に沈殿した歴史的原像といえるだろう。「人類の意識の歩みそれ自身においては、どのような不可避なものがあり、それがこうした図像の中に沈殿していたのかが理解されるのです」［Adorno/Kerényi 1998: 102］。

29　第4章第4節の（4）でも言及したこの概念は、ベンヤミンによるプルースト（Marcel Proust）の解釈からアドルノが継承したものである。ただしこの想起が「非随意」であることについて、アドルノはベンヤミンほど重要性を認めていなかった［ABB: 415 ff. = 334-352］。アドルノからすると、たとえば芸術作品の制作にあたって主体は素材からの様々な傾向を受け止めることが非随意的想起と同様の論理で語られるが（第4

章第 3 節 (1))、これは集中した意識のなせる業だとされる。また「プルーストは非随意的想起という穏当な手法を用いたが、これはフロイトの自由連想と多くを分かち合っている」とアドルノは述べながら、非随意的想起がプルーストの作品ではあまり登場していないことを指摘する一方で、「連想」をより駆使したジョイスの作品を評価している [GS 11: 438 = 151]。

30 この時間意識は、もちろん人類史にも関わっており、だからこそ最終的には全体のBildung の駆動因とみなされる。この論点については、たとえばベンヤミンの「敗者の歴史」の思想とも併せて考えてみることができるだろう。

31 なお、こうした硬直した現状の流動化という問題関心は、アドルノの自然史 (Naturgeschichte) 概念として知られている。初期の講演「哲学のアクチュアリティ」(1932年) と翌年の講演「自然史の理念」(1932 年) においてアドルノは、「自然−歴史」という二項対立の流動化を現在の哲学の新たな課題として提唱している。すなわち、現在では社会という歴史の産物が古の脅威的な自然のようになり、ルカーチのいう「第二の自然」となる一方、その脅威的で不変に見える自然も変容の契機としての「移ろい (Vergängnis)」を認めようとした。このような自然史の眼差しの根底には、本章で明らかにしたものに通じる時間意識への関心があったといえよう。

32 以下の論点については、眞壁宏幹の論稿も参照されたい [眞壁 2017]。子どもの頃の記憶、そして「強靭な自我」を美的人間形成論の文脈でとらえる点については、拙論に対する眞壁の批判をふまえたものである [Vgl. 白銀 2017b]。なお、「強靭な自我」を教育目標とすることの問題については、本書の結章でも改めて扱いたい。

結章

アドルノの教育思想

第1節　総括──自律と経験による自己形成のための教育

　これまで本書では、アドルノの教育論の中心にあった自律と経験の概念に着目したうえで、その背景となる思想を明らかにするために彼の哲学や社会学、美学などの論稿を参照してきた。その結果、彼の教育実践への提言に思想的な裏付けを見出すだけでなく、彼が直接的には明言しなかった示唆を示すことができた。本書を締めくくるにあたり、これまで明らかにしたものをまず総括しておきたい。

　まず第1章と第2章では、アドルノの来歴を教育論者という観点から振り返ったうえで、彼の教育論の背景にあった「脆弱な自我」への批判、そしてその「回避」を志向した実践的提言の特徴を明らかにした。彼は1966年の講演「アウシュヴィッツ以後の教育」において、「教育に対して最も優先して求められるのは、アウシュヴィッツが二度とあってはならないということです」という有名なメッセージを発信したが [EzM: 88 = 124]、その背景にはユダヤ的出自による1940年代のアメリカ亡命と戦後ドイツの民主化への関与があり、とりわけ亡命中の『権威主義的パーソナリティ』と帰国後の『グループ実験』という社会心理学的研究で明らかにされた「脆弱な自我」への批判があった。「脆弱な自我」は、他人への感情的なつながりが欠落し、何であれステレオタイプに従って合理的に管理し処理すること自体に快楽を覚える操作的性格、さらに権力の有無にばかり腐心し、頑迷で反応に乏しく、因習主義、大勢順応主義、自己省察の欠如などを見せる（操作的性格や権威主義などを含む）「権威に縛られた性格」の根底に見出される。この「脆弱な自我」は合

理化した社会の帰結であり、「アウシュヴィッツ」に象徴される「野蛮」を担っ
ただけでなく、戦後の人々にも広く認められるとアドルノは批判した。この
問題の克服のためにアドルノは教育に期待を寄せたが、しかしそれを語る論
理は特異であった。「脆弱な自我」を批判するならば、それに代わる「強靭な
自我」をめざす教育を行うというのが一般的な教育学的帰結であろう。だが
アドルノの教育論にはその論理が欠落していた。彼の教育論を詳細に分析し
た結果、その提言の焦点は、「強靭な自我」の形成よりも、むしろ学校など
で働く「自我の脆弱化」の諸契機の除去と、それに代わる穏当な教育実践の
提案にあることが明らかとなった。たとえば「これがここのやり方だ」と学
校のルールが強制される入学時のショックの除去、暴力と如才なさで上下関
係の決まる生徒の徒党の批判とそれに代わる個人間の友情や言語表現の鼓
舞、競争意識を煽って攻撃性を助長するのではなく遊びの契機を取り入れた
スポーツ指導、そして自己と他者のコントロールに腐心することのない寛容
な教師の姿である。学校内の権威に関しても、学校組織・学級集団・教師の
権威ではなく、教育内容の権威や「野蛮」の回避の最終手段としての権威に
限ってアドルノは肯定していた。こうしたアドルノの教育論には、教育とい
う手段を徹底することで目標としての理想的人間像を実現しようとする論理
は乏しく、大人の作為の限界と子どもの自己形成の余地を認めるものとなっ
ていた。アドルノの教育論の独自性は、理想的人間像から教育を演繹的に位
置づけるのではなく、回避されるべきものから立論されていることに認めら
れる。

　第3章では、アドルノの啓蒙批判とともにそこから継承された自律概念に
焦点を当てた。アドルノは現代の教育の理念として自律を掲げ、子どもだけ
でなく大人も対象とした「自律への教育」を肯定的な意味を込めて啓蒙と呼
んでいた。しかし彼の自律概念は、普遍的な規則で自らを律することを意味
するものではなかった。アドルノはホルクハイマーとともに、人類史の起源
から反ユダヤ主義や文化産業にまで通じる自然支配の原理として啓蒙を批判
しながら、この克服を「啓蒙による啓蒙の救済」に委ねていた。そして教育
論におけるアドルノは、その具体的な実践として「社会批判＝自己省察」を

結章　アドルノの教育思想　**189**

促す教育を提唱し、人々を縛り反ユダヤ主義などへと誘うメカニズムが広く
人々に意識化されることを求め、ここに啓蒙と自律の可能性を認めていた。
しかし本章では、さらにカント批判から導き出されたアドルノの道徳哲学に
注目し、彼のいう自律の含意をさらに明らかにした。アドルノによれば、現
代において自律を自負する人も、社会的に与えられた選択肢の中で判断を下
しているにすぎず、その判断の基準も経済的効率や文化産業の供給する印象
に左右されており、結局は社会的なものに従った他律の状態にある。さらに
この誤認された自律は、暴力の起源である自己正当化にも通じる。そこでア
ドルノは究極的な自律を自由・平和・連帯に通じる彼岸の理念とみなしたう
えで、此岸の現状における自律を「他律の回避」の営為に見出していた。ま
ず社会的現状の強制は圧倒的であり、それへの同調を完全に拒否することは
できないが、しかしここでの身体的な苦痛は、否定的な衝動として批判的な
現状認識を引き起こす。この認識は、日常の生において悪と非人間性の回避
に努める指針となるだけでなく、自己正当化という暴力の起源から距離をと
り、常に自分が誤りうるという謙虚さの道徳を示唆する。さらに道徳的判断
に伴う矛盾や葛藤の内部に囚われるのではなく、判断の選択肢の外部へと目
を向け、この矛盾や葛藤を強いる社会的現状そのものを変えようとする展望
が拓かれうる —— このような自律概念は、普遍的な理想的人間像ではな
く、現代という時代に根差した日々の営為を促すものであり、「自律への教
育」もまた、大人と子どもの別なく、誤りやすい自己を反省しながら現状を
批判し、それとは異なるものを志向する点で、現状に対する「抵抗への教
育」であったといえる。

　第4章では、アドルノの経験概念に注目した。アドルノは教育論において
「自律への教育」と「経験への教育」は同一だと述べていた。だが彼の哲学や
美学をふまえると、彼のいう経験とは、日常においても認識や思考において
も透明な合理性が強制となった現状において、主体と客体の関係の中で「不
透明な間」が立ち上がり、現状の只中にあってその外部の可能性が感知され
ることであったといえる。本章の第1節では「不透明な間」という経験概念
の基本的な構図を確認し、続く第2節では、「社会批判＝自己省察」にアド

ルノが見出していた経験を取り上げた。言語の伝達性（透明な概念性、論理性など）と表現性（不透明な物質性、感覚性など）という二面性に着目したアドルノの言語哲学をふまえるなら、合理化された社会を論理的に説明することと、矛盾に満ちた表現で矛盾に満ちた非合理な社会を表現することの双方が「社会批判＝自己省察」の営為に求められる。この営為の中で思考と事柄、思考主体と言語との「不透明な間」での経験が開かれ、主体は「めまい」に襲われながら現状への細やかなかかわり、そして現状とは異なるものへの志向や実践へ誘われるとされる。これをアドルノはヘーゲル哲学を参照しながら「非同一性の意識」と呼んだ。透明な合理性と不透明な強制が結びつく現状の只中での「不透明な間」の経験は、「非同一性の意識」に支えられることで、現状の外部への志向を拓く――ここにアドルノの期待を認めることができた。

第3節では、現代文化の中での経験として、アドルノのテレビ批判に注目した。アドルノは同時代の「経験の喪失」の一翼を担うテレビの印象操作や現状適応を促す機能を批判し、それを意識化するための啓蒙としての教育を呼びかけながら、テレビを有効に活用できる授業の意義や、テレビというメディア独自の芸術作品の可能性も示唆していた。受像機の小ささや再生の手軽さなど、技術の進歩によって可能となったテレビの物的な特性は、視聴者にとって「不透明な間」として立ち現れることがある。技術の進歩は「経験の喪失」に加担するだけでなく、また新たな経験の契機をもたらしうる――アドルノが現代文化における経験の可能性についても見定めていたことを明らかにした。第4節では、アドルノが経験のモデルとみなした近代芸術をめぐる経験と教育の関係について考察した。アドルノによれば、宗教的価値や装飾的価値から離脱し自律化した西洋近代芸術の作品は、歴史を宿した素材と制作主体との緊張関係によって織りなされ、社会における自然支配の似姿であると同時に社会から相対的に自立してもいる。そして彼は作品の謎の輪郭を精確に浮かび上がらせる構造的な聴取とそれを支援する音楽教育を求めた。ただしアドルノのいう音楽教育は、鑑賞の主体と作品をめぐる「不透明な間」を浮かび上がらせる一方で、作品の経験の「質的な跳躍」を約束するものではなく、むしろその可能性は特に子ども自身の側に認められていた。

そこで第5節では、子ども自身や子ども―大人関係に生起する経験に着目した。アドルノは「社会批判＝自己省察」や芸術経験において子どもが見せる「質的な跳躍」に注目し、大人にとっての経験のモデルになるとした。ただし大人は認識の労苦を伴う営為によって「質的な跳躍」に近づくが、子どもは認識の個々の正確さに乏しい。ここから、経験に輪郭を与えながら子どもの経験能力それ自体を尊重する教育の意義とともに、子どもと大人の「不透明な間」の経験の契機、そして対等な社会的主体同士の連帯というアドルノの教育思想の射程を読み取ることができた。「社会批判＝自己省察」は、思考の中で、思考とともに生起する経験を含んでいる。最新技術によって失われる経験もあれば、そこで新たな経験が生まれることもあり、また近代芸術はそうした経験のモデルとして注目される。その経験の先には教育不可能な「質的な跳躍」が認められるが、それは子どもにとっては近しく、また大人と子どもの間でも生起しうる―― このような「不透明な間」をめぐるアドルノの経験概念が明らかとなった。

　第5章では、アドルノの思想に見出される人間形成の時間意識を明らかにした。これまで確認してきたように、アドルノのいう自律と経験は、いずれも日常に間欠的に介入する営為である。しかし教育という観点からは、個々の営為が人間の成長ないし発達という時間の連続性の中でどのように位置づけられるのか、明らかにされねばならない。まず、アドルノによれば、かつて伝統的な Bildung 概念は個人と社会的全体の動的な調和的発展を含意していたが、今やそれは成立しがたくなり、蓄積された諸特性を点のような自我が適応のために使いこなすだけになっている。これは Bildung 概念を支えた動的な教養小説的時間意識に代わって、静的な客観的時間意識が支配的になったことの帰結とされる。これに対して、アドルノは時間芸術として独自の発展を遂げたいわゆるクラシック音楽に、それとは異なる時間意識を認めていた。ひとつは、過去とは異なるオリジナリティを追求しようとする「絶対的モデルネの時間意識」であり、伝統に対する反発によって駆動する時間意識である。もうひとつは「叙事詩的時間意識」であり、全体性の完結を欠いたまま過去と現在と未来とが重層的に関連し続ける時間意識である。記

憶、無意識、自我といった人間形成の諸概念を駆使したアドルノの時間意識論は、静的な客観的時間意識の支配的な現状の只中で、過去を記憶にとどめながら未知の未来を志向する動態性の可能性を認めようとするものであった。そして、この時間意識論を自己形成の時間意識論としてとらえるならば、アドルノのいう自律と経験の営為は、個々の営為の只中で他の諸営為との（過去への反発であれ重層的であれ）関連を求め、過去と未来との動的な関係に拓かれていくものであったといえる。さらにここでの過去と未来は個人のレベルに完結するものではなく、社会的なものでもある。現在における個人的・社会的な過去の想起から、現状とは異なる未来への志向を個人的・社会的に喚起すること ── 個人の自己形成が社会との動態な関係を結びうるとしたアドルノの思想は、Bildung 概念を現代的に継承するものだったといえる。

　以上の考察をふまえ、アドルノの期待した教育を端的に表現するなら、それは現状の外部に向かう契機を提供することといえよう。合理化が進み圧倒的な強制となった現代社会、それに自発的に適応しながら暴力の捌け口を求める人々、そして学校を始めとする教育や教師もこの適応に加担するものとして彼の眼には映っていた。この現状の只中で、その外部へ向かう契機をいかに確保するか ── 自律と経験への教育と個人の自己形成に寄せられたアドルノの期待の焦点は、ここにあったといえるだろう。「権威に縛られた性格」を形成する契機を学校や教育から除去し、子どもの自己形成の余地を確保すること。「社会批判＝自己省察」としての啓蒙によって「他律の回避」としての現代的な自律を求めること。経験の喪失した現状の中で、思考・文化・芸術と主体との間に立ち上がる「不透明な間」を契機として現状の外部を志向し、その経験の輪郭を確かなものにしながら、時に子どもに学び、時に子どもと学ぶこと。そして、こうした営為によって、静的な時間の現状の中で動的な時間意識が喚起され、その個人が現状への適応にとどまらない自己を形成し、閉ざされた現状の動因となること。こうした可能性への期待をアドルノの思想から読み取ることができる。

　このような教育によって育てられるものには、確かにアドルノ自身がいう

ように、「経験能力」「批判的諸能力」そして「強靭な自我」という呼称を与えることもできるだろう。現状の外部に向かう契機それ自体は、テレビ番組への違和感や子どもの経験など、日常のいたるところに認められるが、それが確かなものとなるためには、知性と感性の連動が要請される。苦痛に動かされる思考、思考の動きの中でのめまい、メディアの固有性の洞察、音楽と哲学の協働など、知性と感性の連動が繰り返されることで培われるものを、アドルノは「経験能力」ないし「批判的諸能力」と呼んだと考えられる。さらに、こうした能力を支えるもの、すなわち無意識的な衝動や無意識に沈殿した過去ないし歴史の救済、そしてそこから現状を超えた未知への志向という自己形成の主体を貫くものには、第2章ではいったん回避した「強靭な自我」という呼称を改めて与えることも可能かもしれない。その自我はたしかにエスと超自我との葛藤から生まれながらも、その両者にただ翻弄されるだけでなく過去と未来へと能動的に拓かれようとするものである。

　ただし、こうしたアドルノの教育への期待をそのまま「教育思想」とみなすならば、アドルノが教育目標として「強靭な自我」を積極的に掲げなかったことと矛盾するのではないだろうか。「強靭な自我」を万人に実現可能な目標とみなし、その実現手段として教育を位置づけ、それを体系的に論じながら制度的に万人へ徹底していく——こうした教育観には、理性による自然支配というアドルノの批判した啓蒙の原理が見出せるからである。この問題に応えるためには、改めてアドルノの啓蒙批判に注意を向けなければならない。

第2節　アドルノの教育思想

　18世紀ヨーロッパを席巻した啓蒙は、理性の光に照らして因習を批判し、理性に適った社会を作ろうとする知的運動であった。その社会的背景（たとえば印刷技術の発展、公共圏を担う社会階層の出現など）や時代や地域は様々であり、また思想史的研究も今なお盛んであるが [Vgl. ウートラム 2017]、知的運

動としての啓蒙の核心は「理性の自己実現」にあったといえよう。神が創造しその似姿として人間をとらえるこれまでの世界観とは異なり、啓蒙家（Aufklärer）たちは人間の持つ理性を貫徹させるべきものとして世界をとらえ、人間自身がその自由と意志によって変えることのできる社会と、人間による自然の加工としての文化（原語は「耕す」を意味するラテン語 colere）が彼らの意識の前景に現れた。歴史的な進歩の最先端に立つと自負した啓蒙家は、現状の非理性的な因習を批判しながら理性に従うことを人々に求め、理性のさらなる実現を担おうとした。神を理性によって読み解き（理神論）、人間が共存できる公正な理性的社会を求め（政治理論や富の理論といったいわゆる社会科学）、自然を理性的に読み解き活用することをめざした（自然科学と文化）。そして人間も、経験によって変わりうる存在でありながら、自然を脱し理性に従って（自己）形成（個人の Bildung）されることで、自律した存在として理性的な社会を担う（全体の Bildung）ものとみなされた。啓蒙家たちの多くが教育を語るにいたったのも、このような啓蒙理解を自らのものとし、人間と社会の理性的な完成可能性を掲げ、その重要な役割を担うものとして教育を発見したからだったといえよう。

　それに対してアドルノは、理性の自己実現をめざした啓蒙が、否定的な現状に帰結したととらえた。この現状は、人類史がすでにそのはじめから懐胎していた「理性―自然」の間で織りなされる弁証法的関係から理解される。人間の自己保存のために自然から生まれた理性は、人類史において自然支配を自己実現的に進めた。だが今や社会的現状は人間にとっての新たな脅威である「第二の自然」と化し、さらに理性に抑圧された人間の内的自然は暴力性を露わにし、その極北として「アウシュヴィッツ」が実現した。ただし、理性の強制の下で生じる身体的苦痛や抑圧・排除されたもの —— 概念に収まらないものなども含めて —— もまた断片的な自然であり、理性の自己実現が完遂していない証として未だ残されている。アドルノの多くの著作は、学問的な諸概念や社会的現状、そして文化や芸術にいたるまでを、「理性―自然」の弁証法的関係という視座から、それが否定的に結びついた現状とそれが全てではないことの可能性との双方を孕んだものとして読み解くもので

あった [Vgl. GS 6: 65 f. = 72-74]。

このアドルノの主題の背後にユートピアの理念が認められることはよく知られている。そしてこの理念の解釈に際しては、人間あるいは理性的なものと「自然との和解」というホルクハイマーに主導された『啓蒙の弁証法』の主題から理解されることが少なくない。しかしアドルノにおいては、後の『否定弁証法』などに従うと、こうした二項間の調和的な「和解」というよりも、複数の「共生」として理解することが適切であろう。「ユートピアとは、同一性も矛盾をも超えた多様なものの共生であろう」[GS 6: 153 = 182]。同一性と矛盾が支配的な理性によって生まれるものである以上、ユートピアとは、「理性―自然」の弁証法的関係も、その発端となった人間の自己保存さえも、もはや生じる必要のない状態と解される。個人の内面・知・文化・集団・国家・社会・世界のあらゆるレベルでの「多様なものの共生」――この豊穣のユートピアは、概念的な思考という理性の側に立つものによっては十全に描き出すことはできず、また理性的な手段によるその実現も約束できない。たとえユートピアの実現の手段として時に理性的な知や制度が必要であるとしても、それがめざすのは理性の貫徹ではなく理性の支配が不要となる状態である。「人類の至上の原理としての理性の制度化をイメージするなら、〔中略〕むしろ、こうでなければならない、こう整えられ、コントロールされ、組織されなくてはならないというこの原理が、理性の中で止み、溶け去るのをむしろ思い描くべきでしょう」[NS IV 10: 215 f. = 242]。

ただし、ここでアドルノの思想を啓蒙思想から遠く隔たったものとみなすのもまた早計である。啓蒙家たちの求めた理性の自己実現にも、アドルノと同様に自由や連帯への期待は見出される。また既存の因習に光を当て、それを批判することで現状を動かそうとする抵抗的な知性もアドルノと啓蒙家に共通する。なにより、個人の自律と経験、そしてそれをめざした教育に寄せられた期待もまた啓蒙家たちとアドルノに共通している。ここから、合理的な支配の原理と化した理性の自己実現とはまた別種の理性の実現のあり方をアドルノは模索したということができるかもしれない。『啓蒙の弁証法』において啓蒙を徹底的に批判したアドルノが、それでもなお啓蒙を肯定し自負

した理由は、このような啓蒙の批判的継承に認められよう。

それでは、こうしたアドルノの思想から、どのような教育思想が導き出されるか、啓蒙的な教育観と対比させながら明らかにしたい。

まず知的運動としての啓蒙には、理性の実現された状態を理想とし、その状態は理性によって十全に描くことができ、かつ理性に従うことでそれが実現できるという世界観が基本的に認められる。またここでは、理性的な世界を実現するために、同一の理性的な人間になることが全ての個人に求められる。それは全ての人間が等しく理性的に生きることを理想とし、その人間は理性によって十全に描くことができ、理性に従うことで実現できるという人間観である。そしてここから、理性的な人間を形成する手段は理性に従った教育であり、全ての人に確実にそれを行う教育の制度化が必要であるという教育観が導き出される。すなわち、単一の理性的な人間を理性的に描き、それを目標として掲げ、理性的に制度化された教育をその手段として全ての人に実現することで、理性的な世界を実現するという教育観である。理性的な人間像を描き、それをめざした理性的な教育を万人に徹底することで、理性的な世界が実現できる —— 私たちにとっても無縁ではないこの教育観を、ここでは「啓蒙的教育観」と呼ぶことにしたい。しかしアドルノの思想はここから大きく隔たっていた。

アドルノの思想全体の主題は、個人の内的レベルから集団や社会ひいては世界全体にまでいたる「多様なものの共生」をユートピアとしながら、弁証法的な思考と経験によって、理性の自己実現が圧倒的な強制となった現状の外部を志向することにあった。理性への絶対的な信頼のもと、理想的な世界や理想的な人間像を十全に描きだし、それを教育目標として掲げ、制度化された教育によって万人にそれを徹底しようとする啓蒙的教育観は、「多様なものの共生」の理念に反し、現状の強制と親和的である。そもそも「多様なものの共生」は理性によっては十全に描きえない。また仮に「多様なものの共生」を描いたとしても、ある理想化された教育目標から演繹的に万人に制度化された教育を徹底することは、アドルノの批判した「啓蒙の弁証法」の原理によって「多様なものの共生」とは逆のものに転化し、支配的な強制へ

の加担となるだろう。アドルノの立場からは、むしろ啓蒙的教育観とは根本的に異なる立論が教育には求められる。

　そこで改めて注目されるのが、「アウシュヴィッツ再来の回避」というアドルノの教育目的である。アドルノは理想的な状態を直接実現するための教育ではなく、現状を出発点としながら、それが懐胎する危険を回避するための教育を求めた。それが社会的強制に加担する学校の悪しき権威主義や集団主義の除去の要求であり、強制に従属する現状を「社会批判＝自己反省」しながら「他律の回避」を志向する独自の自律概念であり、現状とは異なるものに拓かれる経験と動的な Bildung への期待であった。こうした教育は自己の貫徹を理想とすることはない。むしろ「多様なものの共生」のユートピアが実現したときには、「社会批判＝自己反省」あるいは否定弁証法的な思考と同様に［Vgl. GS 6: 397 ff. = 500-504］、アドルノの期待した啓蒙としての教育はその主な役割を終えることになるだろう。ここにアドルノの思想全体と彼の教育思想との一貫性とともに、支配の原理としての啓蒙および啓蒙的教育観とアドルノとの差異を認めることができる。

　他方で、アドルノの思想全体と異なる彼の教育論の実践志向は、どのように説明されるだろうか。まずは、彼の教育論があくまで現状の教育を出発点として立論していたことに改めて留意しておこう。社会が個人の集合という次元を超えた独自の物的存在であることを認めるアドルノにとって、万人が理想的人間となることは、理想的世界の必要十分条件ではなかった。またアドルノの教育実践的な提言は学校教育（成人教育を含む）における政治教育や芸術教育に多くが割かれる一方、古典の教育や家庭教育などについては批判的な分析にとどまり実践的な提言を避けていた。さらに、無意識レベルに沈殿した諸々の経験に人間形成の培地を認め、また経験における最終的な跳躍は教育できないとする彼の洞察は、制度化された教育の限界を認めるものであった。教育実践へのアドルノの提言は、教育実践および制度としての学校教育の限界をふまえた限定的なものとしてまずは理解されねばならない。

　そのうえでここでは、アドルノの教育論における実践志向を、現状に対する「抵抗の橋頭堡」としての教育観に基づくとしたい。個人とその教育に対

するアドルノの期待は、個人が現状とは異なるものへの志向に拓かれること
とともに、現状の中でそうした個人が存在すること自体が現状の外部の可能
性であること、そしてこの個人が硬直した現状の変革を志向すること――
アドルノが教育論において民主主義にたびたび言及していたことをここで想
起してよいだろう――にも向けられていた。現状の社会的強制にただ従順
なだけではない個人の形成、それを部分的にでも担いうるものとして、すな
わち「多様なものの共生」の理念に違わない日々の営為と子どもへの関わり
を導くものとして、アドルノはその知的活動の多くを費やした社会的啓蒙と
ともに、特権的な役割を教育に認めたのだと考えられる。ただしこれらの概
念は啓蒙的教育観に基づく教育目標や教育手段として解されてはならない。
彼の教育論は、あくまで現状の批判から打ち出されたものにすぎず、理想と
して万人に完徹されるべきものではなく、いくつかの実践とその反省の指針
にとどまるものであった。他方でアドルノは、強制的な社会的現状への適応
を準備する権威主義や集団主義などの除去を要求しながら、それが強く残存
する村落などには積極的な遠隔教育を求め、また市民大学の隆盛に応じた成
人教育を求めるなど、現状の教育への介入と教育による現状への介入を企図
していた。アドルノの教育への期待は、否定的な現状へ介入する抵抗の拠点
となることにあったといえる。

　アドルノの教育思想は、何らかの理想ではなく「アウシュヴィッツ再来」
という回避されるべきものを出発点として構想された。そして否定的な現状
への介入的な役割を限定的に教育に期待した。それは現状の教育から危険を
除去することであり、社会的現状の批判と自己反省を促すことで「他律の回
避」を個人に求める教育であり、そして現状とは異なるものへの志向を拓く
経験への教育であった。そしてアドルノは、硬直した個人と社会が動態的に
関係を結ぶ Bildung の現代的な可能性をこうした教育に託したのだった。そ
してこの教育思想を導くのが、「多様なものの共生」の理念である。この理
念に照らせば、人間の内面、個人、その人間形成と教育、そして集団・社会・
世界といった様々な次元において「多様なものの共生」の可能性は存在し、
それはより豊かなものでありえる。この可能性を教育の周りに見出し、それ

をさらに拓くこと —— ここにアドルノの教育思想の核心が見出される。

　最後に、アドルノの教育思想が拓く教育学と教育実践への展望をいくつか素描してみたい。

　まずは目標として掲げられる理想的な社会像や人間像への警戒と、理性的なものでは汲み尽くせない豊穣への希望である。未来の予測が困難さを増す一方で、（たとえば監視社会論が明らかにしているように）現状への適応がいたるところで強いられている現在 [Vgl. ライアン 2002]、徒に掲げられる理想は人々の適応をさらに加速させるものになりかねないが、しかし理想の一切を放棄するなら、残されるのは適応の社会的全体化だけであろう。同時代の模範像に対するアドルノの警戒（第3章第6節）は、現在のほうがいっそう当てはまるように思われる。だが、理論的に縮減された目標を掲げ、それに向けて教育を統制するだけが唯一の道ではない。理論的な理性の問題を批判し自覚しつつ、それでも世界と人間と教育の豊穣への希望を抱きながら教育を語ることも可能である。たとえば第5章の冒頭で取り上げた、美的なものをめぐる近年の議論もそうした語りとして位置づけられよう。また理想化されたものへの警戒は、能力概念などへの警戒にも通じる。「〜力」という言葉が氾濫するなか、その定義が測定される側には不透明なまま、測定する側の恣意によって濫用され、しかも漸進的に実現可能であるかのように語られるなら、終わりなきエンハンスメント（増強・増進）の号令のもと、能力を語り求め測る者への際限ない同調と忖度が蔓延するだろう。むしろ、能力という言葉に人間の豊穣を還元することなく、豊穣そのものを擁護する教育を探究することはできないだろうか。こうした教育の探究は、大人の予測を超える子どもの多様な自己形成の余地を認め擁護することに通じるだろう。ただし、たとえば「多様な暴力」や「多様な偏見」が許容されてはならない。ここで重要になるのが「回避」という主題である。

　アドルノの教育思想における「回避」という主題は、理想からの演繹とは異なる教育の立論のモデルとなる。彼は「アウシュヴィッツの再来」という回避すべきものから出発して現状を批判し、否定的な現状に加担する教育の

除去、それに抵抗する教育の推進、そして穏当な教育の擁護を語った。こうした立論は、たとえば「フクシマを繰り返さないための教育」の論じ方も示唆している。単なる自然災害ではなく原発事故やその後の様々な問題を含め、「フクシマ」の問題は「理性—自然」の弁証法的関係という視座から読み解くことができるが［高橋 2011］、「フクシマ再来」の萌芽を告発し、その契機を教育から除去し、この萌芽に対抗する教育を実践すること、そこに現代の啓蒙的理性の舞台を見出すことが可能である［Vgl. 山名・矢野 2017］。

　また悪と無縁ではいられない自己と社会の現状に対する反省と警戒は、lesser evil（より「まし」な選択）の倫理に通じる。ここから自戒と慎みの個人的な道徳だけでなく、たとえば「みんな仲良く」という最善を求めながら同調圧力に支配された学級経営ではなく、仲が良くも悪くもないが「いじめの回避」には警戒する学級経営など、最善ではなく具体的な悪の回避を指針とする集団や社会のあり方の教育を考えることもできるだろう［Vgl. 菅野 2008］。さらに現状の選択肢そのものを批判しその外部を志向したアドルノの洞察は、たとえば出生前診断（とその先にある中絶）の是非を問うのではなく、その診断そのものが不要となる共生の理念と、共生のための現状の変革を志向する教育にも通じるだろう。リアルな社会的問題を扱い、二項対立で議論させながらオープンエンドで終わるディベートやモラルジレンマの授業は、対立の間で葛藤する当事者の視座が強調されるあまり、対立を生む社会そのものの問題を等閑にしかねない。リアルな社会的問題を扱う授業は、当事者になったときのための予行演習ではなく、当事者への共感と連帯、そして問題が解消された社会を実現するための、生活の中での社会的実践を促すことをめざしてもよいのではないだろうか。

　回避すべきものから出発する教育として、平和教育や人権教育などの教育実践を再考することも可能である。戦争の悲惨や具体的な人権問題から出発した平和教育と人権教育は、アドルノが予防接種と呼んだ実践に近い。ただし、戦争や差別への嫌悪感を育てたり、逆に被害者への同情を駆り立てることにとどまる教育は、（たとえば第2章注5で扱ったアンネ・フランクの事例のように）問題の全体像を見誤らせるだけでなく、プロパガンダに接近する。子どもの

感性と知性にどのように訴えかけるか、回避という観点から改めて検討することはできないだろうか。また道徳教育や政治教育に関しても、理想的な道徳性や市民性を求める教育だけでなく、現状の道徳の問題や政治の問題から出発する教育を構想することも可能である。教科の教育とは異なり、系統的な学問体系を前提としない教育に関しては、理想や能力だけではなく、「回避」という観点からとらえ直すことができるだろう。

　啓蒙の時代を遠く離れ、現状を読み解き導く新たな概念が次々と現れ、忘れ去られている。ポストモダン思想の流行と衰退もそのひとつであろう。しかしその思想家たちも啓蒙との距離をとらえ直し再評価するにいたった。また「アウシュヴィッツ」の後も、「フクシマ」とともに「理性─自然」の厄災という問題構成が亡霊のようによみがえっている。『否定弁証法』冒頭で「哲学」を語ったアドルノの表現に従えば、「一度は時代遅れになったはずの」啓蒙が「今なお生き延びているのは、その実現の機会を逃したからである」［GS 6: 15 = 8］。そしてアドルノは「アウシュヴィッツ以後」という視座から、啓蒙の諸概念の布置連関を組み替えることで、先送りにされたその実現の約束に忠実であろうとした。だが、アドルノとはまた異なる形で、啓蒙の布置連関を組み替えることも可能である。平和、人権、平等、公正──アドルノはほとんど触れなかったが、未だその約束を果たしていない概念も多い。どの概念をどのように配置し、その中に教育をどう位置づけるか、その布置連関のあり方はひとつではない。新奇な概念を頼りにすることなく、啓蒙的教育観から距離を取りながら、今なお生き延びている啓蒙の約束をいかに果たすか──そうした教育を考え、論じ、実践する可能性の広野は拓かれている。

あとがき

　本書を終えるにあたり、私的な研究の動機と経緯からはじめさせていただきたい。

　学部生時代、ポストモダン思想の流行の中で出版されたばかりの『啓蒙の弁証法』の翻訳を手に入れ、その近代批判に魅了された。「アウシュヴィッツ再来の回避」というアドルノの教育論のメッセージには、被爆三世という私的な事情もあって説得力を感じた。近代批判で知られる思想家の中でも教育を肯定的に語るアドルノは例外的な存在であろう。その思想を明らかにしたいと思い、大学院への進学を決めた。

　しかし、なかなか思うように研究は進まなかった。アドルノにとって教育は「理性による自然支配」であるはずで、教育を肯定的に語るのは自己矛盾ではないかという疑念が、研究を進めるほど深まっていった。彼が教育によって実現しようとする人間と社会のイメージもなかなか読み取れなかった。他方でアドルノが提案する具体的な教育実践には、教育学者から見れば穏当といえるものも少なくない。ナチズムに追われた亡命者が、その再来の萌芽に過敏になり、厳しい批判を繰り出しながらも独自のオルタナティブを体系的に示すことができず、自らの矛盾に拍車をかけている —— 自分の力量不足を棚に上げ、そのようにアドルノを理解するしかないと思ったことも一度ではなかった。

　私のアドルノ理解を妨げているのが、私自身の啓蒙的教育観であることに気づきはじめたのは、この逡巡を 20 年も続けてからだった。一般的に教育思想といえば、理想的な人間像や社会像から導き出される教育の理論的体系のことであろう。しかし、この体系の基底となる啓蒙的教育観が、アドルノには欠落していたのだった。「理性による自然支配」の批判を経て、啓蒙的教育観に依拠しない教育論を展開したアドルノ。その彼に啓蒙的教育観を読み込もうとしていた自分の誤りに気づいてから、ようやくアドルノの教育思想がその全体像を露わにし始めた。

折しも所属する二つの学会で自分のアドルノ理解を問う機会が得られた。ひとつは教育哲学会の機関誌『教育哲学研究』第112号の特集「道徳の教科化と教育哲学」であり、そこに掲載された拙論が本書の第3章の骨子となっている［白銀 2015 b］。もうひとつは教育思想史学会第26大会（於：武庫川女子大学、2016年9月10日）におけるフォーラム「アドルノの教育思想——自然と啓蒙の概念をめぐって」の報告である。多くの会員から質問やコメントを頂戴し、さらに機関誌『近代教育フォーラム』第26号には司会の今井康雄先生（日本女子大学）に司会コメントを、森田伸子先生（元日本女子大学）と眞壁宏幹先生（慶應義塾大学）にコメント論文をいただいた［今井 2017; 森田 2017; 眞壁 2017］。いただいた課題に応えることは未だに十分できていないが、啓蒙的教育観を相対化しアドルノ理解を深める貴重な機会となった。

　こうした私的な逡巡と幸福な機会によって、本書では啓蒙的教育観とアドルノの教育思想との隔たりを問うことができた。しかし、この啓蒙的教育観はおそらく私一人のものではないだろう。理想化された人間像や社会像によって教育者と被教育者を拘束するこの教育観を、私たちはどれほど相対化できるだろうか。人が教え、学び、変わり、育つことはもっと豊穣でありえるのではないか。そして、私たちの限られた思考ではとても描くことができないほどの、あらゆるものの豊穣のユートピアへの希望を抱きながら、それへ寄与する教育を構想することはできないだろうか。本書の試みが、そうした教育への希望の光＝啓蒙に少しでも貢献できるものであればと願っている。

　本書は、2018年10月に広島大学大学院教育学研究科より博士学位(教育学)を授与された論文「テオドール・W・アドルノの教育思想に関する研究」に加筆修正を加えたものである。この論文と本書の成立に際しては、大学院生時代から長年ご指導いただき、広島大学大学院教育学研究科教授として論文を審査くださった三名の先生、坂越正樹先生（現広島文化学園大学副学長・教育学研究科長）、丸山恭司先生、深澤広明先生に多大なご尽力を賜った。記して感謝申し上げたい。恩師であり主査を務めていただいた坂越先生には、大学院前期課程でアドルノ研究を始めたときから、ずっと温かく見守っていただ

いた。拙い発表に穏やかなコメントをいただきながら、しかしそのコメント
の背景に後日になって驚愕させられることを何度も繰り返した。ドイツ教育
学のみならず近代ヨーロッパ哲学から現代思想にいたる思想の深淵、それを
先生の言葉に垣間見ることを重ねるなかで、「先生であればどのようにお考
えになるだろうか、どのようにおっしゃるだろうか」と心の中で問いかける
習慣が身についた。今でも正解にたどり着けないことを繰り返しているが、
研究だけでなく教育や大学業務においても、その習慣によって何度も救われ
今日まで来たように思う。坂越先生に楽しんでいただける研究がしたい
——— 私に限らず教え子に共通の思いだが、言葉に尽くせない感謝の気持ち
とともに本書が少しでもそのような研究として届けばと願う。

　丸山先生には、率直で多角的、端的で粘り強い（という矛盾にも見える表現し
か見つからないが）問いかけを通して、研究の専門性と一般性の両立へと導い
ていただいた。先生の問いかけに必死に回答し続ける中で、研究の説得力が
少しずつ出てきたように思う。深澤先生には、アドルノ研究という無謀な試
みに対して、大学院生時代から励ましていただいてきた。論文審査の際にも
私も気づいていなかった研究のポイントや魅力を引き出してくださった。
「Erziehung（ドイツ語で「教育」）は子どもの可能性を引き出すこと」とよく言
われるが、先生には本書の可能性も erziehen していただいた。

　直接ご指導いただいた恩師として、広島大学名誉教授の小笠原道雄先生と
慶應義塾大学名誉教授の舟山俊明先生にも感謝の言葉をお伝えしたい。小笠
原先生には広島大学大学院でご退官まで指導いただいただけでなく、以前の
勤務校でも再びご指導いただく機会に恵まれた。新学部設置という激務の中
で研究を変わらず続けられる先生のお姿に圧倒されながら、お仕事の合間に
ドイツ教育学の最新の動向、日本の教育学の歴史、ご自身の研究、そしてご
趣味の音楽の話を聞かせていただいた時間は、研究者であり大学人であるこ
との真髄に触れる経験であった。慶應義塾大学文学部の学部生時代からご指
導いただいている舟山先生は、「教育とは何か」、「研究とは何か」、そして
「〜とは何か」を問うことを教えてくださった。言葉のひとつひとつが常に
私への問いかけでもあった先生との数々の対話の記憶に、これまでの研究は

導かれてきた。問うことを教える、それは教育にとって最も困難な課題だろうが、(自分の不出来はともかくとして)その最初の師が舟山先生であったことは、なにものにも代えがたい幸福だった。

　教育学研究の先達と学友にも多くの励ましをいただいた。広島大学教育哲学研究室の先輩として、とりわけ今井康雄先生、山名淳先生(東京大学大学院)、野平慎二先生(愛知教育大学)には、ご自身の研究によってアドルノ研究を導いていただきながら、長年にわたる温かい励ましを個人的にもいただいてきた。今も続く慶應義塾大学とのご縁では眞壁宏幹先生、山本正身先生、松浦良充先生のお名前を、そして学友を代表しては小野文生氏(同志社大学)のお名前を挙げたい。また父と亡き母、義父母をはじめ親族が研究を励まし続けてくれたことも大きな支えとなった。そして大学院時代からの学友であり妻であり息子の母である奥野佐矢子は、もっともよき理解者として公私にわたり支え、励まし、導いてくれた。記して感謝申し上げたい。

　出版に際しては、関西学院大学出版会の理事長田村和彦先生ならびに田中直哉氏と松下道子氏にお力添えいただいた。本書の持ち込みから実質半年での出版、ずいぶん無理なお願いを重ねたが、快くお引き受けいただき、良い本になるようご尽力いただいた。また本書は『関西学院大学研究叢書』として出版補助を受けた。出版事情の厳しいなか、勤務校の支援を受けられたことに厚く御礼申し上げる。

　アドルノは「学問のコントロールメカニズムに攻撃されてこなかった」自分の人生の「一連の幸福」を語っていたが [EzM: 134 f. = 190]、私は学問をめぐる数々の出会いと支えによって本書を世に問うことができた。一連の恩恵の「幸福」への感謝とともに本書を終えたい。

主 要 参 考 文 献

＊文献名の訳語について、邦訳がないものや従来の訳と変更したものは、各文献の末尾の〔「　」〕
内に本書で採用した訳を挙げている。

一次文献

ABB: Theodor Wiesengrund Adorno und Walter Benjamin Briefwechsel. Loniz, H.
(Hrsg.), Frankfurt am Main 1994.〔ベンヤミン／アドルノ（1996）『ベンヤミン／
アドルノ往復書簡 —— 1928-1940』ヘンリー・ローニツ編、野村修訳、晶文社〕

Adorno, Th. W.(1956): Aufklärung ohne Phrasen. Zum Deutschen Volkshochschultag
1956 – Ersatz für das "Studium Generale"?. In: Die Zeit, Nr. 41. 11. Oktober
1956, S. 4.〔「決まり文句を用いない啓蒙」〕

Adorno, Th. W.(2003): Kultur und Culture. Wiederabdruck in: Bahamas Nr. 43（04.
2003), S. 63 ff.〔「文化とカルチャー」〕

Adorno, Th. W.(2013): Studien zum autoritären Charakter. Mit Vorrede von Friedeburg,
L.v., Übersetzt von Weinbrenner, M. 8. Aufl., Frankfurt am Main.

Adorno, Th. W. und Eisler, H.(2006): Komposition für den Film. Mit einem Nachwort
und einer DVD, Frankfurt am Main.〔『映画のための作曲』〕

Adorno, Th. W. und Gehlen, A.(1975): Ist die Soziologie eine Wissenschaft vom
Menschen? In: Grenz, Fr.: Adornos Philosophie in Grundbegriffen. Auflösung
einiger Deutungsprobleme, Frankfurt am Main, S. 244 ff.〔「社会学は人間の科学
か」〕

Adorno, Th. W. und Kerényi, K.(1998): Mythologie und Aufklärung. Ein
Rundfunkgespräche. In: Theodor W. Adorno Archiv(Hrsg.): Frankfurter
Adornno Blätter V, München, S. 89-102.〔「神話学と啓蒙」〕

AHB: Theodor Wiesengrund Adorno und Max Horkheimer Briefwechsel. 4 Bde. Gödde,
Ch., / Loniz, H. (Hrsg.), Frankfurt am Main 2003-2006.

——— Adorno, Th. W.: Ad Antisemitismus. In Bd. II, S. 441 ff.〔「反ユダヤ主義について」〕

——— Adorno, Th. W.: Nationalsozialismus und Antisemitismus. In Bd. II, S. 539 ff.〔「ナ
チズムと反ユダヤ主義」〕

——— Adorno, T. W.: Research Project on Social Discrimination. In Bd. II, S. 623 ff.

——— Adorno, Th. W.: Ad Child Study. In Bd. II, S. 630 ff.〔「子ども研究について」〕

——— Horkheimer, M.: American Jewish Committee Progress Report of the Scientific
Department. In Bd. III, S. 495 ff.

——— Adorno, Th. W.: Über die psychoanalytische Praxis. In Bd. IV, S. 876 ff.〔「心理学
の実践について」〕

AP: Adorno, T. W., Frenkel-Brunswik, E., Levinson, D. J., Sanford, R. N.: The
Authoritarian Personality, New York 1969.〔アドルノ他（1980）『権威主義的パー

ソナリティ』田中義久・矢沢修次郎・小林修一訳、青木書店〕

Benjamin, W.(1955): Walter Benjamin Schriften. Adorno, Th. W. und Adorno, G.(Hrsg.), unter Mitwirkung von Friedrich Podszus. 2 Bände, Frankfurt am Main.

Benjamin, W. (1966): Walter Benjamin Briefe. Scholem, G. und Adorno, Th. W. (Hrsg.), Frankfurt am Main.

EzM: Adorno, Th. W.: Erziehung zur Mündigkeit. Vorträge und Gespräche mit Hellmut Becker 1959-1969. Kadelbach, G. (Hrsg.), Frankfurt am Main 1971.〔アドルノ (2011)『自律への教育』原千史・小田智敏・柿木伸之訳、中央公論新社〕〔『成人性への教育』〕

──── Kadelbach, G.: Vorwort. In EzM, S. 7 ff.〔カーデルバッハ「序文」前掲『自律への教育』所収、5-8 頁〕

──── Was bedeutet: Aufarbeitung der Vergangenheit. In EzM, S. 10 ff.〔アドルノ (2011)「過去の総括とは何を意味するのか」前掲『自律への教育』所収、9-36 頁〕〔「過去の克服とは何か」〕

──── Philosophie und Lehrer. In EzM, S. 29 ff.〔アドルノ (2011)「哲学と教師」前掲『自律への教育』所収、37-69 頁〕

──── Adorno, Th. W., Becker, H. und Kadelbach, G.: Fernsehen und Bildung. In EzM, S. 50 ff.〔アドルノ (2011)「テレビと教育」前掲『自律への教育』所収、71-95 頁〕〔「テレビと教養」〕

──── Tabus über dem Lehrberuf. In EzM, S. 70 ff.〔アドルノ (2011)「教職を支配するタブー」前掲『自律への教育』所収、97-121 頁〕

──── Erziehung nach Auschwitz. In EzM, S. 88 ff.〔アドルノ (2011)「アウシュヴィッツ以後の教育」前掲『自律への教育』所収、124-146 頁〕

──── Adorno, Th. W. und Becker, H.: Erziehung – wozu? In EzM, S. 105 ff.〔アドルノ (2011)「教育は何を目指して」前掲『自律への教育』所収、147-166 頁〕〔「教育──何のために」〕

──── Adorno, Th. W. und Becker, H.: Erziehung zur Entbarbarisierung. In EzM, S. 120 ff.〔アドルノ (2011)「野蛮から脱するための教育」前掲『自律への教育』所収、167-185 頁〕〔「野蛮を脱するための教育」〕

──── Adorno, Th. W. und Becker, H.: Erziehung zur Mündigkeit. In EzM, S. 133 ff.〔アドルノ (2011)「自律への教育」前掲『自律への教育』所収、187-208 頁〕〔「成人性への教育」〕

GS: Theodor Wiesengrund Adorno Gesammelte Schriften. 20 Bde. Tiedemann, R., Adorno, G., Buck-Morss, S., Schultz, K. (Hrsg.), Frankfurt am Main 1971-86.

──── Die Transzendenz des Dinglichen und Noematischen in Husserls Phänomenologie. In Bd. 1, S. 7 ff.〔「フッサールの現象学における物的なものとノエマ的なものの超越」〕

──── Der Begriff des Unbewusstsein in der transzendentalen Seelenlehre. In Bd. 1, S. 79 ff.〔「超越論的霊魂論における無意識の概念」〕

主要参考文献　209

——— Die Aktualität der Philosophie. In Bd. 1, S. 325 ff.〔アドルノ（2011）「哲学のアクチュアリティ」アドルノ『哲学のアクチュアリティ』細見和之訳、みすず書房、1-38頁〕

——— Die Idee der Naturgeschichte. In Bd. 1, S. 345 ff.〔アドルノ（2011）「自然史の理念」前掲『哲学のアクチュアリティ』所収、39-84頁〕

——— Thesen über die Sprache des Philosophen. In Bd. 1, S. 366 ff.〔アドルノ（2011）「哲学者の言語についてのテーゼ」前掲『哲学のアクチュアリティ』所収、85-97頁〕

——— Kierkegaard. Konstruktion des Ästhetischen. In Bd. 2, S. 7 ff.〔アドルノ（1998）『キルケゴール —— 美的なものの構築』山本泰生訳、みすず書房〕

——— Horkheimer, M. und Adorno, Th. W.: Dialektik der Aufklärung. Philosophische Fragmente. In Bd. 3, S. 7 ff.〔ホルクハイマー／アドルノ（1990）『啓蒙の弁証法 —— 哲学的断想』徳永恂訳、岩波書店〕

——— Minima Moralia. Reflexionen aus dem beschädigten Leben. In Bd. 4, S. 11 ff.〔アドルノ（1979）『ミニマ・モラリア —— 傷ついた生活裡の省察』三光長治訳、法政大学出版局〕

——— Drei Studien zu Hegel. In Bd. 5, S. 247 ff.〔アドルノ（2006）『三つのヘーゲル研究』渡辺祐邦訳、筑摩書房〕

——— Negative Dialektik. In Bd. 6, S. 7 ff.〔アドルノ（1996）『否定弁証法』木田元・徳永恂・渡辺祐邦・三島憲一・須田朗・宮武昭訳、作品社〕

——— Jargon der Eigentlichkeit. Zur deutschen Ideologie. In Bd. 6, S. 413 ff.〔アドルノ（1992）『本来性という隠語 —— ドイツ的なイデオロギーについて』笠原賢介訳、未來社〕

——— Ästhetische Theorie. In Bd. 7, S. 6 ff.〔アドルノ（1985）『美の理論』大久保健治訳、河出書房新社〕

——— Ästhetische Theorie. Paralipomena. In Bd. 7, S. 389 ff.〔アドルノ（1988）『美の理論・補遺』大久保健治訳、河出書房新社〕

——— Gesellschaft. In Bd 8, S. 9 ff.〔「社会」〕

——— Die revidierte Psychoanalyse. In Bd. 8, S. 20 ff.〔アドルノ（2012）「修正された精神分析」アドルノ『ゾチオロギカ —— フランクフルト学派の社会学論集』三光長治・市村仁・藤野寛訳、平凡社、92-118頁〕

——— Zum Verhältnis von Soziologie und Psychologie. In Bd. 8, S. 42 ff.〔「社会学と心理学の関係について」〕

——— Theorie der Halbbildung. In Bd. 8, S. 93 ff.〔アドルノ（2012）「半教養の理論」前掲『ゾチオロギカ —— フランクフルト学派の社会学論集』所収、210-249頁〕

——— Über Statik und Dynamik als soziologische Kategorien. In Bd. 8, S. 217 ff.〔アドルノ（2012）「社会学のカテゴリーとしての静学と動学」前掲『ゾチオロギカ —— フランクフルト学派の社会学論集』所収、300-326頁〕

——— Einleitung zu Emile Durkheim, »Soziologie und Philosophie«. In Bd. 8, S. 245 ff.〔「エミール・デュルケム『社会学と哲学』序論」〕

———— Einleitung zum Positivismusstreit in der deutschen Soziologie. In Bd. 8, S. 280 ff.〔アドルノ（1992）「序論」アドルノ／ポパー他（1979）『社会科学の論理——ドイツ社会学における実証主義論争』城塚登・浜井修・遠藤克彦訳、河出書房新社、7-84 頁〕

———— Spätkapitalismus oder Industriegesellschaft? Einleitungsvortrag zum 16. Deutschen Soziologentag. In Bd. 8, S. 354 ff.〔後期資本主義か産業社会か〕

———— Adorno, T. W., Lowenthal, L., Massing, P. W.: Anti-Semitism and Fascist Propaganda. In Bd. 8, S. 397 ff.〔「反ユダヤ主義とファシスト・プロパガンダ」〕

———— Freudian Theory and the Pattern of Fascist Propaganda. In Bd. 8, S. 406 ff.〔「フロイト理論とファシスト・プロパガンダの類型」〕

———— Bemerkungen über Politik und Neurose. In Bd. 8, S. 434 ff.〔「政治と神経症に関する注釈」〕

———— Individuum und Organisation. Einleitungsvortrag zum Darmstädter Gespräch 1953. In Bd. 8, S. 440 ff.〔「個人と組織」〕

———— The Psychological Technique of Martin Luther Thomas' Radio Addresses. In Bd. 9-1, S. 9 ff.〔「マーティン・ルーサー・トーマスのラジオ演説の心理学的テクニック」〕

———— Studies in the Authoritarian Personality. In Bd. 9-1, S. 144 ff.〔アドルノ（1980）『権威主義的パーソナリティ』〕

———— The Stars Down to Earth. The Los Angeles Times Astrology Column. In Bd. 9-2, S. 7 ff.〔「地上に堕ちた星」〕

———— Schuld und Abwehr. Eine qualitative Analyse zum Gruppenexperiment. In Bd. 9-2, S. 121 ff.〔「罪責と防衛」〕

———— Horkheimer, M. und Adorno, Th. W.: Vorurteil und Charakter. In Bd. 9-2, S. 360 ff.〔「偏見と性格」〕

———— Starrheit und Integration. In Bd. 9-2, S. 374 ff.〔「人格の硬さと統合」〕

———— Replik zu Peter R. Hofstätters Kritik des Gruppenexperiments. In Bd. 9-2, S. 378 ff.〔「グループ実験へのペーター・R・ホフシュテッターの批判に対する再抗弁」〕

———— Kulturkritik und Gesellschaft.In Bd. 10-1, S. 11 ff.〔アドルノ（1996）「文化批判と社会」、アドルノ『プリズメン』渡辺祐邦・三原弟平訳、筑摩書房、9-36 頁〕

———— Bach gegen seine Liebhaber verteidigt. In Bd. 10-1, S. 138 ff.〔アドルノ（1996）「バッハをその愛好者たちから守る」前掲『プリズメン』所収、197-218 頁〕

———— Arnold Schönberg 1874-1951. In Bd. 10-1, S. 152 ff.〔アドルノ（1996）「アルノルト・シェーンベルク 1874-1951 年」前掲『プリズメン』所収、219-264 頁〕

———— Charakteristik Walter Benjamins. In Bd. 10-1, S. 238 ff.〔アドルノ（1996）「ベンヤミンの特徴を描く」前掲『プリズメン』所収、377-401 頁〕

———— Amorbach. In Bd. 10-1, S. 302 ff.〔アドルノ（2017）「アモールバッハ」アドルノ『模範像なしに——美学小論集』竹峰義和訳、みすず書房、22-32 頁〕

———— Thesen zur Kunstsoziologie. In Bd. 10-1, S. 367 ff.〔アドルノ（2017）「芸術社会学

のためのテーゼ」前掲『模範像なしに —— 美学小論集』所収、115-126 頁〕

——— Philosophie und Lehrer. In Bd. 10-2, S. 474 ff.〔アドルノ（1971）「哲学と教師」、アドルノ『批判的モデル集 I —— 介入』大久保健治訳、法政大学出版局、33-64 頁〕

——— Prolog zum Fernsehen. In Bd. 10-2, S. 507 ff.〔アドルノ（1971）「テレビジョン序説」前掲『批判的モデル集 I —— 介入』所収、85-100 頁〕

——— Fernsehen als Ideologie. In Bd. 10-2, S. 518 ff.〔アドルノ（1971）「イデオロギーとしてのテレビジョン」前掲『批判的モデル集 I —— 介入』所収、101-122 頁〕

——— Was bedeutet: Aufarbeitung der Vergangenheit. In Bd. 10-2, S. 555 ff.〔アドルノ（1971）「過去の清算が意味するところ」前掲『批判的モデル集 I —— 介入』所収、157-184 頁〕

——— (Vorrede): In Bd. 10-2, S. 597 ff.〔アドルノ（1971）（序文）『批判的モデル集 II —— 見出し語』大久保健治訳、法政大学出版局、3-5 頁〕

——— Tabus über Lehrberuf. In Bd. 10-2, S. 656 ff.〔アドルノ（1971）「教職にかんするタブー」前掲『批判的モデル集 II —— 見出し語』所収、85-109 頁〕〔「教職を支配するタブー」〕

——— Erziehung nach Auschwitz. In Bd. 10-2, S. 674 ff.〔アドルノ（1971）「アウシュヴィッツ以後の教育」前掲『批判的モデル集 II —— 見出し語』所収、110-133 頁〕

——— Auf die Frage: Was ist deutsch. In Bd. 10-2, S. 691 ff.〔アドルノ（1971）「ドイツ的とは何かという問いに答えて」前掲『批判的モデル集 II —— 見出し語』所収、134-148 頁〕

——— Wissenschaftliche Erfahrungen in Amerika. In Bd. 10-2, S. 702 ff.〔アドルノ（1971）「アメリカにおける学問上の諸経験」前掲『批判的モデル集 II —— 見出し語』所収、149-198 頁〕

——— Zu Subjekt und Objekt. In Bd. 10-2, S. 741 ff.〔アドルノ（1971）「主観と客観について」前掲『批判的モデル集 II —— 見出し語』所収、201-225 頁〕

——— Marginalien zu Theorie und Praxis. In Bd. 10-2, S. S. 759 ff.〔アドルノ（1971）「理論と実践にかんする傍注」前掲『批判的モデル集 II —— 見出し語』所収、226-258 頁〕〔「理論と実践に関するコメント」〕

——— Einleitung zum Vortrag »Was bedeutet: Aufarbeitung der Vergangenheit«. In Bd. 10-2, S. 816 ff.〔「講演『過去の克服とは何か』導入」〕

——— Der Essay als Form. In Bd. 11, S. 9 ff.〔アドルノ（2009）「形式としてのエッセーイ」、アドルノ『文学ノート 1』三光長治・恒川隆男・前田良三・池田信雄・杉橋陽一訳、みすず書房、3-33 頁〕

——— Über epische Naivität. In Bd. 11, S. 34 ff.〔アドルノ（2009）「叙事文学の素朴さ」前掲『文学ノート 1』所収、34-41 頁〕

——— Standort des Erzählers im zeitgenössischen Roman. In Bd. 11, S. 41 ff.〔アドルノ（2009）「現代小説における語り手の位置」前掲『文学ノート 1』所収、42-51 頁〕

——— Zum Gedächtnis Eichendorffs. In Bd. 11, S. 69 ff.〔アドルノ（2009）「アイヒェンドルフの思い出のために」前掲『文学ノート 1』所収、75-109 頁〕

———— Zur Schlußszene des Faust. In Bd. 11, S. 129 ff.〔アドルノ（2009）「『ファウスト』の最終場面によせて」前掲『文学ノート1』所収、155-168頁〕

———— Erpreßte Versöhnung. Zu Georg Lukács: ›Wider den Missverstandenen Realismus‹. In Bd. 11, S. 251 ff.〔アドルノ（2009）「無理強いされた和解 —— ジェルジ・ルカーチ『誤解されたリアリズムに抗して』」前掲『文学ノート1』所収、312-352頁〕

———— Voraussetzungen. Aus Anlass einer Lesung von Hans G. Helms. In Bd. 11, S. 431 ff.〔アドルノ（2009）「諸前提 —— ハンス・G・ヘルムスの朗読会に際して」、アドルノ『文学ノート2』三光長治・高木昌史・圓子修平・恒川隆男・竹峰義和・前田良三・杉橋陽一訳、みすず書房、142-161頁〕

———— Parataxis. Zur spären Lyrik Hölderlins. In Bd. 11, S. 447 ff.〔アドルノ（2009）「パラタクシス —— ヘルダーリン後期の抒情詩に寄せて」前掲『文学ノート2』所収、162-218頁〕

———— Offener Brief an Rolf Hochhuth. In Bd. 11, S. 591 ff.〔アドルノ（2009）「ロルフ・ホッホフートへの公開書簡」前掲『文学ノート2』所収、349-359頁〕

———— Zur Dialektik von Heiterkeit. In Bd. 11, S. 599 ff.〔アドルノ（2009）「芸術は明朗か？」前掲『文学ノート2』所収、360-369頁〕

———— Philosophie der neuen Musik. In Bd. 12, S. 7 ff.〔アドルノ（2007）『新音楽の哲学』龍村あや子訳、平凡社〕

———— Mahler. Eine muskalische Physiognomik. In Bd. 13, S. 149 ff.〔アドルノ（1999）『マーラー —— 音楽観相学』龍村あや子訳、法政大学出版局〕

———— Berg. Der Meister des kleinsten Übergangs. In Bd. 13, S. 321 ff.〔アドルノ（1983）『アルバン・ベルク —— 極微なる移行の巨匠』平野嘉彦訳、法政大学出版局〕

———— Vorrede zur dritten Ausgabe. In Bd. 14, S. 9 ff.〔アドルノ（1998）「第三版への序」、アドルノ『不協和音』三光長治・高辻知義訳、平凡社、193-223頁 7-14頁〕

———— Zur Musikpädagogik. In Bd. 14, S. 108 ff.〔アドルノ（1998）「音楽教育によせて」前掲『不協和音』所収、193-223頁〕

———— Tradition. In Bd. 14, S. 127 ff.〔アドルノ（1998）「伝統」前掲『不協和音』所収、225-254頁〕

———— Thesen gegen die musikpädagogische Musik. In Bd 14, S. 437 ff.〔アドルノ（1998）「音楽教育的音楽に対する九つのテーゼ」前掲『不協和音』所収、300-306頁〕

———— Einleitung in die Musiksoziologie. Zwölf theoretische Vorlesungen. In Bd. 14, S. 169 ff.〔アドルノ（1999）『音楽社会学序説』高辻知義・渡辺健訳、平凡社〕

———— Der getreue Korrepetitor. Lehrschriften zur musikalischen Praxis. In Bd. 15, S. 157 ff.〔『忠実なコレペティートル —— 音楽実践の教材集』〕

———— Über einige Relationen zwischen Musik und Malerei. In Bd. 16, S. 628 ff.〔「音楽と絵画の関係について」〕

———— Musik, Sprache und ihr Verhältnis im gegenwärtigen Komponieren. In Bd. 16, S. 649 ff.〔「音楽、言語、そして現在の作曲におけるその関係」〕

—— Spätstil Beethovens. In Bd. 17, S. 13 ff.〔アドルノ（1994）「ベートーヴェンの晩年様式」、アドルノ『楽興の時』三光長治・川村二郎訳、白水社、15-21 頁〕

—— Über Jazz. In Bd. 17, S. 74 ff.〔アドルノ（1994）「ジャズについて」前掲『楽興の時』所収、108-160 頁〕

—— Impromptus. Zweite Folge neu gedruckter musikalischer Aufsätze. In Bd. 17, S. 163 ff.〔『即興曲 —— 第二音楽小論集』〕

—— Über das gegenwärtige Verhältnis von Philosophie und Musik. In Bd. 18, S. 149 ff.〔「現代における哲学と音楽の関係について」〕

—— Schöne Stellen. In Bd. 18, S. 695 ff.〔「美しい小径」〕

—— Zur gesellschaftlichen Lage der Musik. In Bd. 18, S. 729 ff.〔アドルノ（2002）「音楽の社会的状況によせて」、アドルノ『アドルノ 音楽・メディア論集』渡辺裕編、村田公一・舩木篤也・吉田寛訳、平凡社、8-107 頁〕

—— Musikpädagogische Musik. Brief an Ernst Krenek. In Bd. 18, S. 805 ff.〔「音楽教育的音楽 —— エルンスト・クシェネクへの書簡」〕

—— »Musik im Fernsehen ist Brimborium«. Ein »Spiegel« Gespräche. In Bd. 19, S. 559 ff.〔アドルノ（2002）「テレヴィジョンの音楽は鳴り物入りの空騒ぎ —— 『シュピーゲル』誌対談」前掲『アドルノ 音楽・メディア論集』所収、307-327 頁〕

—— Democratic Leadership and Mass Manipulation. In Bd. 20-1, S. 267 ff.〔「民主的リーダーシップと大衆操作」〕

—— Zum Problem der Familie. In Bd. 20-1, S. 302 ff.〔「家族の問題について」〕

—— Aktualität der Erwachsenenbildung. Zum Deutschen Volkshochschultag Frankfurt am Main 1956. In Bd. 20-1, S. 327 ff.〔「成人教育のアクチュアリティ」〕

—— Zur Demokratisierung der deutschen Universitäten. In Bd 20-1, S. 332 ff.〔「ドイツの大学の民主化」〕

—— Kann das Publikum wollen? In Bd. 20-1, S. 342 ff.〔「視聴者の要求は可能なのか」〕

—— Zur Bekämpfung des Antisemitismus heute. In Bd. 20-1, S. 360 ff.〔「今日における反ユダヤ主義との闘いによせて」〕

—— Einführungen in die Darmstädter Gemeindestudie. In Bd. 20-2, S. 605 ff.〔「ダルムシュタット地域研究」〕

—— Horkheimer, M. und Adorno, Th. W.: Freud in der Gegenwart. Ein Vortragszyklus der Universitäten Frankfurt und Heidelberg zum hundertsten Geburtstag. Mit Beiträgen von Franz Alexander u. a. Frankfurt am Main 1957. In Bd. 20-2, S. 646 ff.〔「現在のフロイト」〕

—— (Vorrede) Heribert Adam, Studentenschaft und Hochschule. Möglichkeiten und Grenzen studentischer Politik. Frankfurt am Main 1965. (Frankfurter Beiträge zur Soziologie. 17.) In Bd. 20-2, S. 661 ff.〔「『学生会と大学』序言」〕

—— (Vorrede) Adorno, Th. W. und Friedeburg, L. v. : Manfred Teschner, Politik und Gesellschaft im Unterricht. Eine soziologische Analyse der politischen Bildung an hessischen Gymnasien. Frankfurt am Main 1968. (Frankfurter

Beiträge zur Soziologie. 21.) In Bd. 20-2, S. 671 ff. 〔「『授業における政治と社会』序言」〕

——— Horkheimer, M. und Adorno, Th. W.: Vorwort zum Forschungsbericht über »Universität und Gesellschaft«. In Bd. 20-2, S. 685 ff. 〔「『大学と社会』序言」〕

——— Adorno, Th. W. und Oehler, Ch.: Die Abhängigkeit des Ausbildungszieles von den Studienerwartungen der Studenten. In Bd. 20-2, S. 689 ff. 〔「大学教育への学生の期待に左右される職業教育の目標」〕

——— Zur Psychologie des Verhältnisses von Lehrer und Schuler. In Bd. 20-2, S. 715 ff. 〔「教師と生徒の関係の心理学」〕

——— Reinhold Zickel. In Bd. 20-2, S. 756 ff. 〔「ラインホルト・ツィッケル」〕

HGS: Max Horkheimer Gesammelte Schriften. 19 Bde. Schmidt, A. / Schmid Noerr, G.(Hrsg.), Frankfurt am Main 1985-1996.

——— Schmid Noerr, G.: Nachwort. Die Stellung der ›Dialektik der Aufklärung‹ in der Entwicklung der Kritischen Theorie. Bemerkungen zu Autorschaft, Entstehung, einigen theoretischen Implikationen und später Einschätzung durch die Autoren. In Bd. 5, S. 423 ff.

——— Kants Philosophie und Aufklärung. In Bd. 7, S. 160 ff. 〔「カント哲学と啓蒙」〕

——— Himmel, Ewigkeit und Schönheit. Interview zum Tode Theodor W. Adornos. In Bd. 7, S. 291 ff.

——— Plan des Forschungsprojekts über Antisemitismus. In Bd. 12, S. 165 ff.

——— Deutschlands Erneuerung nach dem Krieg und die Funktion der Kultur. In Bd. 12, S. 184 ff. 〔「戦後ドイツの刷新と文化の機能」〕

——— Programm einer intereuropäischen Akademie. In Bd. 12, S. 195 ff.〔「インターヨーロッパ・アカデミーのプログラム」〕

——— Diskussionen über die Differenz zwischen Positivismus und materialistischer Dialektik. In Bd. 12, S. 436 ff.

——— Horkheimer, M. und Adorno, Th. W.: Diskussionen über Sprache und Erkenntnis, Naturbeherrschung am Menschen, politische Aspekte des Marxismus. In Bd. 12, S. 494 ff.

——— Horkheimer, M. und Adorno, Th. W.: Rettung der Aufklärung. Diskussionen über eine geplante Schrift zur Dialektik. In Bd. 12, S. 593 ff. 〔「啓蒙の救済」〕

——— Die Aufklärung. Vorlesungsnachschrift von Tillack, H. In Bd. 13, S. 570 ff.

——— Briefwechsel 1913-1936. In Bd. 15, S. 9 ff.

Horkheimer, M., Fromm, E., Marcuse, H. u. a.(1987): Studien über Autorität und Familie. Forschungsberichte aus dem Institut für Sozialforschung. 2. Aufl., Lüneburg.〔『権威と家族に関する研究』〕

MHA: Max Horkheimer Archiv.

——— Horkheimer, M. und Adorno, Th. W.: Professor Dr. Max Horkheimer und Professor Dr. Theodor Adorno nehmen Stellung zu aktuellen Fragen. In:

主要参考文献　215

　　　　　Schülerspiegel (2). MHA V 44 a.
————— Horkheimer, M. und Adorno, Th. W.: "Sociologie Contemporaine" MHA IX 28.
————— Institut für Sozialforschung: "Soziologische Exkurse". MHA IX 29.
————— Adorno, Th. W.: Plans of new Research Projects of the "Institut für Sozialforschung". MHA IX 69.
————— Forschungsprojekte und Memoranden zur Umgestaltung Nachkriegsdeutschlands, besonders zur Umerziehung. MHA IX 172.〔「戦後ドイツの再構築（特に再教育）に関する研究プロジェクトとメモ」〕
————— Memorandum on the Elimination of German Chauvinism. MHA IX 172. 27.〔「ドイツの狂信的愛国主義者の除去に関するメモ」〕
————— Institut für Sozialforschung: Konferenzen zur Vorbereitung und Auswertung von Studienreisen deutscher Erzieher und Wissenschaftler in die USA. MHA IX 235.
————— Adorno, Th. W.: Zur Immatrikulationsrede. Entwurf für die Rektoratsrede "Akademisches Studium" Max Horkheimers zur Immatrikulationsfeier im Sommersemester 1952. MHA X 20. 1 f.〔「学術的研究」〕
————— Adorno, Th. W.: Über den Begriff der Bildung. Entwurf für die Rektoratsrede "Begriff der Bildung" Max Horkheimers zur Immatrikulationsfeier im Wintersemester 1952/53. MHA X 24. 1 d.〔「Bildung の概念について」〕
————— Adorno, Th. W. und Becker, H.: Kann Aufklärung helfen? Erwachsenenbildung und Gesellschaft. Gespräch zwischen Theodor W. Adorno und Hellmut Becker im Abendstudio des Hessischen Rundfunks am 13. Dezember. MHA XIII 8.〔「啓蒙は救いとなるのか」〕
NS: Adorno Nachgelassene Schriften. Schröder, Th. u. a. (Hrsg.), Frankfurt am Main 1993 ff. (erscheint noch).
————— Beethoven. Philosophie der Musik. Fragmente und Texte. 3. Aufl., Frankfurt am Main 1999. In: Abt. I 1.〔アドルノ（1997）『ベートーヴェン——音楽の哲学』大久保健治訳、作品社〕
————— Probleme der Moralphilosophie. 2. Aufl., Frankfurt am Main 1997. In: Abt. IV 10.〔アドルノ（2006）『道徳哲学講義』船戸満之訳、作品社〕
————— Einleitung in die Soziologie. Frankfurt am Main 1993. In: Abt. IV 15.〔アドルノ（2001）『社会学講義』河原理・太寿堂真・高安啓介・細見和之訳、作品社〕
PdS: Adorno, Th. W., Albert, H., Dahrendorf, R., Habermas, J., Pilot, H., Popper, K.: Der Positivismusstreit in der deutschen Soziologie. 5. Aufl., Darmstadt und Neuwied 1976.〔アドルノ／ポパー他（1979）『社会科学の論理——ドイツ社会学における実証主義論争』城塚登・浜井修訳、河出書房新社〕
PM1: Adorno, Th. W.: Probleme der Moralphilosophie. Vorlesung, gehalten im Wintersemester 1956/57 an der Universität Frankfurt, Typoskript im Theodor Wiesengrund Adorno Archiv, Frankfurt am Main. (Schweppenhäuser 1993 からの

再引用。引用箇所には講義の日、月、年を付したうえで、引用したページ数を示す）

Pollock, F.(Bearbeiter)(1955): Gruppenexperiment. Ein Studienbericht, Frankfurt am Main.〔『グループ実験』〕

PT1: Adorno, Th. W.: Philosophische Terminologie I, Frankfurt am Main 1973.

SE: Institut für Sozialforschung: Soziologische Exkurse. Nach Vorträgen und Diskussionen, Hamburg 2013.〔フランクフルト社会研究所（1983）『現代社会学の諸相──社会学理論への補遺』山本鎮雄訳、恒星社厚生閣〕〔「社会学の諸相──講義と議論」〕

ZfS: Zeitschrift für Sozialforschung 1932-1941, 9 Jgg., München 1980.〔『社会研究誌』〕

───── Institute of Social Research: Research Project on Antisemitism. In: IX Jg. ("Studies in Philosophy and Social Science") Heft 1, S. 124 ff.〔「反ユダヤ主義調査プロジェクト」〕

二次文献（外国語）

Adam, H.(1965): Studentenschaft und Hochschule. Möklichkeiten und Grenzen studentischer Politik, Frankfurt am Main.

Ahlheim, K.(2010): Theodor W. Adornos „Erziehung nach Auschwitz" - Rezeption und Aktualität. In: Ahlheim, K./ Heyl, M.(Hrsg.): Adorno revisited, S. 38 ff.

Ahlheim, K./ Heyl, M.(Hrsg.)(2010): Adorno revisited. Erziehung nach Auschwitz und Erziehung zur Mündigkeit heute, Hannover.

Albrecht, Cl.(1999a): Die Massenmedien und die Frankfurter Schule. In: Ders. u. a.: Die intellektuelle Grundung der Bundesrepublik, S. 203-246.

Albrecht, Cl.(1999b): Im Schatten des Nationalsozialismus: Die politischce Pädagogik der Frankfurter Schule. In: Ders. u. a.: Die intellektuelle Grundung der Bundesrepublik, S. 387-447.

Albrecht, Cl./ Behrmann, G. C./ Bock, M./ Homann, H/Tenbruck, Fr. H.(1999): Die intellektuelle Grundung der Bundesrepublik. Eine Wirkungsgeschichte der Frankfurter Schule, Frankfurt am Main/New York.

Althaus, G.(1976): Die negative Pädagogik in Adornos Kritischer Theorie, Berlin.

Bauer, J.(1995): Seismogramme einer nichtsubjektiven Sprache. Écriture und Ethos in Adornos Theorie der musikalischen Avantgarde. In: Schweppenhäuser, G. / Wischke, M.(Hrsg.): Impuls und Negativität, S. 82-102.

Bauer, W.(2003): Introduction. In: Educational Philosophy and Education. Special Issue: Bildung. Vol. 35-2, pp. 133-137.

Benjamin, J.(1994): The End of Internalization. Adorno's Social Psychology. In: Bernstein, J. M.(Ed.): The Frankfurt School: Critical Assessments. Vol. 3, Section 4: Theodor Adorno, New York, pp. 132- 153.

Benner, D.(1970): Erziehung und Emanzipation. In: Pädagogische Rundschau, 24. Jg., S. 503-518.

Benner, D.(1986): Pädagogisches Wissen und pädagogisches Ethos. Überlegungen zur unvollendbaren Pädagogik der Moderne. In: Vierteljahrsschrift für wissenschaftliche Pädagogik 62, S. 507-518.

Benner, D./ Göstemeyer, K. -F.(1987): Postmoderne Pädagogik. Analyze oder Affirmation eines gesellschaftlichen Wandels? In: Zeitschrift für Pädagogik, 33. Jg., Nr. 1, S. 61-82.

Bernstein, J. M.(2001): Adorno. Disenchantment and Ethics, Cambridge.

Blankertz, S.(1987): Die affirmative Dialektik der negativen Pädagogik. Bruchstücke zur Wiederherstellung der Kritik. In: Paffrath, F.-H.(Hrsg.): Kritische Theorie und Pädagogik der Gegenwart, S. 40-53.

Bollnow, O. F.(1983): Anthropologische Pädagogik, Berlin.

Brose, K.(1976): Philosophie und Erziehung. Pädagogische Implikate in der Philosophie Kants, Diltheys und in der kritischen Theorie der Gesellschaft mit Anmerkungen zu einer künftigen Pädagogik, Frankfurt am Main.

Brumlik, M.(Hrsg.)(2006): Erziehungswissenschaft und Pädagogik in Frankfurt - eine Geschichte Portraits. 90 Jahre Johann Wolfgang Goethe Universität, Frankfurt am Main.

Claussen, D.(2005): Theodor W. Adorno. Eine letztes Genie, Frankfurt am Main.

Demirović, A.(1999): Der nonkonformistische Intellektuelle. Die Entwicklung der Kritischen Theorie zur Frankfurter Schule, Frankfurt am Main.〔デミロヴィッチ（2009-2011）『非体制順応的知識人――批判理論のフランクフルト学派への発展』仲正昌樹監訳、全四分冊、御茶ノ水書房〕

Demmerling, Ch.(1994): Sprache und Verdinglichung. Wittgenstein, Adorno und das Projekt einer kritischen Theorie, Frankfurt am Main.

Ehrenspeck, Y.(1996): Der „Ästhetik-" Diskurs und die Pädagogik. In: Pädagogische Rundschau, 50. Jg., S. 247-264.

Fechler, B./ Kößler, G./ Lieberz-Groß, T.(Hrsg.)(2001): »Erziehung nach Auschwitz« in der multikulturellen Gesellschaft. Pädagogische und soziologische Annäherungen. 2. Aufl., Weinheim/München.

Frenkel-Brunswik, E.(1949): Intolerance of Ambiguity as an Emotional and Perceptual Personality Variable. In: Journal of Personality. Vol. 18, pp. 108-143.

Freud, S.(1991): Das Unbehagen in der Kultur. In: Freud, S.: Gesammelte Werke. Bd. 14. 7. Aufl., Freud, A., Bibring, E., Hoffer, W., Kris, E., Isakower, O.(Hrsg.), Frankfurt am Main, S. 419 ff.〔フロイト（2011）「文化の中の居心地悪さ」嶺秀樹・高田珠樹訳、『フロイト全集』編集委員：新宮一成・鷲田清一・道簱泰三・高田珠樹・須藤訓任、第20巻、岩波書店、65-162頁〕

Freyenhagen, F. (2013): Adorno's Practical Philosophy. Living Less Wrongly. Cambridge.

Friedeburg, L. v./ Habermas, J.(Hrsg)(1983): Adorno-Konferenz 1983, Frankfurt am Main.

Friesenhahn, G. J.(1985): Kritische Theorie und Pädagogik. Horkheimer, Adorno, Fromm, Marcuse, Berlin.

Gaßen, H.(1978): Geisteswissenschaftliche Pädagogik auf dem Wege zu kritischer Theorie, Weinheim / Basel.

Gebauer, G./ Wulf, Ch.(1992): Mimesis. Kultur - Kunst - Gesellschaft, Hamburg.

Glauner, F.(1997): Sprache und Weltbezug. Adorno, Heidegger, Wittgenstein. München.

Groothoff, H.-H.(1971): Über Theodor Adornos Beitrag zur Pädagogik. In: Oppolzer, S. : Erziehungswissenschaft 1971. Zwischen Herkunft und Zukunft der Gesellschaft, Wuppertal/Ratingen, S. 73-82.

Groothoff, H.-H.(1987): Erziehung zur Mündigkeit bei Adorno und Habermas. In: Paffrath, F.-H.(Hrsg.): Kritische Theorie und Pädagogik der Gegenwart, S. 69-96.

Gruschka, A.(1988): Negative Pädagogik. Einführung in die Pädagogik, Wetzler.

Gruschka, A.(1994): Bürgerliche Kälte und Pädagogik. Moral in Gesellschaft und Erziehung, Wetzler.

Gruschka, A.(1995): Adornos Relevanz für die Pädagogik. In: Schweppenhäuser, G. (Hrsg.): Soziologie im Spätkapitalismus, S. 88-116.

Gruschka, A.(2004): Kritische Pädagogik nach Adorno. In: Ders./ Oevermann, U.(Hrsg.): Die Lebendigkeit der kritischen Gesellschaftstheorie, S. 135-160.

Gruschka, A.(2006): Pädagogische Aufklärung nach Adorno. In: Brumlik, M.(Hrsg.): Erziehungswissenschaft und Pädagogik in Frankfurt - eine Geschichte Portraits. 90 Jahre Johann Wolfgang Goethe Universität, S. 159-190.

Gruschka, A./ Oevermann, U.(Hrsg.)(2004): Die Lebendigkeit der kritischen Gesellschaftstheorie. Dokumentation der Arbeitstagung aus Anlass des 100. Geburtstages von Theodor W. Adorno, 4. - 6. Juli 2003 an der Johann Wolfgang Goethe Universität, Wetzlar.

Habermas, J.(1981): Die Moderne - ein unvollendetes Projekt. In: Ders.: Kleine Politische Schriften I-IV, Frankfurt am Main, S. 444-464.〔ハーバーマス（1994）「近代 未完のプロジェクト」『近代──未完のプロジェクト』三島憲一訳、岩波現代文庫、3-45頁〕

Habermas, J.(1985): Der philosophische Diskurs der Moderne. Zwölf Vorlesungen, Frankfurt am Main.〔ハーバーマス（1990）『近代の哲学的ディスクルスⅠ』三島憲一・轡田収・木前利秋・大貫敦子訳、岩波書店〕

Habermas, J.(1994): Erkenntnis und Interesse. Mit einem neuen Nachwort, Frankfurt am Main.〔ハーバーマス（2001）『認識と関心』奥山次良・八木橋貢・渡辺祐邦訳、未來社〕

Habermas, J.(2005): »Ich selber bin ja ein Stück Natur«—Adorno über die Natur-verflochtenheit der Vernunft. Überlegungen zum Verhältnis von Freiheit und Unverfügbarkeit. In: Honneth, A. (Hrsg.): Dialektik der Freiheit, S. 13-40.

Habermas, J.(2007): Das Sprachspiel verantwortlicher Urheberschaft und das Problem der Willensfreiheit: Wie last sich der epistemische Dualismus mit einem ontologischen Monismus versöhnen? In: Krüger, H. -P.(Hrsg.): Hirn als Subjekt? S. 263-304.

Habermas, J.(2009): Zwischen Naturalismus und Religion. Philosophische Aufsätze, Frankfurt am Main.〔ハーバーマス（2014）『自然主義と宗教の間 —— 哲学論集』庄司信・日暮雅夫・池田成一・福山隆夫訳、法政大学出版局〕

Habermas, J./ Friedeburg, L. v./ Oehler, Ch./ Weltz, Fr.(1967): Student und Politik. Eine soziologische Untersuchung zum politischen Bewusstsein Frankfurter Studenten. 2. Aufl., Neuwied am Rhein.

Heitkämper, P./ Huschke-Rhein, R.(Hrsg.)(1986): Allgemeinbildung im Atomzeitalter, Weinheim/Basel.

Hermann, B.(1978): Theodor W. Adorno. Seine Gesellschaftstheorie als ungeschriebene Erziehungslehre. Ansätze zu einer dialektischen Begründung der Pädagogik als Wissenschaft, Bonn.

HGW: Hegel Gesammelte Werke, in Verbindung mit der Deutschen Forschungs-gemeinschaft. Rheinisch-Westfälische Akademie der Wissenschaften und der Künste(Hrsg.), Hamburg 1968 ff.(erscheint noch).

——— Phänomenologie des Geistes. In Bd. 9.〔ヘーゲル（1997）『精神現象学（上）』樫山欽四郎訳、平凡社〕

Hilbig, N.(1995): Mit Adorno Schule machen. Beiträge zu einer Pädagogik der Kritischen Theorie. Theorie und Praxis der Gewaltpravention, Bad Heilbrunn.

Hinske, N.(Hrsg.)(1973): Was ist Aufklärung? Beiträge aus der Berlinischen Monatsschrift, Darmstadt.

Hodek, J.(1977): Musikalisch-pädagogische Bewegung zwischen Demokratie und Faschismus. Zur Konkretisierung der Faschismus-Kritik Th. W. Adornos, Weinheim / Basel.

Hohendahl, P. U.(1995): Prismatic Thought. Theodor W. Adorno, Lincoln/London.

Honneth, A.(1988): Kritik der Macht. Reflexionen einer kritischen Gesellschaftstheorie. Mit einem Nachwort zur Taschenbuchausgabe, Frankfurt am Main.〔ホネット（1992）『権力の批判 —— 批判的社会理論の新たな地平』河上倫逸監訳、法政大学出版局〕

Honneth, A.(2000): Über die Möglichkeit einer erschließenden Kritik. Die »Dialektik der Aufklärung« im Horizont gegenwärtiger Debatten über Sozialkritik. In: Ders.: Das Andere der Gerechtigkeit. Aufsätze zur praktischen Philosophie, Frankfurt am Main, S. 70-87.〔ホネット（2005）「世界の意味地平を切り開く批判の可能性 —— 社会批判をめぐる論争における『啓蒙の弁証法』」宮本真也訳、ホネット『正義の他者 —— 実践哲学論集』加藤泰史・日暮雅夫他訳、法政大学出版局、72-92頁〕

Honneth, A.(Hrsg.)(2005a): Dialektik der Freiheit. Frankfurter Adorno - Konferenz 2003, Frankfurt am Main.

Honneth, A.(2005b): Verdinglichung. Eine anerkennungstheoretische Studie, Frankfurt am Main.〔ホネット（2011）『物象化——承認論からのアプローチ』辰巳伸知・宮本真也訳、法政大学出版局〕

Hörisch, J.(1996): Kopf oder Zahl. Die Poesie des Geldes, Frankfurt am Main.

Jäger, L.(2005): Adorno. Eine politische Biographie, München.〔イェーガー（2007）『アドルノ——政治的伝記』大貫敦子・三島憲一訳、岩波書店〕

Jay, M.(1996): The Dialectical Imaginations. A History of the Frankfurt School and the Institute of Social Research, 1923-1950, Berkeley〔ジェイ（1975）『弁証法的想像力——フランクフルト学派と社会研究所の歴史 1923-1950』荒川幾男訳、みすず書房〕

Kaehler, K. E.(1998): Aspekte des Zeitproblems in der Musikphilosophie Theodor W. Adornos. In: Klein, R./ Mahnkopf, C. -S.(Hrsg.): Mit den Ohren denken, S. 37-51.

Kappner, H.-H.(1984): Die Bildungstheorie Adornos als Theorie der Erfahrung von Kunst und Kultur, Frankfurt am Main.

Kauder, P./ Fischer, W.(1999): Immanuel Kant über Pädagogik. 7 Studien, Hohengehren.

Kelle, H.(1992): Die neuere Adorno-Rezeption in der Erziehungswissenschaft. In: Pädagogische Rundschau. 46. Jg., S. 429-441.

KGS: Kant's gesammelte Schriften（Akademie-Ausgabe）. Königlich- Preußische Akademie der Wissenschaften (Hrsg.), 23 Bde. Berlin/Leipzig 1902 ff.

———— Kritik der reinen Vernunft. In Bd. III.（カント研究の慣用に倣い、第二版である本書は「B」と表記）

———— Kritik der Urteilskraft. In Bd. V, S. 165 ff.〔カント（1964）『判断力批判（上）』・『判断力批判（下）』篠田英雄訳、岩波文庫〕

———— Beantwortung der Frage: Was ist Aufklärung. In Bd. VIII, S. 34 ff.〔カント（1974）『啓蒙とは何か 他四篇』（改訳）篠田英雄訳、岩波文庫〕

———— Über Pädagogik. In Bd. IX, S. 437 ff.〔カント（1986）「教育学」三井善止訳、カント『人間学・教育学』玉川大学出版部、311-390 頁〕

Kirchhoff, Ch./ Schmieder, F.(Hrsg.)(2014): Freud und Adorno. Zur Urgeschichte der Moderne, Berlin.

Klafki, W.(1976): Aspekte kritisch-konstruktiver Erziehungswissenschaft, Weinheim.〔クラフキ（1984）『批判的・構成的教育科学——理論・実践・討論のための論文集』小笠原道雄監訳、黎明書房〕

Klein, R./ Mahnkopf, C.-S. (Hrsg.) (1998): Mit den Ohren denken. Adornos Philosophie der Musik, Frankfurt am Main.

Klein, R./ Kreuzer, J./ Müller-Doohm, St.(Hrsg.)(2019): Adorno-Handbuch. Leben–Werk–Wirkung. 2. Aufl., Berlin.

Koinzer, Th.(2011): Auf der Suche nach der demokratischen Schule. Amerikafahrer, Kulturtransfer und Schulreform in der Bildungsreformära der Bundesrepublik Deutschland, Bad Heilbrunn.

主要参考文献　221

Kraushaar, W.(1998): Frankfurter Schule und Studentenbewegung. Von der Flaschenpost zum Molotowcocktail 1946 bis 1995. 3 Bände, Hamburg.

Krüger, H. -P. (Hrsg.)(2007): Hirn als Subjekt? Philosophische Grenzfragen der Neurobiologie, Berlin.

Landesverband der Volkshochschulen von Nordrhein-Westfalen (Hrsg.)(1965): Zum Verhältnis von Aufstiegshoffnung und Bildungsinteresse, Dortmund.

Lindner, B./ Lüdke, W. M. (Hrsg.)(1980): Materialien zur ästhetischen Theorie Theodor W. Adornos. Konstruktion der Moderne, Frankfurt am Main.

Løvlie, L./ Standish, P.(2002): Introduction: Bildung and the Idea of a Liberal Education. In: Journal of Philosophy of Education. Vol. 36-3, pp. 317-40.

Marotzki, W./ Sünker, H.(Hrsg.)(1992): Kritische Erziehungswissenschaft – Moderne – Postmoderne. Bd. 1, Weinheim.

Meseth, W.(2001): Theodor W. Adornos „Erziehung nach Auschwitz". Ein pädagogisches Programm und seine Wirkung. In: Fechler, B./ Kößler, G./ Lieberz-Groß, T.(Hrsg.): »Erziehung nach Auschwitz« in der multikulturellen Gesellschaft. 2. Aufl., S. 19 ff.

Messerschmidt, A.(2010): Widersprüche der Mündigkeit – Anknüpfungen an Adornos und Beckers Gespräch zur einer „Erziehung zur Mündigkeit" under aktuellen Bedingugen neoliberaler Bildungsreformen. In: Ahlheim, K./ Heyl, M.(Hrsg.): Adorno revisited, S. 126 ff.

Mollenhauer, K.(1968): Erziehung und Emanzipation. Polemische Skizzen, München.

Mollenhauer, K.(1972): Theorien zum Erziehungsprozeß. Zur Einführung in erziehungswissenschaftliche Fragestellung, München.

Mollenhauer, K.(1987): Korrekturen am Bildungsbegriff? In: Zeitschrift für Pädagogik, 33. Jg., Nr. 1, S. 1-20.

Müller-Doohm, S.(2003): Adorno. Eine Biographie, Frankfurt am Main.〔ミュラー＝ドーム(2007)『アドルノ伝』德永恂監訳、作品社〕

Naeher, J.(Hrsg.)(1984): Die Negative Dialektik Adornos. Einführung -Dialog, Opladen.

Oevermann, U.(1983): Zur Sache. Die Bedeutung von Adornos methodologischem Selbstverständnis für die Begründung einer materialen soziologischen Strukturanalyse. In: Friedeburg, L. v./ Habermas, J.(Hrsg.): Adorno-Konferenz 1983, S. 234-289.

Pabst, R. (Hrsg.)(2003): Adorno. Kindheit in Amorbach. Bilder und Erinnerungen. Mit einer biographischen Recherche, Frankfurt am Main.

Paddison, M. (1993): Adorno's Aesthetics of Music, Cambridge.

Paffrath, F.-H.(Hrsg.)(1987): Kritische Theorie und Pädagogik der Gegenwart. Aspekte und Perspektiven der Auseinandersetzung, Weinheim.

Paffrath, F.-H.(1992): Die Wendung aufs Subjekt. Pädagogische Perspektiven im Werk Theodor W. Adornos, Weinheim.

Pensky, M.(Ed.)(1997): The Actuality of Adorno. Critical Essays on Adorno and the Postmodern, New York.

Perrin, A. J./ Olick, J. K.(2011): Translators' Introduction. In: Pollock, F., Adorno, T. W. and others: Group Experiment and Other Writings. The Frankfurt School on Public Opinion in Postwar Germany. Translated by Perrin, A. J./ Olick, J. K., Cambridge/ London, pp. xi- lxi.

Peukert, H.(1983): Kritische Theorie und Pädagogik. In: Zeitschrift für Pädagogik, 29. Jg., Nr. 2, S. 195-217.

Piecha, D./ Zedler, P.(1984): Die Erinnerung erziehen. Negative Dialektik und Erziehungswissenschaften. In: Naeher, J.(Hrsg.): Die Negative Dialektik Adornos, S. 330-358.

Pöggeler, F.(1987): „Erziehung nach Auschwitz" als Fundamentalprinzip jeder zukünftigen Pädagogik. In: Paffrath, F.-H.(Hrsg.): Kritische Theorie und Pädagogik der Gegenwart, S. 54-68.

Pongratz, L.(1986): Zur Aporetik des Erfahrungsbegriff bei Th. W. Adorno. In: Philosophisches Jahrbuch, 93. Jg. 1986, 1. Halbband, S. 135-143.

Rang. A.(1967): Der politische Pestalozzi, Frankfurt am Main. (Frankfurter Beiträge zur Soziologie. 18.)

Reese-Schäfer, W.(1992): Adorno Lehrer Lyotards. In: Marotzki, W./ Sünker, H.(Hrsg.): Kritische Erziehungswissenschaft – Moderne – Postmoderne. Bd. 1, S. 249-268.

Rose, G.(1978): The Melancholy Science. An Introduction to the Thought of Theodor W. Adorno, London/Basingstoke.

Ryan, M.(1982): Marxism and Deconstruction. A Critical Articulation, London. 〔ライアン (1985)『デリダとマルクス』今村仁司・港道隆・中村秀一訳、勁草書房〕

Sahmel, K.-H.(1985): Kritische Theorie und Erziehungswissenschaft. Überlegungen im Anschluß am Wolfgang Keckeisen. In: Vierteljahresschrift für Wissenschaftliche Pädagogik, 61. Jg., S. 381-389.

Schäfer, A.(1992): Die Kritik der Erfahrung als Kritik des Subjektes.Überlegungen zu Lyotard und Adorno. In: Marotzki, W./ Sünker, H.(Hrsg.): Kritische Erziehungs- wissenschaft –Moderne– Postmoderne. Bd. 1, S. 218-248.

Schäfer, A.(2004): Theodor W. Adorno. Ein pädagogisches Porträt, Weinheim.

Schweppenhäuser, G.(1993): Ethik nach Auschwitz. Adornos negative Moralphilosophie, Hamburg.

Schweppenhäuser, G. (Hrsg.)(1995): Soziologie im Spätkapitalismus. Zur Gesellschaftstheorie Theodor W. Adornos, Darmstadt.

Schweppenhäuser, G./ Wischke, M. (Hrsg.)(1995): Impuls und Negativität. Ethik und Ästhetik bei Adorno, Hamburg/Berlin.

Seubold, G.(1998): Die Erinnerung retten und dem Kitsch die Zunge lösen. Adornos Mahler - und Berg-Interpretation - Gehört als Kritik des (Post-)Modernismus.

主要参考文献　**223**

In: Klein, R./ Mahnkopf, C.-S.(Hrsg.): Mit den Ohren denken, S. 134-166.

Specht, S.(1981): Erinnerung als Veränderung. Über den Zusammenhang von Kunst und Politik bei Theodor W. Adorno, Mittenwald.

Speidel, M.(2014): Erziehung zur Mündigkeit und Kants Idee der Freiheit, Frankfurt am Main.

Teschner, M.(1968): Politik und Gesellschaft im Unterricht. Eine soziologische Analyse der polotischen Bildung an hessischen Gymnasien, Frankfurt am Main. (Frankfurter Beiträge zur Soziologie. 21.)

Thyen, A.(1989): Negative Dialektik und Erfahrung, Frankfurt am Main.

Welsch, W.(1990): Ästhetisches Denken, Stuttgart.〔ヴェルシュ（1998）『感性の思考——美的リアリティの変容』小林信之訳、勁草書房〕

Whitebook, J.(1995): Perversion and Utopia. Cambridge, Massachusetts.〔ホワイトブック（1997）『倒錯とユートピア』桑子敏雄・鈴木美佐子訳、青土社〕

Wiggershaus, R.(2001): Die Frankfurter Schule. Geschichte, Theoretische Entwicklung, Politische Bedeutung. 6. Aufl., München.

Wulf, Ch.(1986): Erziehung und Bildung nach Auschwitz angesichts der katastrophalen Seite der Moderne. In: Heitkämper, P./ Huschke-Rhein, R.(Hrsg.): Allgemein-bildung im Atomzeitalter, S. 138-150.

Wulf, Ch./ Wagner, H.-J.(1987): Lebendige Erfahrung und Nicht-Identität. Die Aktualität Adornos für eine kritische Erziehungswissenschaft. In: Paffrath, F.-H.(Hrsg.): Kritische Theorie und Pädagogik der Gegenwart, S. 21-39.

Zenck, M. (1977): Kunst als Begrifflose Erkenntnis. Zum Kunstbegriff der ästhetischen Theorie Theodor W. Adornos, München.

Ziege, E.-M.(2009): Antisemitismus und Gesellschaftstheorie. Die Frankfurter Schule im amerikanischen Exil, Frankfurt am Main.

Zimmermann, N.(1989): Der ästhetische Augenblick. Theodor W. Adornos Theorie der Zeitstruktur von Kunst und ästhetischer Erfahrung, Frankfurt am Main.

Žižek, S.(1994): The Metastases of Enjoyment. Six Essays on Woman and Causality, London/New York.〔ジジェク（1996）『快楽の転移』松浦俊輔・小野木明恵訳、青土社〕

二次文献（邦語）

池田全之（2015）『ベンヤミンの人間形成論——危機の思想と希望への眼差し』晃洋書房。

石田勇治（2002）『過去の克服——ヒトラー後のドイツ』白水社。

井谷信彦（2013）『存在論と宙吊りの教育学——ボルノウ教育学再考』京都大学学術出版会。

井上純一（2006）「拒否されたアイデンティティ——『ハルプユーデ』としてのアドルノ」立命館大学国際関係学会『立命館国際研究』第18巻第3号、121-138頁。

猪瀬直樹（1994）『欲望のメディア』新潮文庫。

今井康雄（1985）「解放的教育学」小笠原道雄編『教育学における理論＝実践問題』学文社、

115-138 頁。

今井康雄 (1991)「教育の現代的条件 —— 経験・教育・メディア」小笠原道雄編『教育哲学』福村出版、156-171 頁。

今井康雄 (1998)『ヴァルター・ベンヤミンの教育思想—メディアのなかの教育』世織書房。

今井康雄 (2002)「教育学の暗き側面？ —— 教育実践の不透明性について」『現代思想：特集＝教育の現在』vol. 30-5、202-219 頁。

今井康雄 (2011)「『過去の克服』と教育 —— アドルノの場合」對馬達雄編『ドイツ　過去の克服と人間形成』昭和堂、157-204 頁。

今井康雄 (2015)「『過去の克服』と教育 —— アドルノの場合 1959 〜 1969」今井康雄『メディア・美・教育 —— 現代ドイツ教育思想史の試み』東京大学出版会、353-388 頁。

今井康雄 (2017)「自然主義と教育の間 —— 教育における自然主義の限界」教育思想史学会『近代教育フォーラム』第 26 号、42-45 頁。

ヴィガースハウス (1998)『アドルノ入門』原千史・鹿島徹訳、平凡社。

上野仁 (2017)『アドルノの芸術哲学』晃洋書房。

ウートラム (2017)『啓蒙』田中秀夫監訳、逸見修二・吉岡亮訳、法政大学出版局。

遠藤孝夫 (2004)『管理から自律へ —— 戦後ドイツの学校改革』勁草書房。

小笠原道雄編 (1988)『文化伝達と教育 —— 教育学入門』福村出版。

岡田敬司 (2004)『「自律」の復権 —— 教育的かかわりと自律を育む共同体』ミネルヴァ書房。

表弘一郎 (2013)『アドルノの社会理論 —— 循環と偶然性』白澤社。

カラシュス (1980)『ダンディの神話』山田登世子訳、海出版社。

川村二郎 (1991)『アレゴリーの織物』講談社。

菅野仁 (2008)『友だち幻想 —— 人と人の〈つながり〉を考える』ちくまプリマー新書。

下司晶 (2016)『教育思想のポストモダン —— 戦後教育学を超えて』勁草書房。

コーゴン (2001)『SS 国家 —— ドイツ強制収容所のシステム』林功三訳、ミネルヴァ書房。

小山英恵 (2014)『フリッツ・イェーデの音楽教育 ——『生』と音楽の結びつくところ』京都大学学術出版会。

近藤孝弘 (2005)『ドイツの政治教育 —— 成熟した民主社会への課題』岩波書店。

ザルツマン (1984)『かにの本 —— 子どもを悪くする手びき』村井実訳著、あすなろ書房。

ジェイ (1992)『アドルノ』木田元・村岡晋一訳、岩波書店。

シェママ (1995)『精神分析事典』小出浩之・加藤敏・新宮一成・鈴木國文・小川豊秋訳、弘文堂。

坂越正樹 (2003)「啓蒙と教育（1）—— 教育の脆弱さ」小笠原道雄編『教育の哲学』放送大学教育振興会、107-118 頁。

櫻井佳樹 (2000)「フンボルトの人間形成論と近代教育思想」小笠原道雄監修、林忠幸・森川直編『近代教育思想の展開』福村出版、78-107 頁。

白銀夏樹 (2002)「アドルノの Bildung 概念における時間の位相について —— 美的経験の瞬間と歴史の問題を中心に」『広島大学大学院教育学研究科紀要　第三部（教育人間科学領域）』第 50 号、71-76 頁。

白銀夏樹 (2003)「人間形成における時間的連続性に関する一考察 —— 時間意識をめぐる

アドルノの思想を手がかりとして」教育思想史学会『近代教育フォーラム』第12号、211-223頁。

白銀夏樹（2004）「アドルノの大学批判に関する一考察 —— 大学の学生と組織における合理化の問題を中心として」中国四国教育学会『教育学研究紀要（CD-ROM版）』第50巻、12-17頁。

白銀夏樹（2008）「文化批判の教育プログラムとテレビ・メディアに関する一考察 —— テオドール・W・アドルノのテレビ論を手がかりとして」『広島文化短期大学紀要』第41号、133-143頁。

白銀夏樹（2011）「教育学におけるアドルノ研究の動向について」『広島文化学園大学学芸学部紀要』創刊号、41-52頁。

白銀夏樹（2013）「ハーバーマスの生命科学批判の教育学的射程に関する一考察 ——『自然』概念の現在をめぐって」関西学院大学教職教育研究センター『教職教育研究』第18号、35-46頁。

白銀夏樹（2014）「初期フランクフルト学派における精神分析と社会理論 —— ホルクハイマー、フロム、アドルノの思想的布置関係に焦点を当てて」関西学院大学教職教育研究センター『教職教育研究』第19号、51-70頁。

白銀夏樹（2015a）「アドルノ教育論の社会心理学的基盤 —— 自我形成をめぐる問題に焦点を当てて」関西学院大学教職教育研究センター『教職教育研究』第20号、45-61頁。

白銀夏樹（2015b）「道徳教育における自律という課題 —— アドルノにおける道徳哲学と教育」教育哲学会『教育哲学研究』第112号、55-73頁。

白銀夏樹（2016）「教育論者としてのアドルノの肖像」関西学院大学教職教育研究センター『教職教育研究』第21号、51-66頁。

白銀夏樹（2017a）「アドルノの実践的教育論に関する一考察（1）—— 子どもの教育から権威主義を除去する視点」関西学院大学教職教育研究センター『教職教育研究』第22号、51-59頁。

白銀夏樹（2017b）「アドルノの教育思想 —— 自然と啓蒙の概念をめぐって」教育思想史学会『近代教育フォーラム』第26号、31-41頁。

白銀夏樹・奥野佐矢子・久保田健一郎・村田美穂・小野文生（2006）「美的・倫理的人間形成論の現在性をめぐって」教育哲学会『教育哲学研究』第93号、145-150頁。

庄野進（1988）「音楽・ファシズム・アドルノ —— 聴取のポリティークに向けて」『現代思想　特集＝ファシズム』vol. 16-3　青土社。

鈴木晶子（1997）「『発達』の行方」『現代思想』vol. 25-12、264-273頁。

鈴木晶子（2006）『イマヌエル・カントの葬列 —— 教育的眼差しの彼方へ』春秋社。

鈴木忠・西平直（2014）『生涯発達とライフサイクル』東京大学出版会。

関根宏朗・尾崎博美・小山裕樹・櫻井歓・宮寺晃夫・下司晶（2012）「教育学的『自律』概念の再検討」教育思想史学会『近代教育フォーラム』第21号、209-221頁。

高橋順一（2011）「3・11以後の〈倫理〉の可能性 —— アドルノに即しつつ」『批評研究』創刊号、論創社、16-37頁。

竹峰義和（2007）『アドルノ、複製技術へのまなざし ——〈知覚〉のアクチュアリティ』青

弓社。

田代尚弘 (2003)「啓蒙と教育 (2) ―― 教育の『シニシズム』をこえて」小笠原道雄編『教育の哲学』放送大学教育振興会、119-136 頁。

龍村あや子 (1989)「ベートーヴェンとヘーゲルに見る〈近代〉の時間意識 ―― アドルノの中期ベートーヴェン論を中心に」『北海道東海大学紀要人文社会科学系』第 2 号、121-134 頁。

龍村あや子 (1992)「アドルノ思想における哲学と芸術 ―― 〈非同一的なもの〉はいかにして救われるか」北海道哲学会『北海道哲学会会報』第 39 号。

龍村あや子 (1994)「アドルノのマーラー論に見る逆説的表現 ―― 〈破綻〉と〈叙事詩的時間〉をめぐって」三光長治ほか『思索する耳 ―― ワーグナーとドイツ近代』同学社、211-229 頁。

田中毎実 (2003)『臨床的人間形成論へ ―― ライフサイクルと相互形成』勁草書房。

ドゥルーズ／ベケット (1994)『消尽したもの』宇野邦一・高橋康也訳、白水社。

徳永恂 (1996)『社会哲学の復権』講談社。

徳永恂 (2015)『絢爛たる悲惨 ―― ドイツ・ユダヤ思想の光と影』作品社。

富永茂樹編 (2011)『啓蒙の運命』名古屋大学出版会。

仲正昌樹 (1999)「〈同一性〉の起源をめぐって ―― アドルノの認識論批判とゾーン＝レーテルの〈貨幣＝存在〉論」『フランクフルト学派の今を読む』情況出版、118-133 頁。

仲正昌樹 (2012)『危機の詩学 ―― ヘルダリン、存在と言語』作品社。

西平直 (1993)『エリクソンの人間学』東京大学出版会。

野平慎二 (1997)「現代における人間形成と『美的なもの』――『ポストモダン』と『未完の近代』の間 ―― 」教育哲学会『教育哲学研究』第 76 号、124-137 頁。

野平慎二 (2004)「啓蒙をめぐるハーバーマスとフーコー ―― 人間形成の潜在的な条件としてのコミュニケーション的関係」『富山大学教育学部紀要』第 58 号、27-37 頁。

バイザー (2010)『啓蒙・革命・ロマン主義 ―― 近代ドイツ政治思想の起源 1790-1800』杉田孝夫訳、法政大学出版局。

長谷川哲哉 (2005)『ミューズ教育思想史の研究』風間書房。

原聡介 (2000)「自然主義」教育思想史学会編『教育思想事典』勁草書房、333-334 頁。

原千史 (2011)「訳者解説 ―― マイクに向かうアドルノ」アドルノ『自律への教育』原千史・小田智敏・柿木伸之訳、中央公論新社、209-223 頁。

フーコー (2002a)「啓蒙とは何か」石田英敬訳、蓮實重彦・渡辺守章監修『ミシェル・フーコー思考集成 X ―― 倫理・道徳・啓蒙』筑摩書房、3-25 頁。

フーコー (2002b)「カントについての講義」小林康夫訳、蓮實重彦・渡辺守章監修『ミシェル・フーコー思考集成 X ―― 倫理・道徳・啓蒙』筑摩書房、172-184 頁。

藤井俊之 (2017)『啓蒙と神話 ―― アドルノにおける人間性の形象』航思社。

藤野寛 (1999)「フロイトの文化理論とフランクフルト学派の道徳思想」『フランクフルト学派の今を読む』情況出版、174-186 頁。

古松丈周 (2014)『フランクフルト学派と反ユダヤ主義』ナカニシヤ出版。

ベンジャミン (1996)『愛の拘束』寺沢みづほ訳、青土社。

細見和之（1994）「アドルノのカント論 ── あるいはメタクリティークのクリティーク」『現代思想　3月臨時増刊　カント』青土社、286-294 頁。

細見和之（1996）『アドルノ ── 非同一性の哲学』講談社。

眞壁宏幹（2017）「『自由』と『ミメーシス』の弁証法 ── あるいは『自我の強靭さ』について」教育思想史学会『近代教育フォーラム』第 26 号、53-59 頁。

丸山恭司（2006）「米国占領政策理念としての『再教育』── フランクフルト学派によるドイツ人再教育案から」中国四国教育学会『教育学研究紀要（CD-ROM 版）』第 52 巻、84-89 頁。

三島憲一（1991）『戦後ドイツ』岩波新書。

三輪貴美枝（1994）「Bildung 概念の成立と展開について ── 教育概念としての実体化の過程」日本教育学会『教育学研究』第 61 巻 4 号、11-20 頁。

森田伸子（2000）「啓蒙」教育思想史学会編『教育思想事典』勁草書房、245-248 頁。

森田伸子（2017）「アドルノにおける唯物論的子ども」教育思想史学会『近代教育フォーラム』第 26 号、46-52 頁。

ライアン（2002）『監視社会』河村一郎訳、青土社。

リオタール（1975）「悪魔としてのアドルノ」山本泰訳、『現代思想：特集＝フランクフルト学派 ── その全体像』vol. 3-5、110-121 頁。

リオタール（1987）「議論、あるいは『アウシュヴィッツ以後』文 - 節（フラゼ）すること」篠原資明・吉岡留美訳、『現代思想：特集＝アドルノ ── モダニズムの往還』vol. 15-13、138-155 頁。

リオタール（1989）『文の抗争』陸井四郎・小野康男・外山和子・森田亜紀訳、法政大学出版局。

リオタール（2002）『非人間的なもの ── 時間についての講話』篠原資明・上村博・平芳幸浩訳、法政大学出版局。

リースマン（2013a）『孤独な群衆〈上〉』加藤秀俊訳、みすず書房。

リースマン（2013b）『孤独な群衆〈下〉』加藤秀俊訳、みすず書房。

ルソー（2007）『エミール（上）』（改版）今野一雄訳、岩波文庫。

矢野智司（2000）『自己変容という物語 ── 生成、贈与、教育』金子書房。

山口匡（2005）「Wie kultiviere ich die Freiheit bei dem Zwange? ── カント『教育学』における内在的解釈の視点」『愛知教育大学研究報告』第 54 巻（教育科学編）、91-98 頁。

山名淳（1989）「カントの啓蒙意識に見る『導く』ことの問題 ── カントの『成人性（Mündigkeit）』をめぐって」教育哲学会『教育哲学研究』第 59 号、88-101 頁。

山名淳（2015a）「『陶冶』と『人間形成』── ビルドゥング（Bildung）をめぐる教育学的な意味世界の構成」小笠原道雄編『教育哲学の課題 ── 教育の知とは何か ── 啓蒙・革新・実践』福村出版、203-220 頁。

山名淳（2015b）『都市とアーキテクチャの教育思想 ── 保護と人間形成のあいだ』勁草書房。

山名淳・矢野智司編（2017）『災害と厄災の記憶を伝える ── 教育学は何ができるのか』勁草書房。

索引

人名索引

あ

アールハイム (Klaus Ahlheim) 46
アイスラー (Hanns Eisler) 41
アイヒマン (Karl Adolf Eichmann) 28,50
アウグスティヌス (Aurelius Augustinus) 159
アダム (Heribert Adam) 31
アッカーマン (Nathan W. Ackerman) 41
アリストテレス (Aristoteles) 150
アルバート (Hans Albert) 43,116
アレント (Hannah Arendt) 36
イェーガー (Lorenz Jäger) 40
池田全之 149
井上純一 40
イプセン (Henrik Johan Ibsen) 95
今井康雄 9,80,149,152,159,162,183,184
ヴィーゼングルント、オスカー・アレクサンダー
 (Oscar Alexander Wiesengrund) 12,16,18
ヴィガースハウス (Rolf Wiggershaus) 40,76
ヴェーニガー (Erich Weniger) 26
ヴェーバー (Max Weber) 97
ヴェーベルン (Anton Webern) 154
上野仁 155
ヴェルツ (Friedrich Welz) 26
エーラー (Christoph Oehler) 23,26
エファーマン (Ulrich Oevermann) 116,117,
 122,127
オッカム (William of Ockham) 107
表弘一郎 150

か

カーゲル (Mauricio Kagel) 152
カーデルバッハ (Gerd Kadelbach) 11,33,34,
 129
カップナー (Hans-Hartmut Kappner) 5,9,183
カフカ (Franz Kafka) 21,120,174
カルヴェリ=アドルノ・デラ・ピアナ、アガーテ

(Calvelli-Adorno della Pianna, Agathe) 12
カルヴェリ=アドルノ・デラ・ピアナ、マリア
 (Calvelli-Adorno della Pianna, Maria) 12,21
カルプルス、マルガレーテ (グレーテル)(Margarete
 (Gretel) Karpuls) 14,17,18
川村二郎 184
カント (Immanuel Kant) 1,2,6,7,13,45,76,81,
 82,83,84,91,92,93,94,95,96,97,98,99,
 101,102,104,105,107,108,109,145,149,
 154,155,172,189
キルケゴール (Søren Kierkegaard) 14,15
グーターマン (Norbert Guterman) 41
クシェネク (Ernst Krenek) 14,16,25,39
クライン (Richard Klein) 153
クラウゼン (Detlev Claussen) 40
グラウナー (Friedrich Glauner) 150
クラカウアー (Siegfried Kracauer) 13,16
グルーシュカ (Andreas Gruschka) 9,75
クレー (Paul Klee) 120,153
ゲーテ (Johann Wolfgang von Goethe) 36,137,
 154,180,181,185
ゲーレン (Arnold Gehlen) 35
下司晶 8
コインツァー (Thomas Koinzer) 43
コーリッシュ (Rudolf Kolisch) 14
コペルニクス (Nicolaus Copernicus) 76
小山英恵 154
コルネリウス (Hans Cornelius) 13,14

さ

サンフォード (R. Nevitt Sanford) 19,41,76
ジェイ (Martin Jay) 40
シェイクスピア (William Shakespeare) 95
シェーファー (Alfred Schäfer) 5,9,183
シェーラー (Max Scheler) 14
シェーンベルク (Arnold Schönberg) 14,18,
 152,154,161,179
ジジェク (Slavoj Žižek) 79

シュスター (Zachariah Shuster)　31
シュトイアーマン (Eduard Steuermann)　14
シュトックハウゼン(Karlheinz Stockhausen)　152
シュパイデル (Markus Speidel)　108
ジョイス (James Joyce)　154,174,186
ショーレム (Gershom Scholem)　36
ションディ (Peter Szondi)　35
シラー (Friedrich von Schiller)　164
ジンメル (Georg Simmel)　15
鈴木晶子　162,184
鈴木忠　183
ストラヴィンスキー (Igor Strawinsky)　152,154,174
ストリンドベリ (August Strindberg)　109
スローソン (John Slawson)　31
善明宣夫　78
ゾイボルト (Seubold)　183
ゾーン＝レーテル (Alfred Sohn-Rethel)　150

た
ダーレンドルフ (Ralf Dahrendorf)　26,30,43
竹峰義和　41,76
龍村あや子　153,184
田中毎実　182
ツィッケル (Reinhold Zickel)　13
ツィンマーマン (Norbert Zimmermann)　183
ツェドラー (Peter Zedler)　184
ツェラン (Paul Celan)　35
ツェンク (Martin Zenck)　152,153
ディアクス (Walter Dirks)　26
ティーエン (Anke Thyen)　151
ティーデマン (Rolf Tiedemann)　185
ティリッヒ (Paul Tillich)　14,15
デカルト (René Descartes)　15
テシュナー (Manfred Teschner)　31
デミロヴィッチ (Alex Demirović)　40
デュルケム (Émile Durkheim)　150
デリダ (Jacques Derrida)　8
ドゥルーズ (Gilles Deleuze)　135

な
ニーチェ (Friedrich Wilhelm Nietzsche)　107
西平直　182,183

は
パーソンズ (Talcott Parsons)　118
ハーバーマス (Jürgen Habermas)　2,3,4,9,26,27,30,36,43,75,91,110,116
ハイセンビュッテル (Helmut Heißenbüttel)　36
ハイデガー (Martin Heidegger)　14,35,71,125
ハイドルン (Heinz-Joachim Heydorn)　34
バッハ (Johann Sebastian Bach)　141,154,155,160
パディソン (Max Paddison)　153
パフラート (Fritz Hartmut Paffrath)　5,9,11
ハンスリック (Eduard Hanslick)　15
ピーシャ (Detlev Piecha)　184
ヒトラー (Adolf Hitler)　15,36,37,47,48,49,65,86,98
ヒムラー (Heinrich Himmler)　50
ビューラー (Karl Bühler)　62
ピロット (Harald Pilot)　43
フーコー (Michel Foucault)　2,81,109,110
フォルケルト (Johannes Volkelt)　15
フッサール (Edmund Husserl)　16,126,159
プラトン (Platon)　98
フラワーマン (Samuel H. Flowerman)　19
フランク (Anne Frank)　76
ブランメル (George Bryan Brummell)　171
フリーデブルク (Ludwig von Friedeburg)　26
プルースト (Marcel Proust)　185
ブレヒト (Bertolt Brecht)　18,95
フレンケル＝ブルンスヴィク (Else Frenkel-Brunswik)　19,41,62,63,74,76,78
フロイト (Sigmund Freud)　14,16,19,45,55,59,60,63,67,72,73,79,81,84,86,128,146,170,172,181,183,185,186
ブロッホ (Ernst Bloch)　13
フロム (Erich Fromm)　15,58
フンボルト (Wilhelm von Humboldt)　158
ヘーゲル (Georg Wilhelm Friedrich Hegel)　15,

45,113,124,125,126,143,151,154,155,162,
163,167,168,169,171,183,184,190
ベーコン（Francis Bacon）　15
ベートーヴェン（Ludwig van Beethoven）　94,
137,141,143,154,155,161,163,164,169,
173,174,175,185
ベケット（Samuel Beckett）　35,135,154
ヘス（Rudolf Höss）　50
ベッカー（Hellmut Becker）　24,27,34,63,67,
87,108,129
ベッテルハイム（Bruno Bettelheim）　19,41
ベルク（Alban Berg）　14,16,40,74,134,154,
161,173,183
ベルクソン（Henri Bergson）　159
ヘルダーリン（Friedrich Hölderlin）　35,151
ヘルバルト（Johann Friedrich Herbart）　81
ベンジャミン（Jessica Benjamin）　79
ペンスキー（Max Pensky）　8
ベンヤミン（Walter Benjamin）　13,14,15,16,17,
18,21,36,41,151,152,159,183,184,185
ポイカート（Helmut Peukert）　75
ボードレール（Charles Pierre Baudelaire）　17
ホーヘンダール（Peter Uwe Hohendahl）　151
ホッホフート（Rolf Hochhuth）　35
ホネット（Axel Honneth）　3,9,114
ポパー（Karl Popper）　4,29,43,116,118,150
ボプケ（Wolfgang Bobke）　32
ホフシュテッター（Peter Robert Hofstätter）　22,
53
ホフマンスタール（Hugo von
Hofmannsthal）　120,153
ホメロス（Homer）　173
ホルクハイマー（Max Horkheimer）　2,13,15,16,
17,18,19,20,22,23,26,27,30,32,37,39,
41,42,43,47,58,61,76,78,79,80,84,85,
106,107,114,127,150,188,195
ボルノウ（Otto Friedrich Bollnow）　35,182,183
ボルヒャルト（Rudolf Borchardt）　25
ポロック（Friedlich Pollock）　15,20,22
ポングラーツ（Ludwig Pongratz）　151

ま

マーラー（Gustav Mahler）　146,161,172,173,
174,175,177,183,184,185
マーンコプフ（Claus-Steffen Mahnkopf）　153
眞壁宏幹　186
マッシング（Paul Wilhelm Massing）　20,41
マラルメ（Stéphane Mallarmé）　120,150,153
マルクーゼ（Herbert Marcuse）　15,37,79,80
マルクス（Karl Marx）　84
マン（Thomas Mann）　18
宮寺晃夫　106
ミュラー＝ドーム（Stefan Muller-Doohm）　40
ミンセン（Friedlich Minssen）　32
メンデルスゾーン（Moses Mendelssohn）　1
モース（Marcel Mauss）　64
森田伸子　155
モレンハウアー（Klaus Mollenhauer）　111,148,
158

や

ヤノヴィッツ（Morris Janowitz）　41
矢野智司　158
ヤホダ（Marie Jahoda）　41
山名淳　156
ユング（Carl Gustav Jung）　183

ら

ライアン（Michael Ryan）　8
ライヒ（Willi Reich）　40
ライル（Gilbert Ryle）　16
ラエフスキー（Boris Rajewski）　43
ラザースフェルト（Paul Felix Lazarsfeld）　17
ラング（Adalbert Rang）　43
ランボー（Arthur Rimbaud）　169
リースマン（David Riesman）　51
リオタール（Jean-François Lyotard）　8
リゲティ（György Ligeti）　152
リュトケ（Werner Martin Lüdke）　153
リントナー（Burkhardt Lindner）　153
ルカーチ（Georg Lukács）　13,106,153,186
ルソー（Jean-Jacques Rousseau）　1,2

レヴィ＝ストロース (Claude Lévy-Strauss)　64
レヴィンソン (Daniel J. Levinson)　19,41
レーヴェンタール (Leo Löwenthal)　15,20,41
レッシング (Gotthold Ephraim Lessing)　15
ローズ (Gillian Rose)　151
ロルフェス (Max Rolfes)　23

事項索引

あ

アウシュヴィッツ（以後）　3,9,25,37,53,68,75,
　83,84,86,89,92,103,123,125,127,145,
　187,188,194,197,198,199,201
アウシュヴィッツ裁判　28,103
アウシュヴィッツ＝ビルケナウ収容所　50,86

か

回避　7,20,46,72,73,75,82,86,101,102,
　103,105,106,114,147,179,187,188,189,
　192,197,198,199,200,201
拮抗関係　118,120,121,177
客観的時間意識　159,164,166,168,170,172,
　173,174,175,177,179,191,192
教養　1,2,6,12,21,29,74,107,134,143,155,
　157,158,164,165,166,182
　――小説的時間意識　162,164,169,170,
　　173,174,177,179,191
経験　1,2,3,4,5,6,7,8,45,48,50,52,60,61,
　63,68,75,76,77,87,89,93,95,96,106,111,
　112,113,114,115,118,122,124,125,126,
　127,131,138,139,140,141,142,143,144,
　145,146,147,148,149,150,151,152,153,
　157,158,159,160,163,164,165,166,168,
　169,170,171,172,178,179,180,183,184,

185,187,189,190,191,192,193,194,195,
　196,197,198
　――への教育　3,106,113,114,115,149,
　　189,192
啓蒙　1,2,3,5,6,7,8,20,46,49,53,63,75,76,
　82,83,84,85,86,87,88,89,90,104,105,
　106,107,109,114,123,130,132,165,177,
　188,189,190,193,194,195,196,197,198,
　200,201
啓蒙的教育観　8,196,197,198,201
権威主義　23,26,34,54,56,57,58,60,61,77,
　104,133,197,198
権威に縛られた性格　48,50,54,61,68,71,72,
　78,79,89,155,187,192
眩惑連関　87,88,90
構造的聴取　17,38,140,141,143,146,148,183

さ

自我　45,46,55,56,57,59,60,63,64,65,66,
　67,73,74,79,80,100,146,167,170,181,182
　強靱な――　46,62,63,64,67,68,72,73,
　　78,80,103,181,188,193
　――の脆弱化・脆弱な――　46,48,50,51,
　　55,60,61,62,68,72,73,84,88,114,
　　130,181,187,188
自然支配　3,5,7,8,18,29,85,98,109,120,
　137,138,144,167,182,188,190,193,194
社会批判＝自己省察　82,88,90,91,102,105,
　113,114,127,143,148,188,189,190,191,192
自由　1,6,36,37,60,82,84,86,87,92,93,94,
　97,99,100,101,102,105,106,108,112,163,
　179,182,189,194,195
衝動　55,56,57,58,60,77,79,82,85,98,99,
　102,105,189,193
叙事詩　161,173,174,176,178
　――的時間意識　7,161,171,173,175,
　　177,178,179,180,185,191
自律　1,2,3,4,6,7,8,45,50,59,63,64,74,75,
　81,82,83,84,91,92,99,101,102,103,104,
　105,106,109,110,114,149,157,170,179,
　180,181,184,187,188,189,191,192,194,

195, 197

芸術の――（性・化）　136, 137, 149, 152, 153, 160, 190

――への教育　3, 7, 82, 83, 188, 189, 192

進歩　1, 2, 7, 85, 136, 154, 169, 177, 179, 184, 190, 194

ステレオタイプ　22, 56, 57, 58, 59, 60, 61, 69, 70, 77, 88, 90, 123, 128, 130, 131, 132, 139, 147, 187

政治教育　26, 29, 31, 32, 49, 89, 108, 197

成人性　45, 64, 81, 83, 84, 88, 91, 102, 104, 106, 107, 108, 110, 115

絶対的モデルネの時間意識　7, 161, 168, 169, 170, 179, 180, 191

想起　47, 48, 151, 159, 161, 166, 168, 171, 172, 173, 177, 178, 179, 182, 184, 185, 192

非随意的――　143, 172, 185, 186

操作的（性格）　50, 51, 59, 60, 61, 68, 70, 71, 74, 83, 89, 90, 112, 187

た
第二の自然　85, 100, 106, 155, 186

ダンディズム　171, 177, 184

追想　85, 88, 104

抵抗　45, 49, 68, 79, 82, 83, 91, 99, 100, 102, 108, 109, 138, 146, 149, 170, 195, 197, 198, 200

――への教育　103, 189

同一性　94, 96, 101, 119, 120, 122, 123, 124, 125, 127, 150, 151, 162, 163, 167, 171, 173, 174, 184, 195

な
ナチズム　13, 17, 33, 36, 39, 42, 48, 49, 50, 61, 80

ナルシシズム　48, 53, 59, 60, 66, 94, 130, 165, 181

人間形成（論・観・思想）　4, 5, 6, 7, 9, 29, 75, 111, 150, 157, 159, 160, 161, 162, 164, 167, 170, 177, 182, 183, 191, 192, 197, 198

は
反ユダヤ主義（者）　2, 17, 18, 19, 20, 28, 33, 41, 46, 54, 58, 68, 69, 70, 75, 76, 77, 78, 85, 86, 88, 90, 147, 188, 189

非同一性　122, 123, 124, 149, 151, 162, 171, 173, 174, 190

Bildung　6, 7, 8, 9, 29, 74, 134, 157, 158, 159, 160, 164, 165, 167, 180, 182, 191, 192, 194, 197, 198

ファシズム　19, 25, 36, 49, 55, 66, 76, 78, 79, 95, 152

布置連関　6, 42, 120, 121, 125, 143, 151, 176, 178, 180, 201

文化　1, 2, 6, 37, 39, 45, 81, 85, 86, 107, 111, 127, 128, 155, 159, 164, 165, 168, 182, 185, 190, 192, 194, 195

文化産業　43, 54, 85, 86, 90, 105, 113, 123, 127, 128, 129, 130, 131, 132, 135, 137, 139, 143, 149, 151, 152, 155, 188, 189

防衛機制　47, 48, 52, 54, 67, 79, 167

ま
マルクス主義　41, 184

ミメーシス　127, 138, 142, 146, 147, 150, 154, 156

モナド・モナドロジー　66, 136, 138, 142, 152, 185

や
ユートピア　5, 82, 101, 102, 103, 138, 153, 172, 184, 195, 196, 197

予防接種　49, 76, 89, 110, 132, 200

ら
理性　1, 2, 6, 80, 82, 84, 85, 86, 91, 93, 94, 96, 97, 98, 99, 101, 107, 108, 109, 122, 147, 193, 194, 195, 196, 199, 200, 201

――の自己実現　2, 3, 5, 194, 195, 196

著者略歴

白銀夏樹（しろかね・なつき）

1973年広島県生まれ。慶應義塾大学文学部卒業、広島大学大学院教育学研究科博士課程後期単位取得退学。広島大学助手、広島文化短期大学講師、広島文化学園大学准教授を経て、現在、関西学院大学教職教育研究センター教授。博士（教育学）。主要論文として、「道徳教育における自律という課題 —— アドルノにおける道徳哲学と教育」（教育哲学会『教育哲学研究』第112号）、「アドルノの教育思想 —— 自然と啓蒙の概念をめぐって」（教育思想史学会『近代教育フォーラム』第26号）、「ポスト・トゥルース時代の教育的関係 —— アドルノの政治教育論から」（坂越正樹監修、丸山恭司・山名淳編『教育的関係の解釈学』福村出版所収）など。

関西学院大学研究叢書 第212編

アドルノの教育思想
「アウシュヴィッツ以後」の啓蒙

2019年10月18日 初版第一刷発行

著　者　白銀 夏樹

発行者　田村和彦
発行所　関西学院大学出版会
所在地　〒662-0891
　　　　兵庫県西宮市上ケ原一番町1-155
電　話　0798-53-7002

印　刷　株式会社クイックス

©2019 Natsuki Shirokane
Printed in Japan by Kwansei Gakuin University Press
ISBN 978-4-86283-291-7
乱丁・落丁本はお取り替えいたします。
本書の全部または一部を無断で複写・複製することを禁じます。